国家自然科学基金项目“生态文明的阈值和水平双指数测度方法”（编号：71673136）
国家自然科学基金项目“基于生态—产业共生关系的林业生态安全测度研究”（编号：71173107）
国家自然科学基金项目“林业绿色供应链的共生理论与模式研究——以中国林—浆—纸产业链为例”（编号：70873059）
江苏高校哲学社会科学研究项目“林业供应链协作机理、协作评价及影响因素分析”（编号：2015SJB047）

林业绿色供应链全产业协作机理研究

RESEARCH ON THE WHOLE INDUSTRY COLLABORATION MECHANISM OF FORESTRY GREEN SUPPLY CHAIN

谢海涛　张智光◎著

经济管理出版社
ECONOMY & MANAGEMENT PUBLISHING HOUSE

图书在版编目（CIP）数据

林业绿色供应链全产业协作机理研究/谢海涛，张智光著 .—北京：经济管理出版社，2020. 8

ISBN 978－7－5096－7466－6

Ⅰ. ①林… Ⅱ. ①谢… ②张… Ⅲ. ①林业—供应链—研究—中国 Ⅳ. ①F326. 22

中国版本图书馆 CIP 数据核字(2020)第 158368 号

组稿编辑：曹 靖
责任编辑：杜 菲
责任印制：黄章平
责任校对：王纪慧

出版发行：经济管理出版社
（北京市海淀区北蜂窝 8 号中雅大厦 A 座 11 层 100038）
网 址：www. E－mp. com. cn
电 话：（010） 51915602
印 刷：北京玺诚印务有限公司
经 销：新华书店
开 本：720mm×1000mm/16
印 张：13. 5
字 数：235 千字
版 次：2020 年 9 月第 1 版 2020 年 9 月第 1 次印刷
书 号：ISBN 978－7－5096－7466－6
定 价：88. 00 元

前　言

林业具有生产周期长、原料优先、生态效益突出、产业链条长、风险高等特点，是产业和生态的共生系统。在供给侧改革、生态文明建设及绿色经济发展的背景下，我国林业产业发展面临巨大压力。林业绿色供应链横跨林业三次产业，产业间的协同共生对于建设生态文明和绿色中国至关重要。已有文献多从林业单个产业、单个环节、单个链条进行研究，缺乏全产业协作的视角，对影响林业绿色供应链协作绩效关键变量的关系研究不够深入，对林木资源依赖作为林业绿色供应链协作的战略性影响因素重视不足。因此，从全产业视角开展林业绿色供应链全产业协作机理研究具有重要的理论价值和现实意义。为此，急需研究以下问题：①林业绿色供应链协作现状如何，问题何在？②与一般制造业相比，林业绿色供应链协作的特性有哪些？③如何构建林业绿色供应链全产业协作机理的理论分析框架？是否存在现有研究忽略但在林业绿色供应链全产业协作中非常重要的因素？④需要怎样的协作机制来促进林业绿色供应链整体绩效的提升？

本书以提出问题、分析问题和解决问题的逻辑思路展开研究。在提出问题阶段，通过文献综述发现已有研究的不足及对现实问题进行归纳，分析我国林业绿色供应链协作存在的主要问题。在分析问题阶段，首先依据管理控制原理构建目标—组织—过程分析框架，比较分析林业绿色供应链不同于一般制造业供应链的协作特性；其次根据协作特性分析结果，基于计划行为理论构建林业绿色供应链全产业协作机理理论框架，并依据相关文献提出研究假设；最后利用问卷调查方法收集数据，采用结构方程模型（SEM）计量方法对协作机理模型进行实证分析。在解决问题阶段，根据SEM实证分析的结果构建林业绿色供应链全产业协作机制体系，分别从核心企业、供应链管理和政府三个层面提出协作机制的实施建议。

本书共分为7章，以交易成本理论、资源依赖理论、资源基础理论和计划行为理论为依据，采用文献分析、理论分析、问卷调查和结构方程模型（SEM）等定性和定量方法，对我国林业绿色供应链全产业协作问题进行深入的研究，得出的主要结论如下。

第一，通过对林业绿色供应链协作的发展态势和问题进行分析，发现我国林业绿色供应链协作存在以下问题：①森林资源基础薄弱且资源依赖性较高；②跨产业、跨环节、跨区域运转不协调；③全产业协作管理能力欠缺；④林业核心企业协作管理不具竞争力；⑤林业绿色供应链整体协作绩效偏低等。

第二，基于管理控制原理构建目标—组织—过程分析框架，从协作目标、协作组织和协作过程三方面分析林业绿色供应链不同于一般制造业供应链的协作特性。研究结果表明，林业绿色供应链协作在目标上具有克服资源瓶颈制约、优化多元价值取向、保障林业生态安全的特性；在协作组织上具有横跨三次产业的复杂性、组织结构的多层次性、营林主体的高度分散性、核心企业的主宰性、自然和社会系统的互利共生性的特性；在协作过程上具有自然生产和社会生产过程交织性、区域跨度广泛性、响应需求时间滞后性和高风险性的特征。

第三，根据协作特性分析结果，基于计划行为理论构建林业绿色供应链全产业协作机理理论框架。研究结果显示，林业绿色供应链全产业协作绩效受林木资源依赖、协作信任、协作沟通、信息共享、协作决策和协作激励的共同影响，其中林木资源依赖是林业绿色供应链协作机理模型的外生潜变量。

第四，运用结构方程模型（SEM）方法对协作机理模型进行了实证分析。实证结果表明，林木资源依赖对协作信任和信息共享具有显著的正向影响；协作信任对信息共享和协作沟通共同具有显著的正向影响，这是林木资源依赖和信息共享的部分中介变量；协作沟通对信息共享具有显著的正向影响，这是协作信任和信息共享的部分中介变量；信息共享对协作决策具有显著的正向影响；协作决策对协作激励具有显著的正向影响；协作激励对协作绩效具有直接促进作用，且协作激励对经济绩效、资源绩效、生态绩效的作用显著，但是对社会绩效的作用没有得到支持。

第五，根据结构方程模型（SEM）实证分析的结果构建保障林业绿色供应链全产业协作的机制体系，包括资源保障机制、协作信任机制、信息共享机制、协作沟通机制、协作决策机制和协作激励机制。

本书的主要特色与创新之处体现在三个方面：第一，构建林业绿色供应链全产业协作的 SEM 影响机理模型，为林业绿色供应链协作管理的实施提供了方向性的指导；第二，辨识林木资源依赖是林业绿色供应链全产业协作的突出性战略因素，有助于管理者把握提高林业绿色供应链全产业协作绩效的战略重点；第三，揭示林业绿色供应链协作在目标、组织和过程上不同于一般制造业供应链协作的具体特性，为管理者制定林业绿色供应链协作管理的思路和策略提供了重要的参考依据。

本书的研究得到了国家自然科学基金项目（71673136）“生态文明的阈值和水平双指数测度方法”，国家自然科学基金项目（71173107）“基于生态—产业共生关系的林业生态安全测度研究”，国家自然科学基金项目（70873059）“林业绿色供应链的共生理论与模式研究——以中国林—浆—纸产业链为例”，江苏高校哲学社会科学研究项目（2015SJB047）“林业供应链协作机理、协作评价及影响因素分析”等的资助。此外，本书的出版得到了南京林业大学经济管理学院专著出版资助项目的支持，对此表示衷心的感谢！

林业绿色供应链全产业协作的研究还有许多问题需要进一步探讨，我们将以本书作为新的起点，与各位专家、学者、同行互相学习与交流，以期取得更好的成果。

目　录

第一章　绪论

一、研究背景与意义

（一）研究背景

在生态文明建设以及绿色经济发展的背景下，我国林业产业面临巨大压力，急需转型升级。随着全面保护天然林和全面停止天然林商业性采伐，国内的木材供需缺口进一步加大，供需矛盾十分突出。为了解决木材原料供给不足问题，我国进口木材和木浆比例逐渐提高，原木、锯材和木浆进口数量均为世界第一（田明华等，2017）。2015 年，我国进口原木及其他木质林产品折合木材 26655.82 万立方米（国家林业局，2017），占总消耗量的 48.32%，木材对外依存度接近 50%。2016 年，我国进口原木 4872 万立方米，进口锯材 3151 万立方米，纸浆 2106 万吨，废纸 2850 万吨；2017 年，进口原木 5540 万立方米，进口锯材 3739 万立方米，纸浆 2372 万吨，废纸 2572 万吨；2018 年，进口原木 5969 万立方米，进口锯材 3674 万立方米，纸浆 2479 万吨，废纸 2477 万吨；2019 年，进口原木 5980 万立方米，进口锯材 3714 万立方米，纸浆 2720 万吨，废纸 1036 万吨（中华人民共和国海关总署，2016，2017，2018，2019）。可见，我国林业产业的发展受到木材原料短缺的严重制约。

与木材资源短缺相对应的是我国经济社会发展对木质林产品（包括原木、锯材、人造板、木浆、纸和纸板等）旺盛的市场需求（李溪涓，2012；任艳梅等，2016）。我国已经成为世界林业产业发展最快的国家，人造板、木地板、家具等主要林产品产量和贸易额均居世界第一。2012～2016 年，我国林业产业保持稳步增长，产业规模快速壮大，产业集中度明显提高。2016 年，林业产业总产值 6.49 万亿元，比 2012 年的 3.95 万亿元增加了 2.54 万亿元，增幅达 64.30%（国家林业局，2017）。2017 年，林业产业总产值达到 7.13 万亿元（现价），比 2016 年增长 9.86%。2018 年，林业产业总产值达到 7.63 万亿元（现价），比 2017 年增长 7.01%（国家林业与草原局，2018，2019）。生活质量的提升对林产品需求的满足提出了更高的要求，而需求能否得到有效满足恰恰直接指向木材资源供给是否有保障。

开展林业绿色供应链协作对于保障木材原料的稳定和企业可持续发展、提高林业企业市场竞争和高质量产品供给能力、满足人民对于美好生活的追求，具有重要的实践意义和理论价值。以锯材与木片加工业、人造板制造业、木制品业、造纸及纸制品业、家具制造业为主的中国林业第二产业对木材资源依赖严重，原料短缺成为制约林业产业发展的瓶颈（杨红强，2011）。林业企业已经开展林业供应链管理实践，如造纸行业的林纸一体化、林板一体化等，试图走“林纸结合、以林养纸、以纸哺林，以板养林、以板哺林”等道路，发展思路也符合国际林业企业的经验。但实践中松散协作较普遍，对林业供应链整体绩效发挥作用有限。究其原因在于，林业企业缺乏协作意识，经营行为短期化，核心企业协作管理能力不足，对林业供应链作为系统整体的全产业协作机理认识不足。林产品市场竞争的背后体现为林业供应链之间的竞争。林业供应链是以林业主导企业为核心，集成种苗繁育、林木种植、采伐运输、木材经销、加工制造、产品销售和消费者组成的整体价值链，是林业产业链壮大的主体。林业供应链管理的思想突破了单个林业企业管理的局限，考虑林业产业内外相关企业之间的战略协作，以实现产业供应链整体利益的最大化为目标（张智光，2009）。林业绿色供应链管理吸收绿色供应链管理的思想，又具有林业行业的特色。林业绿色供应链协作作为林业绿色供应链管理的核心活动，不但提供人们生产生活需要的多种基本原材料和最终消费品，如原木、锯材、人造板、木浆、纸和纸板、木质家具、木地板等，还能实现林业产业和林业生态的绿色共生。现有研究从全产业的视角对林业绿色供应链全产业协作的机理研究还不深入，对林木资源保障对协作的战略性价值认识还有待提高。

开展林业绿色供应链全产业协作是国外林产大型企业稳定原料来源、保持竞争优势、获得可持续发展的成功战略经验。国际林产大型企业按照全产业协作的战略思路开展林业经营，供应链上游通过各种协作方式拥有或控制林地和林木，保障林木资源的稳定供给，为长远发展提供基础性资源支持；供应链下游拥有庞大的分销网络，以满足市场需求和使消费者满意为中心，并及时将市场信息传递到中上游。由于我国林业企业总体规模偏小，集约化程度较低，80%以上为中小企业，人均劳动生产率不到发达国家的1/6（国家林业局，2017），迫切需要林业供应链协作核心企业发挥主导性作用，以协作纽带带动供应链上的中小企业共同发展。对比国外林业企业，我国林业核心企业竞争力不强，全产业协作能力欠缺，再加上木材资源短缺的制约，导致林业绿色供应链整体绩效偏低。在国内林产品需求旺盛而木材原料供需缺口巨大的环境背景下，研究如何通过林业绿色供应链全产业协作，破解林业产业资源基础支撑能力弱、产业经济效益低、产业竞争力弱等问题具有重要性和迫切性。林业绿色供应链协作不但可以提升林业企业自身的竞争优势，还能带动上下游企业的协同发展，发挥产业关联效应，促进林业三次产业的协调发展。在绿色经济发展的背景下，林业企业通过林业绿色供应链全产业协作才能把“绿水青山就是金山银山”的战略构想变成现实。

基于此，本书从全产业协作的视角，瞄准林业绿色供应链协作的现存问题，分析林业绿色供应链协作不同于一般制造业的特性，构建林业绿色供应链全产业协作机理理论框架，运用结构方程模型（Structural Equation Model，SEM）方法对协作机理模型进行实证分析，据此提出我国林业绿色供应链全产业协作机制体系，并从核心企业、供应链管理和政府层面提出促进林业绿色供应链全产业协作的具体实施建议。该研究成果可为我国林业企业开展全产业供应链协作提供理论依据，还可为林业企业适应供给侧改革、生态文明建设及绿色经济发展等新时代要求提供重要的实践参考。

（二）问题提出

1. 林业供应链实践应用中存在的问题

我国处于供应链中游的林业企业以中小企业居多，规模以上大型企业比例较低。处于供应链上游的是集体林权改革后分散的林农和林场，由于经营规模小、林地分散、组织化程度低，在和下游企业的谈判博弈中利益容易受损，营林投入为木材市场价格所左右（蓝瞻瞻和王立群，2011），积极性不高。林业供应链的下游主要是林产品经销商和最终消费者，市场信息不能及时传递到加工生产企业，信息不对称产生牛鞭效应，导致存量的放大，大大增加了供应链成本。而林业加工企业如家具、地板和人造板则以量取胜，处于全球价值链的低端，微笑曲线的中间部分，经济附加值低下，且面临发达国家日渐严格的绿色贸易壁垒的约束。环境的变化促使部分企业已经开始从改善物流着手进而建设现代林业供应链，如已经有70家纸浆造纸厂开始进行林纸一体化供应链建设，木材加工、家具和地板行业出现林板一体化供应链、产业聚集或集群现象，这为林业供应链管理和供应链协作提供了良好的基础性条件，但协作中也普遍存在林业供应链核心企业与协作企业“联而不盟、协而不作”的现象，协作关系松散的供应链协作并不利于提升整体供应链绩效。

2. 林业供应链科学研究中存在的问题

国内外关于一般制造业供应链协作研究成果较为丰富，为本书研究提供了一定的理论基础和参考借鉴，但仍然存在以下三方面的不足：①已有研究多从林业供应链的单个环节或者流程优化来进行相关理论与实践的研究，聚焦于单个企业、单个过程、单个链条的研究。林业绿色供应链的运作需要整个产业、整个链条、整个环节的协调同步，仅关注单个产业链条或环节具有局限性。一般制造业供应链的协作涉及原料—加工—消费环节，而林业绿色供应链的协作从原料拓展到原料的培育形成横跨林业三次产业的供应链全产业协作系统，必须综合考虑林业供应链的全产业、全过程、全链条协作。本书从全产业协作的视角对林业绿色供应链协作进行研究。②已有研究对一般制造业供应链协作绩效的影响因素，如协作信任、协作沟通、信息共享、协作激励、协作决策等是否适用于林业绿色供应链的研究较少。而林业绿色供应链协作恰恰需要考虑林木资源依赖这个影响因素，这是林业绿色供应链上最具战略性的因素。“得资源者得天下”是林业产业的典型特征，本书把已有研究忽略的林木资源依赖作为外生潜变量，与协作行为其他潜变量一起纳入协作机理理论模型，探讨林业绿色供应链协作绩效的影响机理。③已有研究对林业绿色供应链全产业协作绩效影响因素之间具体的作用关系探讨不足，导致全产业协作的机理尚不清晰，也不能为实践提出有价值的指导。本书对影响整个绿色供应链协作绩效的关键变量间的关系进行深入研究，以揭示林业绿色供应链全产业协作的机理。

3. 研究问题的提出

林业具有生产周期长、原料优先、生态效益突出、产业链条长、风险高等特点，是产业和生态的共生系统。林业绿色供应链横跨林业三次产业，产业间的协同共生对于建设生态文明和绿色中国至关重要。从全产业、全过程的视角研究林业绿色供应链协作行为，提高林业绿色供应链全产业协作绩效，亟须研究以下主要问题：①林业绿色供应链协作现状如何，问题何在？②与一般制造业供应链相比，林业绿色供应链协作的特性有哪些？③林业绿色供应链全产业协作机理的理论分析框架如何构建，林业绿色供应链全产业协作绩效的影响因素如何确定，各个要素或者变量间的作用如何？是否存在现有研究忽略但在林业绿色供应链协作中又非常重要的因素？④为实现林业绿色供应链整体绩效的提升，在实践中需要构建怎样的协作机制体系？核心企业、供应链管理和政府管理怎样做才能更好地实施协作？以上问题的解答对于我国林业产业和企业的可持续发展具有重要的理论意义和实践意义。

（三）研究意义

研究林业绿色供应链全产业协作机理，找到影响林业绿色供应链协作绩效的影响因素，提出促进林业绿色供应链协作绩效提升的机制和实施建议，具有理论和实践上的价值。

1. 理论意义

林业绿色供应链全产业协作机理的研究可以丰富并拓展林业绿色供应链的研究。本书从全产业、全过程的视角构建林业绿色供应链协作系统结构框架，根据计划行为理论结构及林业绿色供应链协作主体行为的特性，设计林业绿色供应链全产业协作影响机理模型，运用结构方程模型 SEM 方法对该模型进行检验。研究结果为林业绿色供应链全产业协作实践提供理论指导，为实现生态与产业的协同共生以推进林业产业发展提供理论依据。

2. 实际应用价值

本书研究影响林业绿色供应链全产业协作绩效的关键因素，揭示潜变量间作用关系的协作机理。研究结果对林业核心企业开展林业绿色供应链全产业协作及提高协作绩效具有重要的实践应用价值，也为林业供应链协作企业有效参与供应链协作提供指导和参考。

3. 创新意义

本书的创新意义主要体现在三方面：①构建了林业绿色供应链全产业协作的影响机理模型；②辨识出林木资源依赖是林业绿色供应链全产业协作的突出性战略因素；③揭示了林业绿色供应链协作在目标、组织和过程上不同于一般制造业供应链协作的具体特性。

二、研究现状与评价

本部分首先以价值—测量—前因—结果为脉络对一般供应链协作绩效的影响因素——资源依赖、协作信任、信息共享、协作沟通、协作决策、协作激励的现有文献进行系统梳理；其次，归纳梳理一般供应链协作绩效和林业绿色供应链管理的研究进展；最后，分析现有研究的不足，提出本书的切入点。

（一）供应链资源依赖研究

资源依赖指供应链伙伴间在技术、知识或市场等方面可以互补，能为合作伙伴提供独特的资源。这里的资源具有稀缺性、价值性、不可替代性和不可复制性的特征（Barney，1986）。

1. 供应链资源依赖的价值

资源依赖理论将组织间的活动看作是对外部环境不确定性和环境依赖的战略反应。资源依赖理论以组织间关系为基本分析单元，认为组织为了生存或发展，都必须从外部环境中的其他组织中获取互补性资源，这就形成了企业对外界的依赖（Hillman et al.，2009；陈伟和张旭梅，2011）。供应链中企业之间依赖的本质来自对方拥有对组织来说稀缺的、不可替代的外部资源，这与企业选择供应链联盟成员的准则一致，即互补性资源是形成联盟的主要原因（郑静静和邓明荣，2009；赵晓飞，2012；吕文晶等，2017）。为应对环境不确定和资源短缺，企业可以通过多种方式获取互补性资源，并建立组织间的关系来保持其稳定性。

2. 供应链资源依赖的测量

在量表测量方面，大多数研究者都是从交换理论出发，根据 Emerson（1962）的定义，将组织间依赖划分为联合依赖和不对称依赖两个维度，开发相应的量表对其进行测量。在测量题项方面，Kumar 等（1995）从供应商与经销商的双边关系衡量联合依赖和不对称依赖，他们从价格有竞争力、更换合作伙伴的成本和难以替代三个维度来衡量双边的依赖度。Gulati 和 Sytch（2007）在研究供应商和制造商之间联合依赖和不对称依赖时采用的测量题项更加丰富，包括更换供应商成本、潜在其他供应商可获得可能性和其他替代供应商资源等 13 个题项。

3. 供应链资源依赖与信息共享的关系

陈慧芳（2008）认为组织间相互依赖性的存在是组织间信息共享的根源，适当的信息共享有利于促进组织间的协调。共享信息从信息结构上可以分为结构化信息、半结构化信息、非结构化信息。无论是哪类信息，都必须通过一定的方式实现信息的共享，才能提高供应链协作决策的水平，从而提升供应链协作绩效。供应链伙伴间的资源依赖是影响企业信息技术和信息系统决策的重要因素，供应链伙伴间的相互依赖程度越高，越有可能采用相同的信息系统和信息技术来实现协调。吕晖等（2010）认为资源依赖对信息系统协同没有直接影响，但资源依赖可以信任为中介而间接作用于信息系统协同。王利和代杨子（2013）研究证实了供应链企业间的资源依赖对信息共享有显著的正向影响，供应链资源依赖使成员合作更紧密，信息共享频次更高，以获得互补性资源和保障竞争优势。

4. 供应链资源依赖与协作信任的关系

供应链伙伴间资源依赖性对信任与关系承诺的确具有显著正向影响，表明资源依赖性的确对供应链伙伴关系的形成有很大促进作用（吕晖等，2010）。对“公司+农户”型农产品供应链研究表明，公司和农户间依赖程度越高，则公司与农户之间就越容易形成长期的战略伙伴关系，进而正向影响彼此间的信任和关系承诺水平，并且双方更愿意共享彼此拥有的信息资源（符少玲和孙良媛，2015）。曾文杰（2011）以信任、沟通、承诺、适应、相互依赖和合作等作为合作关系的起始研究维度，实证分析得出相互依赖不是影响合作关系的主要因素，原因在于稳定的长期的供应链合作关系并未建立。本书认为，林业供应链协作与制造业供应链协作具有较大的差异性，在林业供应链协作关系中基于木材资源的相互依赖促进了供应链核心企业与木材供应商、营林企业、林农建立长期的协作关系，林木资源依赖强化了供应链协作企业间的信任。

（二）供应链协作信任研究

信任是供应链成员间协作的基础。虽然多数的研究将伙伴关系从信任和承诺两个方面探讨，但已有研究认为，建立信任才会有关系承诺，关系承诺的质量取决于信任程度高低（叶飞和徐学军，2009a），因此，本书只关注供应链协作信任。另外，供应链中企业间的信任关系可以分为企业间信任和企业间人际信任两个层次。心理学以研究人际信任为主，但供应链中企业间的信任更关注企业信任，原因是企业信任在很多情况下更稳定，更能经得住员工流失、人际摩擦等问题的侵袭，从而为企业建构稳定良好的供应链合作伙伴关系提供必要保障（马胡杰和石岿然，2015）。归根到底，人际信任本质上必须建立在企业信任的基础上，所以，本书强调的是供应链协作中的企业信任。

1. 供应链协作信任的价值

信任导致了组织间协作行为的发生。有研究发现信任和电子数据交换系统（EDI）的使用呈正相关性；Andaleeb（1995）的研究证实了在解释协作意愿上信任要素的重要性；Li 和 Lin（2006）的研究证实了供应链协作成员间信任和愿景共享是信息共享和信息质量的关键前因变量。如果买方和供应商关系是长期的，买方的最优选择是将真实的需求信息告诉供应商以获得供应商的信任（Ren et al.，2010）。供应链节点衔接的不确定性和运作不确定性，企业对合作伙伴行为预测的困难性、系统运行不稳定和控制失效等，都可以通过建立供应链企业间的信任机制加以控制。

2. 供应链协作信任的测量

学者们从不同角度研究了供应链协作信任的测量维度和分类。Mayer（1995）提出企业间信任的测量维度由能力、善意和诚实构成。Dyer（2000）将信任测量维度划分为可靠性、公平、善意信任三个维度。殷茗和赵嵩正（2006）将协作信任测量分为可信性和善意两个维度。潘文安和张红（2006）将信任测量分为组织信任和个人信任两个维度，并验证了企业间的信任有助于企业绩效的提高。杨静（2006）考虑到中国国情，将信任测量划分成计算型信任和关系型信任两个维度。Ybarra 和 Turk（2009）提出信任测量的三个维度分别是可靠性、可预测性和忠实。Barney 和 Hansen（1994）依据交换过程的类型不同将信任划分为弱信任、半强信任以及强信任三种类型。Taddeo（2010）依据信任的不同层面将信任区分为谋算型信任、了解型信任和认同型信任三种类型。尽管对于信任维度的区分已经较为成熟，但大多数研究仍然基于单维度测量信任（寿志钢等，2008），这可能是由于数据收集与信任维度选择的困难性所导致的。

3. 供应链协作信任的影响因素

对于哪些因素（前因变量）影响了供应链协作信任，现有文献得出了不同的结论。殷茗和赵嵩正（2006）提出并验证了供应链协作信任的四个前因变量是企业声誉、预期合作收益、资源投入程度和转移成本。Ybarra 和 Turk（2009）认为组织间信任水平与沟通、共同的价值观、关系公平性有关。曹玉玲和李随成（2011）通过对企业间信任的元分析将影响因素归纳为三个维度：企业特征因素、关系因素和环境因素。姚昕奕和石岿然（2011）指出，信任的前因变量中声誉、共同价值观和沟通被广泛地提及，制度和文化不同导致信任程度的差异，信任还要考虑人际关系的影响。

4. 供应链协作信任与信息共享的关系

信任是供应链伙伴间彼此可信赖及善良的程度，前者反映一个企业对关系伙伴有效运作的相信程度，后者则是一个企业相信关系伙伴具有使整个关系获益的意愿和动机。要达到供应链成员间的透明化，必须以信任为基础，而且要经过艰苦的努力。供应链伙伴间工作联系越紧密，就越信任对方，彼此分享的信息就越多，信息透明化水平与信任水平是一致的（Akkermans et al.，2004）。Li 和 Lin（2006）认为供应链伙伴间的信任程度对信息共享水平与信息质量均有显著的正向影响。社会交换理论认为，伙伴关系越紧密，彼此越愿意共享信息，供应链信任则是衡量伙伴关系的核心要素之一，信任可以通过增强企业间共享意愿来提升信息共享水平（Morgan & Hunt，1994；郑晶莹，2016）。

信任关系的建立是供应链协作信息共享的关键。已有的研究成果证明了信任关系会促进信息共享，如信任关系作为一类用来激励成员的监督机制，能够从一定程度上提高信息共享水平。Klein（2007）认为信任关系不仅可以增强信息共享意愿，而且组织间信任程度明显影响信息共享行为。毛文晋和江林（2008）对影响北京市消费类产品零售商与供应商信息共享意愿行为因素的研究，证明了信任对信息共享意愿的影响最大。余晖和张文杰（2009）认为供应链信息共享需要成员企业间的信任与合作，信任关系可以促成相关和全部的信息共享。叶飞和薛运普（2011）认为供应链伙伴信任关系对信息共享水平和信息质量具有正向的影响，并间接影响企业运营绩效。

供应链信任直接影响协作中的信息共享程度。在现实生活中，信息不对称和信息不完全的现象非常普遍，如下游销售商往往比制造商更了解市场需求信息等。信任关系的建立消除了彼此间的戒备，信任程度越高，信息共享的意愿越高（陈剑，2012）。企业间信任是解决冲突问题的关键因素，相信成员企业拥有正直诚恳的品质，可以消除大家的戒备心理，促进信息共享意愿，为信息共享的实现提供心理基础；信任促使成员企业密切接触，使得双方对具体情况的把握达到透明化，这是企业间获取重要信息的必要条件；越相信对方有能力处理共享的信息，越愿意通过再投资减少双方都存在的信息系统障碍问题，实现企业间信息查询与交流的畅通，提高信息共享水平（郑晶莹，2016）。

5. 供应链协作信任和协作沟通的关系

沟通是成功的组织间交换最重要的元素。Joshi（2009）将协作沟通定义为制造商和供应商基于频繁、正式、互惠和理性的沟通而获得影响的程度。组织间信任水平与沟通、共同的价值观、关系公平性促进有效的沟通，能够加深合作伙伴间的了解，消除彼此的误解（Ybarra & Turk，2009）。在制度不完善的环境下，建立供应链协作信任是供应链协作顺利开展的重要因素。供应链管理中经常因为一些沟通障碍造成供应链企业间的矛盾、冲突、断裂和解体。供应链协作沟通越有效，供应链协作就越顺畅。充满信任的组织环境会降低合作伙伴之间的隔阂，减少摩擦，促进沟通的效率和频率。供应链成员间信任程度直接影响供应链成员间的沟通程度和协作决策的能力（李自杰等，2010）。

（三）供应链信息共享研究

信息共享是供应链成员企业为了有效协作，必须及时与供应链协作伙伴传递和分享各种各样的信息。信息不对称是造成供应链失调的重要原因，而信息共享则降低交易成本，构成了供应链管理的基础。

1. 供应链信息共享的价值

供应链协作的关键要素是信息共享，这有助于减少库存成本、缩短市场反应时间和改善整个供应链决策（Ball et al.，2002；Chicksand et al.，2012；Kumar & Pugazhendhi，2012；Wu et al.，2014）。核心企业与顾客的信息分享直接影响着企业绩效（Narasimhan & Kim，2002），而制造商和供应商协作预测也优于独自预测（Aviv，2001）。在有信息共享的情况下，供应链的牛鞭效应明显小于信息无共享时的情况（陈长彬等，2008）。供应链上市场销售信息共享可显著地减弱供应链的牛鞭效应（沈栋等，2016），显著降低企业及供应链整体成本的均值（李晓翔和胡梦，2017），通过不断提升短板企业的信息共享价值指数，可实现整个供应链的信息共享（高锡荣和罗扬，2017）。

2. 供应链信息共享的测量

现有文献分析表明，信息共享的测量维度存在不同的分类视角，共享程度、共享质量、共享内容、共享层次等都可以作为测量的维度。朱庆英等（2011）从战略信息层的市场信息、销售信息及需求信息三方面衡量供应商共享客户的信息，从管理信息层的库存水平、生产计划两方面衡量客户共享供应商的信息。张雅琪等（2011）将信息共享划分为信息共享的程度和信息共享的质量两个维度，前者指传递重要独有信息的多少，后者指信息交换满足组织需要的程度。Zhou和Jr（2007）与宋福玲（2012）将信息共享划分为信息质量、信息内容和信息共享的支持技术三个维度，蒋兴良（2013）将信息共享划分为信息共享层次范围、信息共享内容以及信息共享质量三个维度。郑晶莹（2016）提出两个维度、三个维度的划分能很好地描述信息共享，而单维度不能完全描述供应链信息共享，实际上，信息共享的重要性在实际供应链运作中已经是常态，相互提供各自需要的信息也自然而然就发生了，只是信息共享多维度的作用被高估。

3. 供应链信息共享的影响因素

哪些因素（前因变量）影响信息共享？Li和Lin（2006）认为成员间信任、共同愿景及高层管理促进信息的共享，而供应商不确定性抑制了信息共享。叶飞等（2009b）提出信息共享程度取决于供应链伙伴特性、伙伴关系和信息水平落差的大小，而信息共享程度是影响企业运营绩效的变量之一。袁林娜（2009）将信息共享技术和资金投入、供应链上组织机构调整、商业秘密保护、利润分配及目标冲突视为供应链信息共享的制约因素。

4. 供应链信息共享与协作决策的关系

信息共享能够有效降低信息不对称导致的道德风险，是提高供应链各参与方的“理性”程度和协同决策效率的有效途径（Chen & Lee，2009；薛小龙，2011）。供应链成员不愿共享信息，张菊亮和章祥荪（2012）认为，原因是决策的不协调。信息共享一方面增进了供应链企业间的相互了解，降低了恶性冲突的可能性，减少了信息搜寻成本，使双方更加明确市场或原材料供给的状况，提高了彼此行为的可预测性，有助于制定恰当的行为决策（马胡杰等，2015）。另一方面为供应链企业提供供应链决策的充分信息，提供信息的质量越高，供应链决策的质量就越好。

（四）供应链协作沟通研究

供应链协作沟通是指信息在供应链伙伴间接触和信息传递的过程（Mohr & Nevin，1990）。协作沟通程度是供应链协作水平高低的重要指示器。

1. 供应链协作沟通的价值

沟通是成功的组织间交换重要的元素，精心设计的关系会因为缺乏良好的、经常的沟通而崩溃（Bleeke & Ernst，1993），误解和相互不满导致沟通无效，最终形成冲突（Etgar，1979）。供应链成员间的沟通越是开放、频繁、平衡和双向，成员间协作关系越是亲密（Goffin et al.，2006）。沟通机制使供应链上企业紧紧地黏合在一起，成功企业的高层经理意识到与关键合作伙伴分享知识及交换关键信息可以加强运营绩效及与伙伴之间的商业关系（Jap，2001）。沟通可作为供应链伙伴相互依赖与联盟绩效的中介变量且中介效应显著（卢纪华等，2015），企业间的沟通促使双方建立一种牢固关系，使双方有集体的归属感，进而促进联盟绩效（Lunnan & Haugland，2008）。

2. 供应链协作沟通的测量

现有文献对供应链协作沟通的测量维度进行了研究。Mohr 和 Nevin（1990）研究了协作沟通的四个测量维度，即沟通的频次、内容、形式和方向。后来 Mohr 等（1996）进一步提炼出协作沟通的三个测量维度，即沟通影响策略、正式性和沟通方向，而协作沟通是这三个维度的综合（Prahinski & Benton，2004）。Joshi（2009）在此基础上提出刻画协作沟通的四个测量维度，即频次、正式性、互惠反馈和理性。

3. 供应链协作沟通的影响因素

哪些因素（前因变量）影响供应链协作沟通？Mohr 和 Nevin（1990）提出渠道结构、渠道氛围和权力是影响渠道协作成员间协作沟通的主要因素。刘文茹和崔恩栓（2002）从个体及信息角度，提出供应链环境下影响管理沟通有效性的因素主要有语言和文化差异、情绪和感觉失真、沟通者的身份和地位、信息技术的发展和应用以及信息过滤。Simatupang 和 Sridharan（2005）认为组织结构的优劣也是影响沟通效率高低的关键因素。冯长利和韩玉彦（2012）提出影响供应链沟通的因素包括隐性知识、文化距离和信息技术。谢海涛和张智光（2014）提出影响协作沟通最重要的变量是协作信任。

4. 供应链协作沟通与信息共享的关系

供应链协作沟通越有效，供应链协作就越顺畅，进而对供应链的信息共享水平和协作决策能力等都有促进作用（Anderson et al.，1990）。沟通既有正式的信息交流，也有非正式的信息交流。交流沟通对于了解协作对象的信息和情况非常重要，种法辉等（2015）通过 1995 ~ 2015 年供应链信息共享研究的文献检索和分析，发现供应链信息共享问题研究仍是供应链管理领域研究的热点。这说明在信息技术飞速进步的情境下，信息技术并不能解决分享信息的障碍，协作沟通不畅导致的供应链企业间冲突现象依然大量存在。

（五）供应链协作决策研究

供应链协作决策指供应链成员为了优化供应链利益而在计划和执行层面对重大决策进行协调的行为（Simatupang & Sridharan，2002）。判断协作决策效果是否有效的基础是供应链对顾客需求的精确反应和供应链利润率（Simatupang & Sridharan，2005）。

1. 供应链协作决策的价值

管理就是决策，决策贯穿管理过程和管理领域，供应链协作管理也不例外。具有不同的决策权力和专业知识供应链成员由于供应链运作决策标准不同，导致供应链协作得不到最优化（Lee et al.，1997），需要通过协作决策活动来协调这些决策标准。供应链成员间协作决策水平、协作决策能力、协作决策的及时性直接决定供应链协作绩效。

2. 供应链协作决策的测量

学者们从不同角度研究了协作决策水平的测量问题。Simatupang 和 Sridharan（2005）使用李克特 5 点量表测量协作决策水平，共设计了 9 个题项测量协作决策。路永和等（2006）从供应链协作决策问题的层次性把供应链协作决策分为战略决策、战术决策和运作决策，认为协作决策问题的层次对应协作程度的高低。一般而言，供应链成员间协作决策的层次越高，协作关系越密切，协作程度就越高。

3. 供应链协作决策的影响因素

哪些因素（前因变量）影响协作决策？供应链协作决策同企业内部决策相比，表现出多主体、多目标、多方博弈、信息不对称、难以协同的特征。所以，供应链协作决策的质量受到诸如信息因素、协作信任、沟通因素、决策问题特征、决策目标、决策权力分配等因素的影响（袁付礼，2010）。信息不对称问题和扰动问题使供应链成员决策变得困难，供应链难以达到最优（李永超和曹二保，2011），缺乏有效的协作沟通也会导致供应链决策的失调。

4. 供应链协作决策与协作激励的关系

供应链合作伙伴决策的目标经常互相冲突，导致解决方案不能达到最优（Lee et al.，1997）。供应链协作决策效果一方面体现在供应链协作伙伴对满足客户需求的反应，另一方面体现在供应链协作过程的联合决策在提高供应链盈利能力方面的有效性（Chang et al.，2013）。协作决策是影响供应链协作激励的重要因素，因为协作决策的过程本质是利益分配的过程，利润分配的公平合理性直接影响供应链企业间的合作，关系整个供应链的存在与解体。

（六）供应链协作激励研究

供应链协作激励是供应链协作各方共同成本、风险和利益的过程，它包括计算成本、风险和收益以及制定激励计划，协作激励直接影响供应链协作绩效。

1. 供应链协作激励的价值

协作激励是指在供应链合作伙伴间分享成本、风险和利益的过程（Simatupang & Sridharan, 2005）。供应链协作激励是协作伙伴产生协作行为的关键因素（Cao & Zhang，2011），也是促成协作的关键因素（Sridharan & Simatupang，2005）。信息共享是协作激励的初级阶段，通过利益分配实现协作成员共享协作收益，也是协作激励的最终目的，利润分配的公平合理性直接影响供应链企业间的合作，关系供应链的存亡（王利和代杨子，2013），所以，协作激励对于建立成功的供应链协作关系意义重大。

2. 供应链协作激励的测量

任何成功的供应链管理都是建立在通过相互的利益刺激激发的紧密合作的基础上的。Simatupang 和 Sridharan（2005）使用 6 个题项测量激励联盟，即联合采购计划频次、共享库存成本减低的节约、高峰需求的交货保证、允许的产品缺陷水平、零售价降价补贴、变更订单达成协议。Cao 和 Zhang（2011）在 Simatupang 的基础上采用共享的成本和效益、分担供应链中可能发生的任何风险、共享降低库存成本上的节约、就订单变更达成协议、激励与投资和风险是相称的 5 个题项测量协作激励。

3. 供应链协作激励与协作绩效的关系

协作激励对于供应链绩效具有直接且决定性的影响。本质上，供应链协作激励是以利益分配为主的激励，协作激励有利于供应链收益的持续性和成长性（Dechow et al.，2010）。确定合作收益的分配方案，解决好利润分配问题，激励实施才能落实。协作企业对利润分配结果的不满将直接导致机会主义行为（Boonlert – U – Thai et al.，2006；Wang et al.，2016），协作中断。另外，公平合理的利益分配遵循多劳多得、风险补偿、个体合理等基本原则，这不但能够满足企业对于经济利益的追逐，也是一种可信赖的、正向的激励信号，激发协作企业积极参与和努力投入，获得更多的经济回报。自发性的正向激励效用将大大减少和降低监督、惩罚和约束等负向激励的使用及其强度（胡琼，2014）。

（七）供应链协作绩效研究

供应链上下游企业间协作管理的最终目标是提高整个供应链的绩效，而不是单个企业的绩效。但学者们对供应链协作绩效的界定和测量，尚未达成一致。Ganesan（1994）从短期绩效和长期绩效两方面来衡量协作绩效，认为短期绩效是通过市场效率来获取利润，而长期绩效则有赖于建立良好的伙伴关系。Mcgee等（1995）从绝对绩效和相对绩效来评价协作绩效，绝对绩效以客户满意度、物流成本、获利能力以及关系持续性来衡量，相对绩效以目标达成度、利润率和利润增长率来衡量。Zollo等（2002）将协作绩效分为直接绩效和间接绩效，直接绩效通过对合作双方的目标达成情况来测量，间接绩效通过对合作伙伴在合作过程中所收获的利润以及提升的竞争优势来测量。潘文安和张红（2006）设计共同目标的实现情况、盈利水平、客户满意度以及协作关系长久度四个指标来评价供应链协作绩效。武志伟（2008）从协作目标的实现程度、盈利能力的提高、协作的满意度和继续合作的意愿等主观指标评价供应链协作绩效。Espinoza等（2010）将供应链协作绩效分为财务绩效和非财务绩效，认为财务绩效大多可以归为直接绩效，用成本减低、销售增长率、资产利润率等财务指标测度；非财务绩效大多可以归为间接绩效，用供应链协作带来运营优化、顾客满意度提高、服务质量提升、产品的创新等主观指标测度。一般而言，供应链协作绩效的非财务绩效表现更突出，从非财务绩效转化为财务绩效，需要一定的经营周期，具有一定的时间滞后性。刘佳音（2015）从成本、质量、客户满意度和间接绩效四个维度测量供应链协作绩效，其中间接绩效指协作能否为供应链整体带来更高的利润水平和为企业带来长期、稳定的竞争优势。

财务绩效具有较好的说服力和可比性，在一定程度上反映供应链伙伴间的协作水平，但是单纯使用财务指标可能掩盖更多有价值的信息，财务指标存在失真的可能性，非财务绩效在反映供应链长期协作绩效上更有说服力，因为协作对供应链而言产生的是长期的协作优势而非暂时的竞争优势（Cao & Zhang，2011）。由于供应链协作网络形态、产品类型、资源投入不同以及协作成果的价值难以衡量等，所以并不是所有的协作绩效都可以量化，适当加入主观指标进行测度是合理的（Cao & Zhang，2013；刘佳音，2015），将客观指标和主观指标结合是一个值得尝试的方法。现有文献对供应链绩效的界定标准不一，也没有统一的指标体系，多数文献从供应链核心企业的角度设计绩效指标，而不是从供应链整体设计指标，可能的原因在于从供应链协作中受益最大的是核心企业，也可能是供应链整体绩效数据取得比较困难，且整体绩效中哪些是因为供应链协作带来的绩效不好划分。

（八）林业绿色供应链管理研究

绿色供应链管理（Green Supply Chain Management，GSCM）考虑和融入了环境因素，有利于缓解环境压力和促进资源高效利用，受到政府、企业及学界的高度重视。制造业绿色供应链管理成果比较丰富，已有研究不但界定了绿色供应链的内涵，明确了绿色计划、绿色采购、绿色制造、绿色物流、绿色回收等构成绿色供应链运作的闭环结构（Sarkis，2003；Sarkis et al.，2011；王能民等，2007；朱庆华，2008；朱庆华和田一辉，2010），还研究了供应链绿色管理的影响因素和动力压力及绩效评价问题，并对企业绿色供应链管理开展了实证分析（朱庆华，2008；朱庆华和田一辉，2010；叶飞和张婕，2010），另外还有文献研究了制造业分行业如汽车、钢铁、家电等绿色供应链的应用（Olugu et al.，2011；Zhu et al.，2007；徐爱，2013；张荣兰和路世昌，2015）。但学者们对于绿色供应链具体环节的优化改善比较关注，较少关注供应链链条的整体改善（刘艳等，2019），且仅有部分文献关注林业绿色供应链管理的问题。

随着社会公众环境意识的提高、生态文明建设的推进和绿色发展理念的深入，林业绿色供应链的研究逐渐得到重视。张智光（2008）根据林业特点，将森林培育业纳入林业供应链运作系统，构建林业产业链结构模型，抓住林业绿色供应链最核心的资源问题，提出林业绿色供应链管理的核心问题是林业资源链、价值链和生态链的协同共生，即“绿色共生”问题。因此，林业绿色供应链具有资源链、生态链和价值链“三链合一”的特点（张智光，2011；张浩和张智光，2011）。资源链、生态链和价值链三者不仅各自循环运行，而且三链之间相互交融、相互促进，形成协同发展的绿色共生机制，其中，资源链是基础、生态链是支撑，而价值链是动力和纽带，由此得出，林业绿色供应链联盟的协同运作的关键是林业绿色供应链的绿色制造和森林培育环节的协同管理（张智光，2012）。谢海涛和张智光（2015）研究了林业供应链在协作目标、组织和过程不同于制造业的协作特性，杨加猛（2008）基于林业三次产业协同发展的角度提出，林业产业链由林业上、中、下游环节及其关联产业所组成，运用绿色循环经济理念和方法，在林业产业纵向延伸和横向拓展而形成多维网状关联结构，并发现我国林业产业的发展还在发展初期，林业产业链条中的营林业、加工制造业和第三产业依然相对割裂，上下游产业间需要相互延伸和拓展。供应链和产业链互有交集，供应链管理以核心企业为中心，组成复杂的网络系统，产业链研究相对比较中观，研究产业层次间链条拓展等问题。上述文献成为林业绿色供应链全产业链协作研究在林业行业特点方面的重要借鉴。

（九）研究评价

综上所述，国内外文献主要关注于一般制造业供应链协作变量和绩效间的关系、供应链协作绩效的前因变量及结果变量等；对于林业绿色供应链管理的研究取得了初步成果，但对于具有横跨三次产业的林业绿色供应链整体协作的研究有待深入。一般制造业和林业绿色供应链管理研究的前期成果为本书提供了诸多参考和借鉴，但深入分析，我们发现已有研究仍然存在以下几方面的不足。

1. 从林业单个产业、单个环节、单个链条进行研究，缺乏全产业协作的视角

从供应链协作的原理分析，供应链协作追求的是供应链作为一个整体的协作绩效提高，林业供应链单个企业、单个环节、单个链条的强壮并不能促进林业供应链整体的竞争优势。处于供应链中游的林产加工企业的林木资源得不到保障，供应链协作就不能持续，所以需要从全产业协作视角把林业供应链协作拓展到上游的营林产业。林业绿色供应链协作运行需要原料供应、加工制造、物流分销等所有供应链环节的协调同步，任何一个环节上的协作企业出现问题都同样导致供应链的中断，所以，抓住林业绿色供应链横跨林业三次产业的特性，探究影响林业绿色供应链全产业协作行为绩效的关键因素就非常重要了。

2. 对影响整个绿色供应链协作绩效关键变量的关系研究不够深入，导致林业绿色供应链全产业协作的机理尚不清晰

协作机理不清晰带来的问题是抓不住协作的关键因素，对提高林业绿色供应链全产业协作绩效和供应链竞争力的指导作用难以发挥。本书利用计划行为理论构建林业绿色供应链全产业协作机理模型，探索林木资源依赖、协作信任、协作沟通、信息共享、协作决策、协作激励等要素对林业绿色供应链全产业协作绩效的影响及相互间作用关系，从而揭示林业绿色供应链全产业协作机理。

3. 对林木资源依赖作为林业绿色供应链协作的战略性影响因素重视不足

在林业绿色供应链协作的实践应用中，林木资源作为战略性资源已经得到重

视，但已有文献并未重视林木资源依赖在林业绿色供应链协作中的研究价值。林木资源是林业产业和企业发展的关键瓶颈，林木资源依赖是林业绿色供应链全产业协作上最具战略性的因素，这是现有文献忽略但又非常重要的影响因素。在林业产业"得资源者得天下"已经成为共识，所以，林木资源依赖决定了整个林业绿色供应链的协作绩效，关系整条林业绿色供应链的生死存亡。本书把林木资源依赖作为林业绿色供应链协作行为的外生潜变量，纳入机理模型中，深入探讨林木资源依赖对协作行为和协作绩效的影响。

三、研究目标与内容

（一）研究目标

本书围绕"如何提高林业绿色供应链全产业协作绩效"的总目标展开研究，运用供应链管理等相关理论，在林业绿色供应链协作问题分析和比较林业绿色供应链协作不同于一般制造业供应链特性的基础上，构建林业绿色供应链全产业协作 SEM 机理模型并对模型进行实证检验，设计保障林业绿色供应链协作运行的机制体系，提出协作机制实施的建议。拟研究的具体目标如下：

研究目标 1：比较林业绿色供应链协作与一般制造业供应链协作的区别。基于管理控制原理，构建目标—组织—过程分析框架，以制造业供应链协作为比较对象，从协作目标、协作组织和协作过程三方面具体分析林业供应链不同于一般供应链的协作特性。

研究目标 2：构建林业绿色供应链全产业协作机理模型。在林业绿色供应链协作特性分析的基础上，根据计划行为理论构建林业绿色供应链协作机理理论模型。

研究目标 3：运用结构方程模型 SEM 方法对理论模型进行检验。通过收集问卷，利用结构方程模型方法进行实证分析，揭示影响协作绩效的多个潜变量间的作用路径。

研究目标 4：构建林业绿色供应链协作机制并提出实施建议。根据林业绿色供应链全产业协作机理 SEM 实证分析的结果，设计保障林业绿色供应链协作运行的机制体系，并从核心企业、供应链管理和政府管理层面提出具体的实施建议。

（二）研究内容

围绕上述研究目标，本书开展了以下研究：

1. 我国林业绿色供应链协作的发展态势及问题研究

分析林业绿色供应链协作的演进路径及现状，林业绿色供应链的发展态势对协作提出的要求，林业绿色供应链协作存在的主要问题。

2. 目标—组织—过程框架下林业绿色供应链协作特性分析

基于管理控制原理构建协作目标—组织—过程分析框架，通过与制造业供应链协作特性的比较，研究林业绿色供应链协作的目标特性、组织特性和过程特性等。

3. 基于计划行为理论的林业绿色供应链全产业协作机理理论框架构建

包括林业绿色供应链协作机理的理论分析、林业绿色供应链协作机理的理论假设、林业绿色供应链协作机理模型中各变量的释义与说明等。

4. 林业绿色供应链全产业协作机理的 SEM 实证分析

包括测量问卷的设计、样本设计与调查区域确定、数据收集、描述性统计分析、数据信效度检验、实证结果及分析等。

5. 我国林业绿色供应链全产业协作机制的构建及实施建议

构建林业绿色供应链全产业协作机制体系，包括资源保障机制、协作信任机制、信息共享机制、协作沟通机制、协作决策机制和协作激励机制；然后从核心企业、供应链管理和政府管理三个层面对林业绿色供应链全产业协作机制的实施提出具体建议。

四、概念界定和理论依据

（一）概念界定

1. 供应链、供应链管理和供应链协作

供应链概念提出于 20 世纪 80 年代，90 年代以后被广泛采用，并形成“真正的竞争不是企业间的竞争而是供应链间的竞争”理念，为此，需要对供应链进行精心组织和管理。供应链是围绕核心企业，通过对信息流、物流、资金流的控制，从采购原材料开始，制成中间产品以及最终产品，由销售网络把产品送到消费者手中，是将供应商、制造商、分销商、零售商直到最终用户连成一个整体的功能网链结构，具有复杂性、动态性、面向用户需求和交叉性的特征。供应链网络中的核心企业在供应链中起关键主导作用。

供应链管理是对供应链活动的层次、领域、过程进行管理的一套方法，最终实现供应链整体绩效的最大化。供应链管理的核心是通过供应链协作以优化供应链运作。供应链协作是指在共同目标指引下，供应链中两个或多个公司通过建立长期关系，密切配合完成供应链运作的计划和执行，获得比公司单独行动更大的利益（Simatupang & Sridharan，2005；Soosay & Hyland，2015）。供应链协作管理强调企业间建立协作伙伴关系，以客户需求导向，把供应链上下游各个环节有机结合，通过供应链参与企业间的协作行为实现供应链整体绩效的提升。

2. 林业供应链

林业供应链（林工一体化供应链）既有一般供应链的优点，又有绿色供应链的特点。通过供应链的集成化管理，林业供应链可以实现供应链各环节的信息共享、风险共担和利益共获；实行客户导向和市场驱动，能够快速应对环境变化，确保原料供应和产品适销对路；从整体上降低供应链的成本和库存积压，加快物流速度，提高经济效益和市场竞争力，从而实现营林、林产工业和营销等各环节的共赢。同时，林工一体化供应链模式还具有绿色共生的特性，能够实现资源—产品—价值—回馈资源的良性循环（张智光，2012）。

林业供应链与一般制造业供应链的区别：一般制造业供应链强调快速反应、敏捷化、柔性化和信息化；林业具有林木生产周期长、风险大、生态效益突出等特点，林业供应链管理更注重供应链的整体战略、长远目标以及战略与战术的一致性，更强调整体效益的绿色化（经济效益和生态效益的协调）、供应链系统的集成化和战略联盟关系的稳定化。

3. 绿色供应链

绿色供应链的概念最早由美国密歇根州立大学的制造研究协会在 1996 年进行的一项环境负责制造（ERM）研究中提出，又称环境意识供应链或环境供应链，认为供应链中要重视环境影响和资源效率问题。它以绿色制造理论和供应链管理技术为基础，涉及供应商、生产厂、销售商和用户，其目的是使得产品从物料获取、加工、包装、仓储、运输、使用到报废处理的整个过程中对环境的影响（负作用）最小，资源效率最高。绿色供应链管理所追求的是经济利益和绿色利益（环境利益，环境保护和资源优化利用）双赢，以实现社会的可持续发展。绿色供应链管理要求供应链所有环节都要开展环境管理，积极开展绿色采购、绿色设计、绿色生产、绿色包装和绿色营销等活动，强调通过供应链内部资源效率、价值优化和生态保护三个方面对供应链各个环节进行有效整合。

绿色供应链与传统供应链的最大不同之处在于，前者对供应链的考量不仅包括传统经济成本约束下的供应链的优化与协调，而且将经济活动对环境产生的负面影响作为重要的考察事项，将环保意识嵌入供应链管理，追求经济与环境相平衡的供应链管理方式。

4. 林业绿色供应链

林业绿色供应链考虑了环境和营林因素，将传统的制造业供应链管理从中间产品和最终产品的制造，拓展到可再生资源的培育环节，将营林业作为林业制造业的第一车间，将林业第一、第二、第三产业都纳入绿色供应链管理的范畴，是一种“泛制造业”的供应链管理，注重产业系统和生态系统的良性互动，实现资源、环境、生态和产业系统“从森林到苗圃”的协同共生（张智光，2008）。目的是实现林纸产业和林业生态系统“从苗圃到森林”的协同发展。这里的“从苗圃到森林”不仅是指森林资源的不断增长，同时也包括林纸产业经济的持续发展。这就是林纸一体化供应链的绿色共生特性，即在实现绿色制造（含森林资源培育业）、绿色采购、绿色物流和绿色营销等环节协调运行的基础上，建立起资源链、价值链和生态链相互促进和协同发展的机制（张智光，2011）。

林业绿色供应链按照加工制造产品类型可以分为造纸产业绿色供应链、人造板绿色供应链、家具绿色供应链等，具体产品虽然有差别，但均具备林业绿色供应链的一般特性。林浆纸绿色供应链发展最为成熟和典型，原料林作为第一车间具有战略重要性，造纸供应链又受到下游环节纸品市场需求的约束。国际通用口径的林产品是以森林资源为基础而生产的木材和以木材为原料的各种产品，主要包括原木、锯材、木质人造板、各种木质成品和半成品、木浆、以木材为原料的各种纸及纸制品、林化产品等。我国还包括非木质林产品，如林果等。

林业绿色供应链与一般制造业绿色供应链的区别在于：一般制造业绿色供应链管理将生态与环境系统作为供应链的外部系统，侧重减少对资源、生态和环境的破坏，实现资源“从摇篮到坟墓”全供应链管理（考虑到回收利用，也有人称之为“从摇篮到摇篮”的管理)。林业绿色供应链则将生态与环境系统纳入供应链系统，作为其内部的一个子系统，因而更注重产业系统和生态系统的良性互动，实现资源、环境、生态和产业系统“从苗圃到森林”的协同共生，这就是林业绿色供应链特有的核心问题——绿色共生。这里“从苗圃到森林”不仅表示森林资源的不断增长，还表示林业产业经济的持续发展。

5. 林业绿色供应链全产业协作

林业绿色供应链协作将供应链协作从传统林产品制造业拓展到可再生培育环节，将营林业作为第一车间，以经济和生态效益为综合目标，以林产品市场需求为导向，以林产工业企业为主导，以工业原料林基地为依托，以利益分配为驱动力，通过资本纽带和契约纽带将林产工业企业、营林企业等形成一个利益共同体，通过密切配合完成供应链运作的计划和执行，获得比公司单独行动更大的利益。林业绿色供应链全产业协作是通过林业核心企业开展供应链协作行为，将供应链上的林业第一、第二、第三产业间的林业企业组织起来，共同开展活动，获得比单独行动更大的利益。全产业协作将供应链协作拓展到森林资源的培育，供应链链条和环节横跨林业三次产业。

(二) 交易成本理论

林业绿色供应链协作横跨林业第一、第二、第三产业，虽然本书强调林木资源基础的重要性，但从经济学理论来看，获取经济利益仍然是协作绩效的基础性效应，林业企业开展经营活动的终极目标是获得最大化利润。一方面，林业绿色供应链协作中的核心企业如果能充分发挥供应链治理能力，考虑全产业整体协作，市场需求能及时有效传递到中上游，充分利用协作信任、信息共享、协作沟通、同步决策和协作激励等协作手段和行为，保障林木资源充分供应，可以通过提供适合市场需要的林产品和服务获得比单独活动更高的收入。另一方面，林业企业通过开展企业间的绿色供应链协作，大幅降低交易成本，即使供应链总体收入不增加，整个供应链的总收益也会增加。依据交易成本理论，组织间协作通过降低交易成本和降低不确定性两个方面经济进行分析。

1. 降低交易成本

供应链协作网络可以看作是介于市场和企业之外的中间型组织，既能规避纯粹市场的高交易成本，又能克服纵向一体化的不足（彭建仿，2005）。供应链协作有助于公司通过过程整合、协调和互信降低市场交易中固有的机会主义成本和搜寻成本，从而增加了伙伴最大化利益行动的可能性（Kaufman et al.，2000），也有助于公司避免从事不具有优势的活动。供应链松散性特征和决策者的有限理性导致供应链协作成员间目标冲突和机会主义行为，而协作组织的软约束导致成员的进出过于频繁，影响供应链的稳定，造成交易成本的提高。林业绿色供应链通过全产业协作，可以逐步降低交易成本，这是林业供应链协作行为产生的重要效应之一。

交易成本有信息搜寻成本、谈判成本、缔约成本、监督履约成本、处理违约的成本等（Williamson，2008），交易成本发生的原因在于交易本身的三项基本特征，即资产专用性、交易的动态性和交易频率。林业绿色供应链上下游企业通过供应链的组织和协调，通过建立长期协作关系不但降低供应链伙伴间的交易成本，还能有效克服机会主义和有限理性的影响（Fink et al.，2006）。以林纸一体化供应链为例，纸浆厂需要的木材原料等虽然可以通过市场来配置，由于木材资源的短缺、市场价格波动大，交易费用过于高昂，营林企业由于林木生长周期长、营林风险大等问题，也希望其林木生产有需求稳定、利润较高的销售渠道（张智光，2008），通过提高资产专用性、保持长期稳定的协作关系和交易频率的减低，从而降低复杂交易过程的各种成本，林纸供应链协作使得交易成本得以降低。

2. 降低不确定性

供应链协作可以降低外部环境的不确定，提高供应链收入，增加协作的经济收益。高交易成本的主要因素之一就是不确定性（Williamson，1975）。通过透明的信息流降低不确定性是供应链协作的关键经济效应之一。如果信息不能在合作伙伴间通畅地共享，非透明的信息导致需求放大和“牛鞭效应”，这将导致低劣的服务水平、高库存和频繁的断货（Lee et al.，1997）。当面临不确定时，企业倾向于和合作伙伴建立长期的协作关系，降低外部环境的不确定性。林业绿色供应链核心企业在经营中面临着供应链需求和供给两端不确定的情形。供应链协作一方面可以降低市场需求的高度不确定性，另一方面可以降低原料供应链的高度不确定性，从而提高林业绿色供应链协作的经济效益。

（1）市场需求的高度不确定性。我国林产品贸易出口商品结构比较集中，以木家具、纸品、人造板为主，进口产品以木浆、工业用原木、纸品为主，逐渐嵌入全球价值链。经济的全球化导致供应链在物理空间上的拉长，强化了供应链协作的不确定性，如欧盟及许多新兴国家经济发展在减速，引发部分国家之间的贸易保护和竞争性的汇率贬值，严重影响木材及制品的出口。同时，国内林产品需求增长趋缓，国内消费者对林产品需求的多样化和个性化导致企业难以准确捕捉消费者需求（叶克林，2016），从而扩大了供应链“牛鞭效应”的不良影响。

（2）原料供应的高度不确定性。林业绿色供应链上游原料供应的高度不确定性表现为，一方面，原料供应的进口呈现不确定性。许多国家限制或禁止原木出口，使得我国获取全球森林资源的难度不断加大，加剧了我国木材供需矛盾（苏蕾和刘意，2017）。另一方面，我国全面实施天然林保护政策，停止天然林商业性采伐，木材供应逐渐转向南方集体林区。2015 年，国家林业局提出，2017 年全面停止天然林商业性采伐后，每年将减少木材产量约 4994 万立方米，相当于 2014 年全国商品材产量的 60%，到 2020 年，考虑到天然林停止商业性采伐、人口增长和新型城镇化等因素，木材缺口将达 3 亿立方米（蓝颖春，2015）。2016 年 5 月国务院批复确定“十三五”期间森林采伐限额，全国每年合计 2.54 亿立方米，与我国每年木材消费总量约 5.39 亿立方米相比，供需缺口巨大。林产品生产与市场不确定性程度的提高降低了林业经营企业对未来的预期，使经营企业更多地采取短期机会主义行为，造成供应链协作的高风险。林业绿色供应链协作正是应对不确定性风险的有效制度和手段。

（三）资源依赖理论

资源依赖理论自 Pfeffer 和 Salancik 于 1978 年提出后，逐渐成为组织战略、企业管理、市场营销领域重要的基础性理论。资源依赖理论认为企业是一个开放的系统，内部无法产生所需全部资源，为了生存和发展，需要从外界环境中的其他组织获取互补性资源。为了减少外部资源缺乏而导致对其他公司的依赖，公司必须获得对重要资源的控制，以减少对他人的依赖，并增加别人对他们的依赖。对互补性资源的需求构成了组织对外部的依赖，资源的稀缺性和重要性决定了组织对环境的依赖程度。为应对外部资源获取的不确定性以及对这一不确定性的管理，组织倾向于通过建立组织间的关系来保持其稳定性，以减少对资源的依赖，并将组织间的关系作为应对环境不确定性的战略反应。组织间的资源依赖为研究组织间的互动关系和行为模式提供了重要的理论视角。通过供应链模式管理供应链企业间的资源依赖关系，可以实现稳定供应链各环节之间的资源供应。一般而言，如果企业认识到它与上下游企业彼此互相依赖，而它们各自需要的资源很难通过自己生产或者市场交换购买时，就会考虑通过供应链协作方式来稳定这种资源交易。

将资源依赖从企业层面拓展到供应链层面，作为一个整体的供应链协作网络通过资源共享减少了对外部资源的依赖性。核心企业和供应链伙伴密切协作获得重要资源，可以提升相对于其他供应链的权力。环境不确定性的本质原因是缺乏对关键和稀缺资源的控制，为了应对和缓冲外部环境不确定性，就要进行供应链协作（整合）以取得对关键和稀缺资源的控制。而通过企业间有效的协作，有助于实现互补性资源的整合，从而解决由于资源依赖所产生的外部环境不确定性问题。吕晖等（2010）的研究表明，供应链伙伴间资源依赖与互补性对提升供应链伙伴间信任与关系承诺有显著的正向作用。

林业产业是对林木资源高度依赖的产业，作为加工原料的林木资源具有战略重要性，一旦发生供应中断，整个林业绿色供应链体系将无法继续运行。所以，林业绿色供应链网络中的核心企业为了减少对供应链外部资源的依赖就必须参与企业通过供应链协作，建立长期的契约关系，以确保资源的稳定和长期供应。而其他创新性资源如技术、知识经验等与具有战略性的原始性的林木资源相比，重要性相对低一些。国际造纸市场的寡头企业为了减少林木资源依赖，通过供应链协作和长期的营林布局，不但控制了具有战略性的林木资源供应，而且积累了丰富的运作供应链的经验（谢煜，2007），为林浆纸全球化经营奠定了雄厚的基础。根据《2016 中国林业发展报告》统计，2015 年，我国木材产品市场总供给为 55170.80 万立方米，进口原木及其他木质林产品折合木材 26656.82 万立方米，对国外原料依赖度达到 48.32%，接近 50%（国家林业局，2016a）。再加上许多国家限制或禁止原木出口，使得我国获取全球森林资源的难度加大（苏蕾和刘意，2017），另外，我国全面实施天然林保护政策，2017 年已经全面停止天然林商业性采伐，也将进一步加大木材资源的短缺缺口。

林业供应链协作企业的成长过程可以看成对木材等重要原材料的控制力逐步加强，同时对外部组织依赖程度逐步降低的过程，所以，林业企业要摆脱资源依赖的约束，必须拓宽有形资源的获取途径，降低对外部资源的依赖程度（方勤敏，2007）。林业产业经营的实践证明，林业产业的发展就是不断解决资源依赖的过程。久盛控股集团有限公司董事局主席张恩玖在出席 2017 年 8 月 2 日《中国林产工业协会社会责任报告》暨《中国林产工业协会企业社会责任报告编写指南（团体标准）》发布会时就明确表示：木地板行业是资源型行业，作为行业领军企业，久盛深知木材资源可持续发展的重要性，在行业内率先引入、大力推广经过 FSC 认证的北美木材，坚持走可持续的发展之路，成为北美木材核心采购商。此外，久盛集团还积极承担社会责任，遏止非法采伐林产品加工与贸易管理，推动森林可持续发展，与北美板材协会进行战略合作，并于 2012 年发布中国第一份北美木材在中国市场应用的白皮书，旨在用实际行动促进全球森林资源良性循环与可持续发展，推动北美木材在中国境内的合理运用，打造绿色供应链和产业链。

获得林木资源保障一方面促使林业供应链核心企业更加重视供应链上下游的协作关系，采取多种协作方式，形成稳定的战略储备。另一方面林木资源保障也有利于营林企业或者林农生产的木材提前通过供应链协作锁定市场，与林业核心企业形成相对稳定的原料供应采购关系，这对于增加营林企业或林农收益的稳定性及营林的积极性有促进作用。林业绿色供应链通过外部市场采购木材原料供给的比例越高，外部不确定性越大，供应链中断的风险越高，越有可能通过林业供应链协作信任、信息共享、协作决策实现供应链协作解决林木原料资源供应，从而提高整体的供应链协作绩效。

（四）资源基础理论

资源基础理论在解释供应链协作时吸引了众多的关注目光，公司绩效的差异可以用战略资源来解释。以独特方式合并资源的公司，通过拥有稀缺资源、资产以及优越的核心能力将获得竞争优势（Barney，1991）。供应链协作能够获取资源优势，源于资源互补或者对特定资源的需求（Knudsen，2003），这在林业绿色供应链协作中得到了充分体现。资源的本质特性是稀缺性、价值性、不可替代性和不可复制性（Barney，1986），林业绿色供应链协作的源头是林木资源，其本质特性上恰好符合这四个特性。即稀缺性体现在林木资源供给的有限性，价值性体现在以木材及加工物满足了市场需求，不可替代性体现在作为四大原料的木材的特殊价值和生态价值，不可复制性体现在通过供应链协作提供产品和服务的能力不可短期复制，当然这是由于林木生产周期所形成的。

通过林业生产经营特定资产的投资、大量林业绿色供应链运营知识交换、互补稀缺资源或能力的融合，林业供应链全产业协作可以创造独特的林产品、林业服务或技术（如木质家具、纸张、生态旅游）。由于林木资源生产的长周期，林业绿色供应链企业间必须建立长期的协作关系，这是竞争对手难以模仿的。同时，林业绿色供应链全产业协作也迫使参与供应链的所有林业企业专注其核心竞争能力，不断提高特殊技能、规模经济和学习效果，从而不断提高他们的竞争地位。例如，河南焦作瑞丰纸业有限公司全年需要造纸原料超过10万吨，通过与当地百姓开展合作造林，在武陟段黄河滩、沁河滩拥有合作林地1333.3公顷（2万亩），通过林业基地供应原料占全部原料供应的70%，林木资源优势为林纸绿色供应链发展注入了保障。理论分析和实践观察均表明，林业产业是一个强资源约束型的产业，而我国林业第一产业对第二产业提供的资源支撑能力较弱。从资源基础理论出发，掌握了资源就能处于市场的优势地位。所以，通过林业绿色供应链协作将营林业纳入全产业协作范围，开展紧密合作，不但解决了制约我国林业产业发展的资源问题，还能逐步形成我国林业企业在国内外市场上的竞争优势。

（五）计划行为理论

计划行为理论（Theory of Planned Behavior，TPB）衍生于Ajzen等提出的理性行为理论（Theory of Reasoned Action，TRA），是行为科学领域的重要理论，常被应用于解释和预测个人行为动机。理性行为理论个人行为决策的完成主要受个人意志所控制，实际上，外界因素会影响人的行为决策。因此，Ajzen对理性行为理论加以修改，加入个人对行为的控制能力，提出了计划行为理论。

计划行为理论认为，行为意向是决定行为的直接因素，受行为态度、主观规范和知觉行为控制的影响。行为态度是指个体对某行为喜爱或者不喜爱的评价；主观规范是指个体在决策是否执行某种特定行为时感知的社会压力；知觉行为控制是指个体认为自己能够控制和实施某种行为的困难或容易程度，一些研究发现直接支持知觉行为控制对行为的影响，但其他研究发现行为意向只是通过行为意向间接影响行为；行为意向是影响个体行为的动机因素，表明个体愿意尝试某种行为并为之付出努力的程度，行为意向越强，采取行动的可能性越大（Ajzen，1991）。

对计划行为理论研究的元分析结果表明，行为态度、主观规范和知觉行为控制可分别解释27%的行为方差及39%的行为意向方差，进一步证明了计划行为理论具有良好的解释力和预测力（Armitage & Conner，2000；林英晖等，2016）。但在计划行为理论的实际应用中，不少学者对计划行为理论中已有的变量内容能否充分解释及预测个体行为和意向持有质疑态度（段文婷和江光荣，2008）。学者针对该模型的这一局限性，在研究特定行为时通过添加或替换模型变量构建改进的 TPB 模型，实证检验的结果也证实了替换的变量对于该行为的显著影响（Lee et al.，2009）。Southey（2011）指出计划行为理论可被用来解释中小企业的行为决策，因为企业最终由人掌控，因此，TPB 理论的提出虽然是基于个体行为层面，但企业作为行为主体的行为内在逻辑与作为个体的行为主体具有相似之处（林英晖等，2016）。

五、研究思路与方法

（一）研究思路

研究思路是提出问题、分析问题和解决问题的过程，本书研究思路设计如下：

1. 提出问题

通过文献分析，发现已有研究对林业绿色供应链协作研究存在不足。通过对现实问题的总结和分析剖析我国林业绿色供应链协作现存问题：森林资源基础薄弱且资源依赖性较高；跨产业、跨环节、跨区域运转不协调；全产业协作管理能力欠缺；林业核心企业协作管理不具竞争力；林业绿色供应链整体协作绩效偏低等。

2. 协作特性比较

在现实问题分析的基础上抓住林业行业的特点，以一般制造业供应链为比较对象，根据林业绿色供应链内部与外部环境的特殊性，从协作目标、协作组织和协作过程三方面具体分析林业绿色供应链不同于一般制造业供应链的协作特性。

3. 理论框架构建

根据林业绿色供应链协作特性的分析结果，基于计划行为理论构建林业绿色供应链全产业协作机理 SEM 理论框架。这是分析问题很重要的一步。首先，把林业供应链协作系统结构分为供应链协作目标、供应链协作过程与协作绩效三部分，构建了林业供应链协作系统结构框架。其次，根据计划行为理论结构，并按照林业供应链协作主体行为的特性，构建林业供应链协作机理模型的理论框架。最后，根据协作机理模型理论框架提出林业绿色供应链协作机理的理论假设，并对被解释变量和解释变量进行界定。

4. 实证研究

对林业绿色供应链全产业协作机理模型开展定量化的实证分析。主要包括设计调查问卷的量表，确定样本调查范围，样本选择，通过现场调研、网络调研和实地调研三种方式收集相关数据，运用数据信度和效度检验对量表进行评估，运用结构方程模型 SEM 方法检验机理模型，深入分析影响林业绿色供应链协作绩效的主要影响因素。

5. 解决问题

根据林业绿色供应链全产业协作机理的 SEM 实证分析结果，从林业绿色供应链协作运行的角度构建包括资源保障机制、协作信任机制、信息共享机制、协作沟通机制、协作决策机制和协作激励机制的协作机制体系，并分别从核心企业、供应链管理和政府管理三个层面提出具体的实施建议。

（二）研究方法

本书采用理论研究与实证研究相结合的方法开展研究，采取的具体研究方法如下：

1. 文献分析方法

利用国内外文献数据库，围绕研究主题和关键词收集相关文献，在系统梳理国内外相关研究成果的基础上分析已有研究的不足，也为模型构建和研究假设的提出提供理论依据。

2. 理论分析方法

基于管理控制原理构建目标—组织—过程分析框架，对林业绿色供应链协作与制造业的不同特性进行比较；运用计划行为理论构建林业绿色供应链全产业协作机理模型理论框架，提出相应的研究假设。

3. 问卷调查方法

为收集模型实证检验的数据，获取研究所需第一手资料，采用问卷形式对林业绿色供应链协作主体展开调查，对林业绿色供应链全产业协作机理模型中的林木资源依赖、协作信任、协作沟通、信息共享、协作决策、协作激励和协作绩效等潜变量进行测量。采用行业会议现场调研、网络调研（定向邮件）和实地调研三种方法收集资料。

4. 实证分析方法

运用结构方程模型 SEM 计量方法对林业绿色供应链全产业协作机理模型进行实证检验。采用 SEM 方法进行实证分析的主要原因是模型中有多个难以直接观测的潜变量且潜在变量间的作用路径不止一条，用传统的回归方法难以处理。在对调查数据进行信度和效度检验后，通过验证性因子分析对林业绿色供应链全产业协作绩效的影响因素的作用机理进行实证研究。

（三）技术路线

技术路线是研究思路的进一步拓展。围绕研究目标，本书以提出问题、分析问题和解决问题为逻辑思路展开研究。

1. 提出问题阶段

通过文献的梳理和回顾，结合林业行业的实际观察及调研，发现已有研究存在的不足，说明研究的边际贡献；然后通过定性分析和现实观察，分析我国林业绿色供应链协作的现状和存在的主要问题，说明研究的现实意义。

2. 分析问题阶段

首先，依据管理控制原理，建立目标—组织—过程分析框架，比较林业绿色供应链协作与一般制造业协作的不同特性；其次，基于计划行为理论构建林业绿色供应链全产业协作机理 SEM 理论框架，并依据相关文献提出研究假设；最后，运用问卷调查方法收集数据，采用结构方程模型 SEM 方法对构建的机理理论模型进行实证检验，对实证结果进行分析和讨论。

3. 解决问题阶段

根据林业绿色供应链全产业协作机理模型实证结果构建林业绿色供应链全产业协作运行保障机制体系，包括资源保障机制、协作信任机制、信息共享机制、协作沟通机制、协作决策机制和协作激励机制，并从核心企业、供应链管理和政府三个层面提出协作机制的实施建议。

本书的研究技术路线如图 1 – 1 所示。

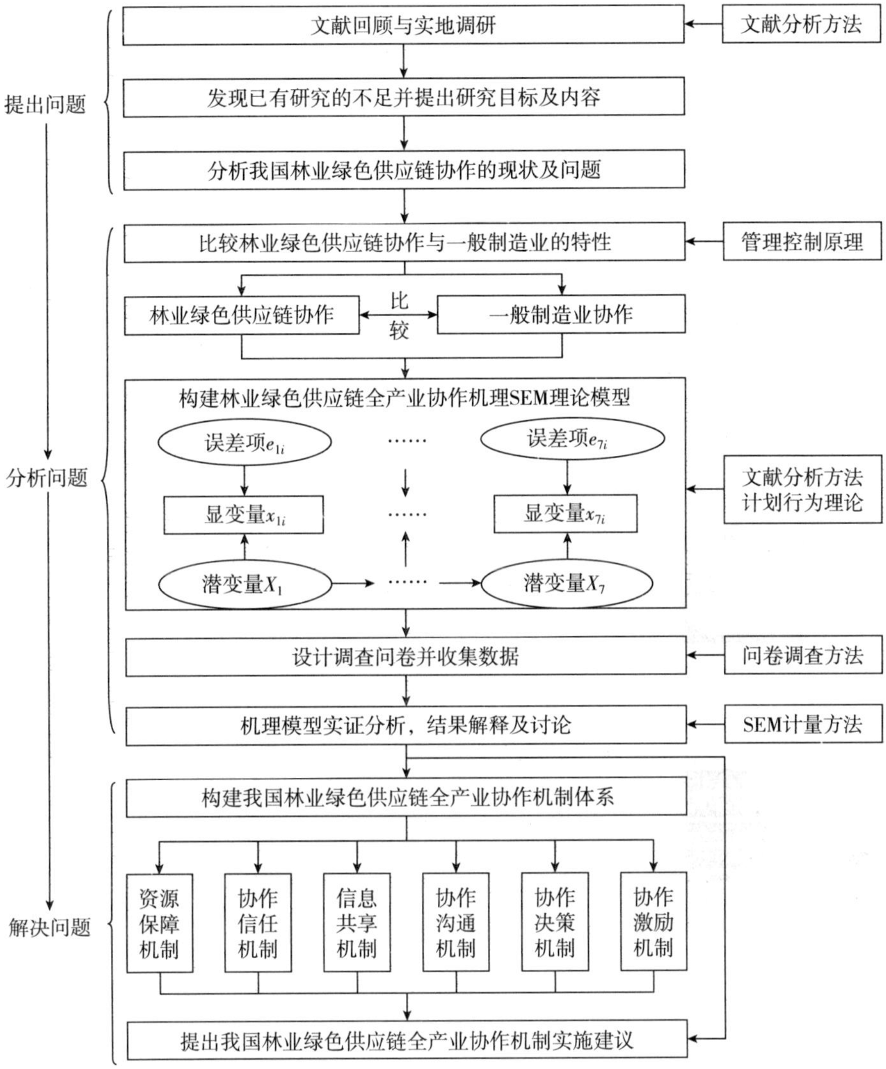
文献回顾与实地调研
文献分析方法
提出问题
发现已有研究的不足并提出研究目标及内容
分析我国林业绿色供应链协作的现状及问题
比较林业绿色供应链协作与一般制造业的特性
管理控制原理
林业绿色供应链协作
比较
一般制造业协作
构建林业绿色供应链全产业协作机理SEM理论模型
误差项e_{1i}
误差项e_{7i}
显变量x_{1i}
显变量x_{7i}
潜变量X_1
潜变量X_7
分析问题
文献分析方法
计划行为理论
设计调查问卷并收集数据
问卷调查方法
机理模型实证分析，结果解释及讨论
SEM计量方法
构建我国林业绿色供应链全产业协作机制体系
资源保障机制
协作信任机制
信息共享机制
协作沟通机制
协作决策机制
协作激励机制
解决问题
提出我国林业绿色供应链全产业协作机制实施建议

图1－1 研究技术路线

第二章　我国林业绿色供应链（FGSC）协作的发展态势及问题研究

林业绿色供应链（Forestry Green Supply Chain，FGSC）将营林作为第一车间，贯穿林业三次产业，通过供应链上所有参与企业的协作，获得比单个企业更大的经济利益和协作优势。林业绿色供应链协作的实践已经开展，但普遍存在“协而不作，联而不盟”的供应链运行问题。本章在林业绿色供应链协作的演进和现状分析的基础上，深入分析我国林业绿色供应链协作存在的主要问题，为后续分析提供现实依据和研究指向。

一、林业绿色供应链协作的演进及现状分析

本部分首先分析林业绿色供应链协作管理的四个演进阶段，接着分析林业绿色供应链协作的总体现状和分环节协作现状。

（一）林业绿色供应链协作的演进

林业供应链管理的发展经历了从木材流通到木材物流，从木材物流到林业供应链管理，再从林业供应链管理到林业绿色供应链协作管理的转变，林业绿色供应链协作逐渐成为林业企业供应链管理的核心，有效的供应链协作才能产生协作优势和更好的企业绩效。

1. 计划经济时代的木材流通

计划经济时代的木材流通管理体制以高度集中的计划调配为主要特征，形成了由国家木材经营部门统一组织全国木材的收购、分配、订货和调运，统一管理全国木材市场，统一规划木材流向和木材价格，统一组织送货和定点供应的木材

统购统销管理体制（张满林等，2008）。南方集体林区的木材物流体系大体为：木材生产者—木材收购站—贮木场—计划中心—各级木材批发站—木材消费者；北方国有林区的木材物流体系大体为：木材生产者—贮木场—计划中心—各级木材批发站（一级、二级、三级）—木材消费者（丁胜，2007）。由于木材商品的计划价格和商品价值严重背离，木材流通效率低下。同时，木材加工企业是计划经济下的生产经营，由于有计划供应的保障，对木材物流的战略地位缺乏认识。

2. 改革开放后：木材流通向服务木材加工企业物流管理演变

1979 年以前，木材流通完全是计划体制，木材开放经营后木材流通体制开始变革。木材经营逐渐改变了渠道单一、完全用行政手段调拨的做法，形成了木材流通渠道多元化格局，建立了批发市场、零售市场、有形市场、无形市场、现货市场、期货市场并存的木材市场体系（张满林等，2008），流通形式既包括直接供给和间接供应，也有订单和期货形式。随着木材流通市场化的发展，越来越多的企业投资林业行业，从事林产品的生产和经营。据统计，2010 年，全国涉林企业有 25 万家左右，林产加工企业 12 万家左右，其中，家具企业 1 万多家，人造板企业 6000 多家，地板企业 5000 多家，木门企业 4000 多家，木结构和楼梯企业 3700 多家，产值 500 万元以上的企业有 5 万家左右，林业产业总产值占全国总产值近 5%（王满，2011）。作为生产经营主体的林产加工企业，获得经济效益的关键有两大途径：一方面要生产满足消费者或客户需要的产品，不断提高销售收入；另一方面要不断降低成本，特别是比重较大的物流成本。通过对林产品的物流管理，以最小的物流成本来满足客户服务需求，降低整个物流过程消耗和浪费，达到节约成本的目的。

林产品的多样性和差异性增加了物流中运输、储存和配送的工作量，林产品资源分布的地域性和集中性提高了运输的成本，林产品需求的多样性和广泛性给单一企业物流的柔性提出要求。“十二五”期间，我国每年消耗的木材约在 3.5 亿立方米，进口木材折算达 1.8 亿立方米，加上产成品的销售物流，导致了物流成本居高不下，木材流通转向为林产品加工制造业物流服务体系成为必然选择。需要指出的是，物流运作的主体也由原来的流通企业转变为从事林业产业各类活动的企业，从事木材流通的企业成为第三方物流或者木材供应商。

3. 从林业物流管理向林业供应链管理的演变

以森林资源为主要加工对象的林产品加工企业为了获得经济效益，逐渐将物流管理拓展到供应链管理，将内部供应链和外部供应链集成化，把不同节点企业集成起来以增加整个供应链的效率，通过企业间的合作获得整个供应链的竞争力。经过多年的发展，我国已经形成了相对完备的林产工业体系，在家具、木材及木制品、木竹地板、松香、纸和纸制品等行业都涌现出实力较强的龙头企业。在一切都在变化的时代，所有的企业都需要面对日益激烈的市场竞争、不确定性的用户需求、个性化的消费者需求、迅猛发展的技术创新、不断缩短的产品寿命周期等构成的复杂环境，林业企业也不例外，在不断探索适应新环境的管理策略。

对林产品及其加工制造产品的市场需求刺激了林业企业参与林产品的生产经营，但林业产业发展中存在以中小企业为主、产品质量差、物流成本高、技术创新能力差、品牌竞争力弱的问题。林业供应链中的林业企业之间横向是竞争关系，纵向则表现为上下游企业之间的经济利益博弈关系，即一方受益一方受损，主要表现为林业加工企业与供应商之间互不信任，原料充足则压价销售，原料不足则希望和上游签订定向购买合同。理论分析表明，供应链的竞争力最终取决于所有供应链参加企业的协调和整合，只有整条供应链绩效提高并且合作伙伴共享供应链协作的收益，供应链管理才能得以持续。在林业物流向供应链管理转变的过程中（郑庆华和张智光，2011），林业供应链企业间的协作变得至关重要。

4. 从林业供应链管理向林业绿色供应链协作管理的演变

林业绿色供应链是一种广义的供应链（郑庆华和张智光，2011），考虑了营林和环境对供应链运作的影响，追求林业供应链整体效益最大化的同时保证环境和生态不受破坏。林业绿色供应链管理的核心是上下游企业间全产业、全过程的协作。所以，林业绿色供应链协作管理不再局限于传统的供应链管理，而是将林产品的制造环节拓展到资源的可再生培育环节，将林业第一、第二、第三产业都纳入供应链协作管理的范畴，并且将营林业作为林业制造业的“第一车间”。林业绿色供应链协作管理也是国内外林业大企业的成功经验。我国林业产业中从事家具、人造板、纸浆造纸经营的企业逐渐认识到林业绿色供应链协作管理的重要性，并探索和创造出适应环境变化的林业绿色供应链协作模式，如林板一体化供应链模式、林（浆）纸一体化供应链模式、绿色共生型林业供应链模式等。围绕核心企业开展林业绿色供应链协作管理是未来实现林业产业和生态协同共生的有效模式。

（二）林业绿色供应链协作的现状分析

林业绿色供应链将传统林产品制造业拓展到可再生培育环节，将营林业作为第一车间，以经济和生态效益为综合目标，以林产品市场需求为导向，以林产工业企业为主导，以工业原料林基地为依托，以利益分配为驱动力，通过资本纽带和契约纽带将林产工业企业、营林企业等形成利益共同体，属于泛制造业供应链模式。

1. 我国林业绿色供应链协作的总体现状

我国林业绿色供应链协作的实践主要表现为林纸一体化、林板一体化、林浆纸一体化等。以林纸一体化为例，20 世纪 90 年代进入实质性发展阶段，到目前，国家有关部门出台各种政策以促进营林、林业加工和服务业的协调发展。湖南泰格林纸集团、岳阳林纸股份有限公司、山东晨鸣纸业集团、山东华泰集团、金光集团 APP（中国）、斯道拉·恩索、濮阳龙丰公司等先后开始林纸一体化建设。林纸一体化项目将营林、制浆和造纸、回收等有机结合，形成“以纸养林、以林促纸、林纸结合”的林纸绿色供应链，试图解决木材原料短缺的战略问题。《中国造纸协会关于造纸工业“十三五”发展的意见》提出继续推进全国“林纸一体化”专项规划的实施，着力于解决资源短缺和环境压力的制约。人造板行业和造纸业一样属于木材原料资源依赖型产业，推行林板一体化同样是试图破解木材原料问题。为了提高供应链全产业协作绩效，林业核心企业与紧密层、半紧密层、松散层都要通过建立供应链协作关系，共同实现经济、生态、资源、社会等绩效的提高。

2. 我国林业绿色供应链协作分环节协作现状

林业绿色供应链流程包含原材料采集供应、运输、半成品加工、成品生产制造、销售贸易、消费、回收利用等过程。

（1）绿色原料供应环节协作。我国林业发展已经进入激烈的变革期，在供给侧改革、生态文明建设及发展绿色经济的环境下，林业企业面临资源和环境的双重制约，增强绿色原料供应能力是我国林业加工产业发展的重要途径。国家出台政策鼓励实行林浆纸一体化及林板一体化，而一体化发展最主要的目标是获得绿色原料。例如，海口市定安县金华林场向洋浦经济开发区的金海浆纸提供生态木材原料，进行原料供应环节的战略合作。金海浆纸一期年产 100 万吨的制浆生产线，二期年产 160 万吨造纸项目中已完成其中第一阶段年产 90 万吨文化纸项目并正式投产，真正实现从浆到纸的“零距离”。林板一体化供应链协作典型企业如广西丰林集团，拥有 20 万亩林地，可以为 4 个纤维板生产企业提供充足的绿色原料。

我国造纸绿色供应链在原料供应环节已经发展出很多战略协作模式。例如，造纸企业与林农之间以订单契约开展联合经营，形成“企业＋农户＋基地”的协作模式，该模式企业投入资金较少，通过林业绿色供应链协作，造纸企业能够拥有稳定的木材供应，如图2－1所示。“林场＋企业”的模式则以造纸企业为主体，进行后向一体化战略协作发展，具备优势资源和专业技术的林场与造纸企业发展紧密的供应链协作关系，相对于“企业＋农户＋基地”模式，可以稳定地提供高质量纸产品的生产原料，如图2－2所示。例如，湖南怀化的骏泰浆纸有限公司年产40万吨木浆，年需木材量约200万立方米，木材需求量巨大，无法依靠零散的供应渠道解决。通过建设自有原料林基地，并与上游企业签订战略协议或组成战略同盟，确保了木材原料的定时、定量、定向、持续和稳定供应（叶蒙，2013）。

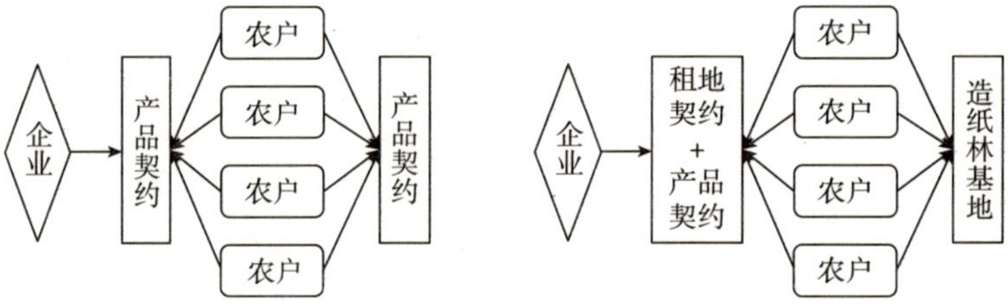

图2－1 “企业＋农户＋基地”协作模式

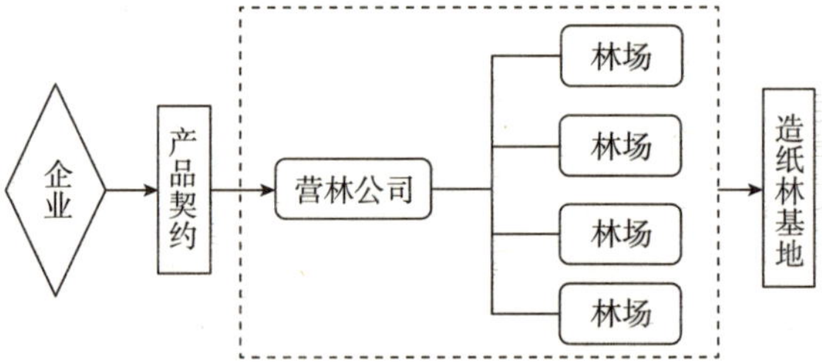

图2－2 “林场＋企业”协作模式

在我国推进林浆纸一体化绿色供应链过程中，林纸企业主动建立自己的原料林基地，以减少供应链管理成本，形成“林纸集团”供应链协作模式。核心企业在此运作模式中享有较大的自主权力，同时资金投入和面临的风险也较大。岳阳林纸、华泰纸业等国内资金实力强大的企业选用此种模式发展造纸绿色供应链协作，如图2－3所示。造纸企业也可以与政府或者地方乡镇进行合作，形成“公司＋政府”原料林基地模式，政府提供林地，企业提供资金，企业拥有林地的管理权，适时根据生产需求进行原料供应，如图2－4所示。

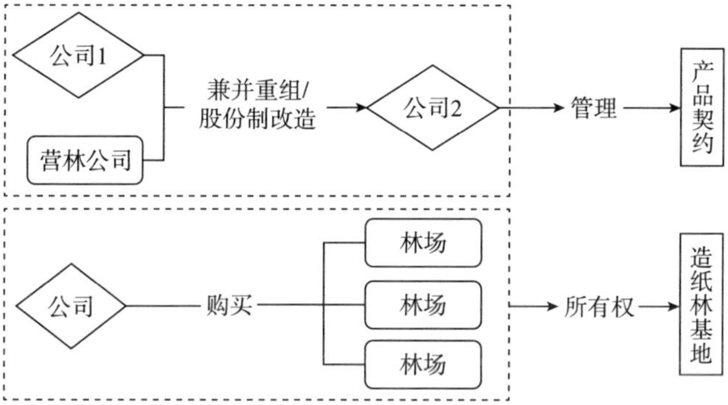

图2－3 “林纸集团”协作模式

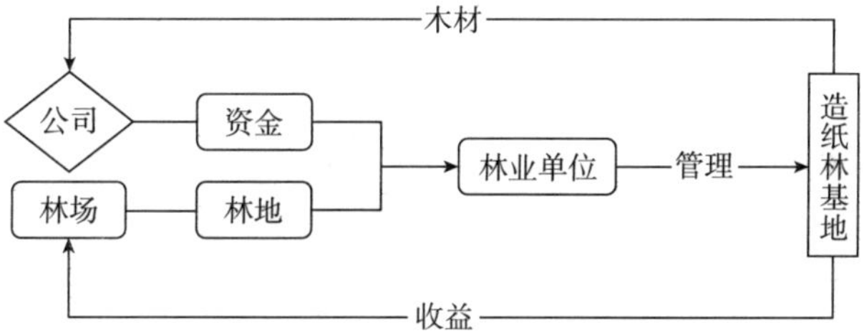

图2－4 “公司＋政府”协作模式

（2）绿色生产制造环节协作。虽然可利用的森林资源日益减少，但社会经济发展对木材及木制品、人造板、纸产品的消费需求却在不断增加。消费者不但需要更高质量的林产品，同时也更重视林产品的环保性能。因此，从全球视野下审视人造板产业生产加工过程，绿色清洁生产十分重要。中国制造规划中明确提出智能化和绿色化是战略实施的关键，这就要求人造板企业应以消费者的需求为导向，进行绿色供应链生产制造环节的协作，集合优势资源，通过工艺技术和设备提高生产效益，制造出更加绿色、健康的产品（雷欢，2016）。

随着我国对“中国制造”和生态文明建设的重视，一些具有品牌竞争力的大中型人造板企业逐渐开展以林业供应链上下游企业专业化分工为基础的绿色供应链协作，利用并整合全球林木资源，推动中国木材加工产业由“中国制造”走向“中国创造”和“中国精造”。人造板行业协会积极寻求国外相关行业协会的合作，已经制定中国人造板出口规范，与国际标准接轨，并着手颁布人造板甲醛释放量标准，促进我国人造板行业的环保平台多方面协作，出口规范不允许生产 E2 级人造板，只允许 E0 级和 E1 级人造板，以国际标准作为人造板产业绿色制造的硬性指标（雷欢，2016）。

（3）绿色销售贸易环节协作。代工生产（OEM）是我国木质家具出口的主要模式，订单驱动生产或者说是购买者驱动模式是绿色贸易环节的主要销售模式，如图 2-5 所示。在这种模式下，产品的价值增值主要发生在销售贸易阶段。但是我国家具企业一直停留在以制造加工为主的供应链协作中，处于产业上游环节，价值链低端，赚取微薄的加工费用。2014 年起，华源轩、富之岛、百兰等大型企业倒闭，深圳龙岗区有 271 家家具企业倒闭，深圳宝安区大型台资家具企业逐渐撤出，家具企业倒闭潮引发对代工生产（OEM）模式的反思。

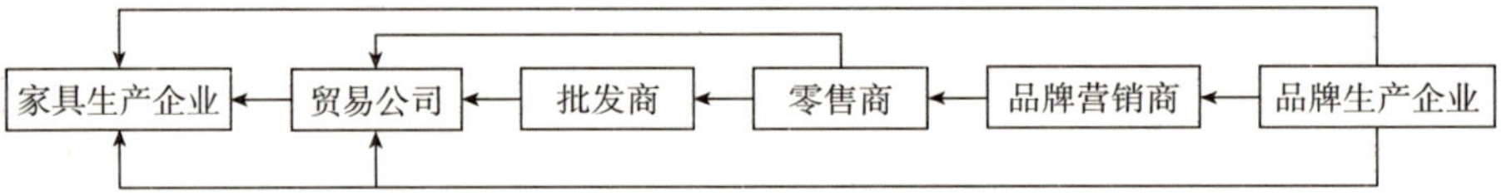

图 2-5　家具行业的购买者驱动模式

在此严峻的形势下，以宜家家居为代表的领头企业，开始开展以绿色营销为中心的家具供应链协作活动。宜家家居根据自身产品特征，缩短分销渠道，减少分销过程中的资源耗费和社会资源的流失。绿色形象是宜家家居选取中间商进行协作的重点考察指标。宜家在促销方式的选择上采取了经济效益和环保效益相结合的方式，把企业的绿色形象和产品的绿色特征作为重点宣传内容。

（4）绿色消费环节协作。阿里研究院发布的《2016 年度中国绿色消费者报告》数据显示，2015 年，阿里网络零售平台累计减少二氧化碳排放约 3000 万吨，截至 2015 年底，中国在线绿色消费者群体规模超过 6500 万，4 年内增长 14 倍。2011 年，绿色消费者仅占阿里零售平台的 3.4%，截至 2015 年底，绿色消费者比例已经增长到 16.2%，如图 2-6 和图 2-7 所示。

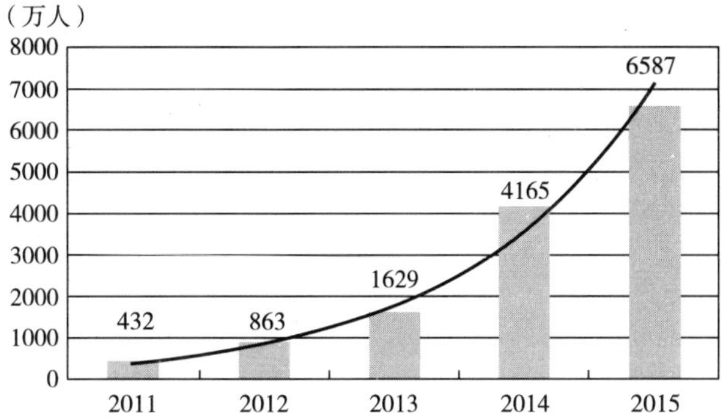

图 2－6 我国绿色消费者规模

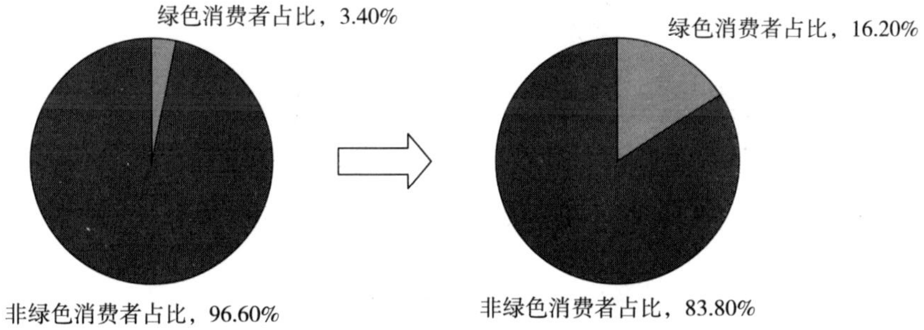

图 2－7 我国绿色消费者比例

另外，绿色消费理念在三四线城市认同度与一二线城市基本接近，这显示了中国绿色消费理念在中小城市的在线人群中同样深入人心，如图 2－8 所示。

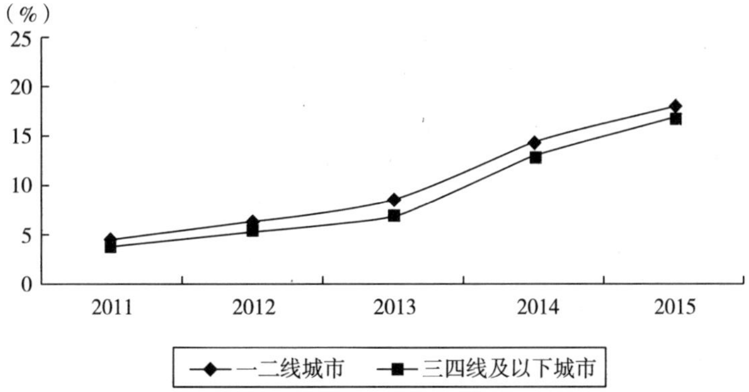

图 2－8 不同发展水平城市的绿色人群渗透率

阿里网络零售平台一直与绿色产品企业开展绿色供应链协作战略。截至2015年底，阿里平台的绿色篮子商品有50大类2亿种（绿色篮子商品指具有“节资节能、环境友好、健康品质”三大绿色属性的商品集合），绿色篮子商品占据11.5%的阿里零售平台销售额。年复合增长率超过80%。按照对消费频次进行分析，重度绿色消费者（年均消费20次以上）显著增长，从2011年的19.4%增长到2015年的28.4%，净增了9个百分点，如图2-9所示。

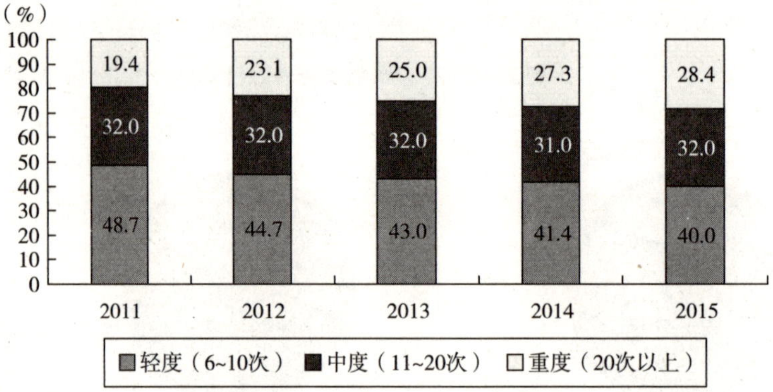

图2-9　绿色篮子商品消费频次

在绿色篮子商品中关注热点排名第一的就是家装用品，包括家具和建材等，其代表关键词就是无毒、手工、无甲醛、EO级和亚克力等（见表2-1）。另外，绿色篮子商品的平均溢价水平为33%，其中住宅家具的溢价高达61%，如图2-10所示。

表2-1　绿色篮子商品关注热点排行榜

关注热度排名	类别名称	关注热度	代表关键词
1	家装用品（家具、建材等）	★★★★★	无毒、手工、无甲醛、EO级、亚克力等
2	家居用品（床上用品、厨具、收纳等）	★★★	环保、无毒、食品级、无铅等
3	家电（大家电、生活电器等）	★★★	节能、节水、节电、环保、变频、空气净化等

续表

关注热度排名	类别名称	关注热度	代表关键词
4	孕婴童用品（孕妇装、尿布、童装等）	★★★	防辐射、抑菌、天然、a 级、无氟等
5	食品（粮米油盐、零食、生鲜等）	★★	绿色、有机、原生态、无添加、无防腐、无色素等
6	服装（男装、女装等）	★★	全棉、纯棉、亚麻、莫代尔、手工等
7	个人护理（美容、精油、护理等）	★★	天然、有机、环保、负离子、无硅等

资料来源：阿里研究院《2016 年度中国绿色消费者报告》。

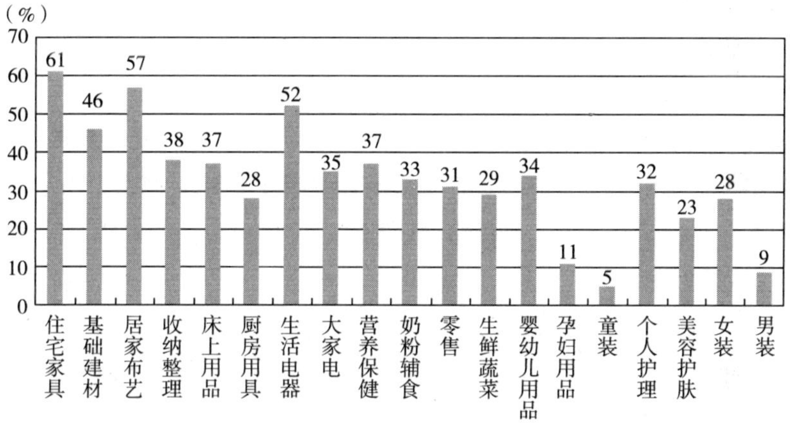

图 2－10　绿色篮子商品溢价水平

家具市场上绿色产品鱼龙混杂，标榜“绿色环保”产品并不少见。许多商家通过展示各种绿色产品认证、质量检测报告企图让消费者信以为真，以便达到促销的目的。但实际出示的绿色环保认证、质量检测报告真实性难以辨别。当“绿色”家具并非真正的“绿色”家具而被曝光后，最终丧失的是消费者对企业的信任。随着消费者对“绿色家具”的认知度逐渐提高，绿色环保家具市场的发展也逐渐进入理性发展时期。作为林业绿色供应链面对消费者终端的重要环节，家具企业为了自身的长远利益，在开展上下游企业间的战略协作时要对每个供应链环节严控把关，确保产品绿色环保性。

（5）绿色回收利用环节协作。随着互联网技术、金融资本等要素的渗透，绿色供应链再生资源回收利用环节逐渐改造了传统的回收运作模式，利用金融工具突破可再生资源价格的天花板，借助物联网信息技术及相关站点进行废弃资源回收，进一步降低了交易成本（占赛男和黄由衡，2016）。我国基于绿色供应链的再生资源回收利用的运作模式主要有三种。

1）全产业链型回收利用模式。该模式由集团控制“回收+加工+生产”整个环节，对于回收、绿色化加工、再生产、销售、绿色物流等每个核心环节都进行实时把控，绿色回收利用环节的协作主要通过集团内相关企业的内部交易。这个模式的实质是以内部供应链协作管理代替由市场机制所支配的商业性交换和资源优化配置，大大降低其交易成本。

2）特许经营型回收利用模式。该模式由从事再生资源回收利用环节的企业与供应链上游企业进行资源协作，以挂牌加盟的方式吸引零散的相关工作者，形成多个加盟网点，签署加盟合同，加盟网点具有有偿使用企业关键资源的权利，如名称或先进的管理技术，交易形式为买卖关系。这种运作模式主要有两种方式：一是大型企业将小型企业合并，建立加盟网点，加盟小型企业提供加盟费，大型企业提供稳定的再生资源渠道；二是利用交易平台建立网点，由平台发出相关信息，加盟企业参与回收，如图 2－11 所示。

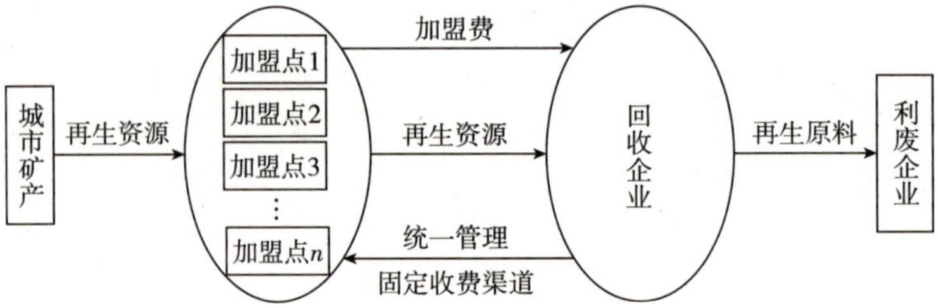

图 2－11　特许经营型回收利用模式

3）团队型回收利用模式。该模式由处于供应链回收利用环节的设备供应商与其上游企业及生产制造企业签订合作协议，由设备供应商提供资源回收利用设备，制造企业将资源废料进行简单筛选分拣之后利用设备进行加工利用，所得利润两者分成，如图 2－12 所示。

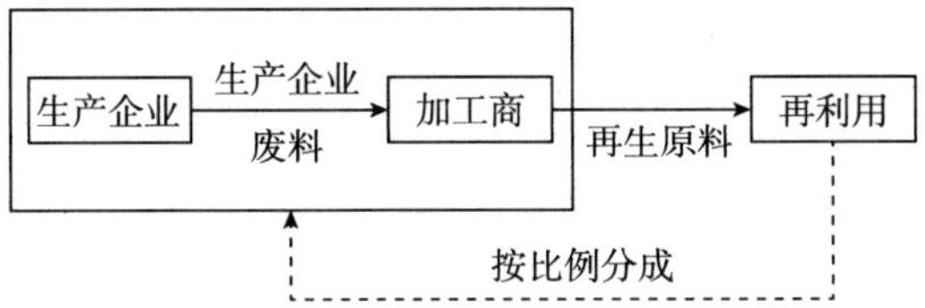

图 2－12　团队型回收利用模式

注：——→表示物流，-----→表示资金流。

另外，还存在点价型回收利用模式、O2O 平台回收利用模式等，它们在废旧电子产品方面应用较多，在林业绿色供应链协作方面应用范围不广，本部分不再赘述。

二、林业绿色供应链协作的发展趋势分析

在林业绿色供应链协作发展现状分析的基础上，本部分研究林业绿色供应链协作的发展趋势，即供给侧改革、生态文明建设和绿色经济对林业绿色供应链协作发展提出了哪些要求。

（一）供给侧改革对林业绿色供应链协作发展的要求

此处以造纸业为例说明供给侧改革对林业绿色供应链协作发展的要求。目前去产能已成为造纸行业供给侧改革的共识，未来造纸业供应链中将有更多的落后产能被加速淘汰。一旦去产能取得成效，先进的绿色造纸产能才会拥有增长空间，供应链的各环节企业协作会得到更好的发展。中国造纸协会《2016 年造纸工业发展报告》显示，2016 年，全国纸及纸板生产企业约 800 家，纸及纸板生产量 10855 万吨，较上年增长 1.35%。纸及纸板消费量 10419 万吨，较上年增长 0.65%，人均年消费量为 75 千克（13.83 亿人）。2006～2016 年，纸及纸板生产量年均增长率 4.43%，消费量年均增长率 4.05%，2006～2016 年我国造纸业纸及纸板产销量情况如图 2－13 所示。

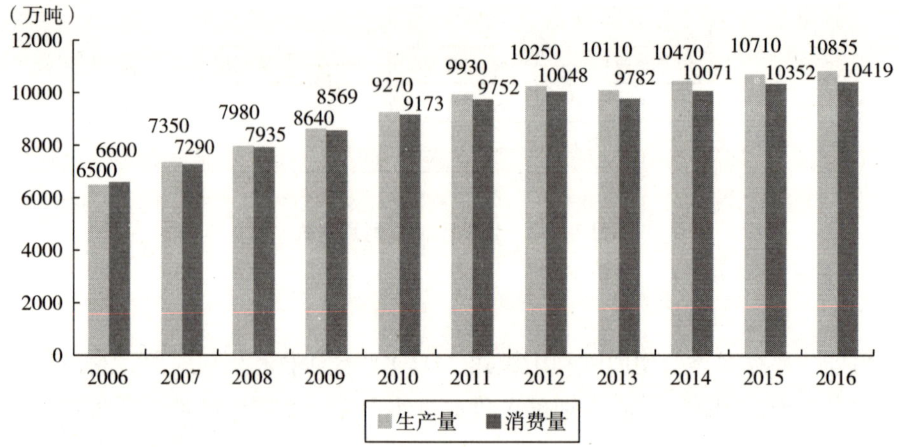

图 2-13　2006~2016 年我国造纸业纸及纸板产销量情况

资料来源：中国造纸协会．中国造纸工业 2016 年度报告［J］．造纸信息，2017a（6）：8-18.

实际上，造纸行业产能过剩的结构性问题由来已久。2014 年，我国造纸行业总企业数的 82.01% 都属于中小型企业，导致中低档纸的产能严重过剩，而高档纸的生产和供给能力不足。在供给侧改革的背景下，已有 279 家造纸行业的企业被勒令在两个月内关闭。2007 年前纸张价格因供不应求大幅上升；2011 年，受"四万亿"投资影响，导致供大于求，纸价大幅下滑；2013 年起造纸业进入加速淘汰过剩产能阶段，纸及纸板产量与销量增速首次出现负增长，行业营收增速与利润增速逐年下降；2014 年造纸及纸制品业实现利润总额 698.99 亿元，比上年同期下降 1.44%。目前来看，造纸企业数量不断减少，仅仅只能维持原有存量产能的运转，呈现供需弱平衡态势，纸品盈利性处于低位运行（张智光和吴琳，2017a）。供给侧改革对造纸业绿色供应链协作提出的发展要求如下。

1. 造纸业绿色供应链协作要以有效需求增长为目标

由于面临经济下行，需求侧管理一直被我国视为平衡经济、短期托底从而稳步增长产业经济的手段，造纸行业也不例外。但是从长期来看，需求侧管理中利用扩张性财政政策和货币政策来刺激需求的方式很难改变造纸行业经济下行的处境，甚至整个局面会越来越僵化。无论新闻纸、生活用纸还是其他纸种，在消费环节存在大量的个性化、多样化、高品质的消费需求，供给侧结构性改革政策的实施会明显刺激有效需求增长，减少需求不足以及无效需求增长的局面。

2. 造纸业绿色供应链协作要加速淘汰落后产能，优化供应链节点协作

周期性过剩和结构性过剩是产能过剩的两个主要方面。缓解周期性过剩可以通过需求侧管理调整，而结构性过剩则主要通过供给侧管理缓解。结构性过剩是我国产能过剩的重要原因，造纸行业应包括其中。未来造纸行业供给侧结构性改革将加速淘汰落后产能，减少生产企业数量，优化供应链节点结构布局，优化产业集中度和区域布局。

3. 造纸业绿色供应链协作要不断优化资源配置

供给侧改革作为一种结构性资源配置手段，能够有效针对我国造纸业供应链中的供给增量不足而供给存量过剩的问题，采用扩大有效需求的方式，有效提高供给的质量和效益。我国造纸绿色供应链协作过程中的总体特征表现为企业规模小且松散，中低端产品产能过剩，高端产品供给不足，无法实现产业规模化等。供给侧改革校正了生产要素配置的扭曲，通过减少亏损造纸企业的数量，使得优质企业得到“绿色”空间进行增长，资源配置得到优化（张智光，2017b）。从长远角度看，造纸绿色供应链节点协作高效化、规模化将是未来趋势，供给侧改革是一种很好的助推器。CR8 是前 8 位企业生产量占全国总产量的比例，是反映市场结构的常用指标。本书整理计算了 2006 ~ 2016 年我国造纸行业 CR8 产量占比，如图 2 - 14 所示。从中可知，造纸业已从分散竞争型（CR8 < 20%）进入到低集中竞争型（20% ≤ CR8 < 40%）。2016 年，重点造纸企业前 8 位企业生产量已经达到 3837.26 万吨，占到我国全年产量的 33.35%（朱嘉，2010；中国造纸协会，2017a）。

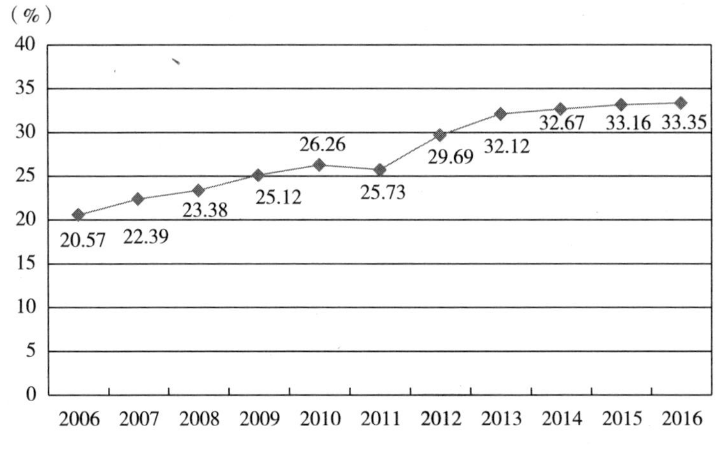

图 2 - 14 我国造纸行业 CR8 产量占比

资料来源：根据 2006 ~ 2016 年造纸工业发展报告数据整理计算。

（二）生态文明建设对林业绿色供应链协作发展的要求

在生态文明建设进程中，“天人合一”等涵盖古代哲学思想的概念被重新提出，引人深思，人类不但意识到自己是自然界的一类主体，并且认识到产业和生态绝不仅仅停止在互不干扰的状态，它们还可以互利共生。因此，在林业绿色供应链协作中，循环经济也不是最终的追求目标。从长远角度看，生态文明建设对林业供应链协作提出了实现超循环经济发展的要求。

20 世纪 60 年代，由于末端治理经济存在很多问题，于是产生了循环经济思想。循环经济模式主要通过对产品生产制造中产生的废料垃圾进行分拣、回收、处理，并成为另一类企业的生产原料的资源链闭环系统。与开环经济相比，循环经济是一种更好的保护自然环境的“防病”措施，可以防止自然环境不再患上新病，或者不再加重病情，但不生病并不等于健康，这仅仅是达到产业与生态和谐共处的阶段，达到产业与生态互利共生才是生态文明的建设目标。超循环经济运作模式是在循环经济模式的基础上将可再生资源的培育纳入系统中，如图 2－15 所示，成为林业绿色供应链协作的重要环节。

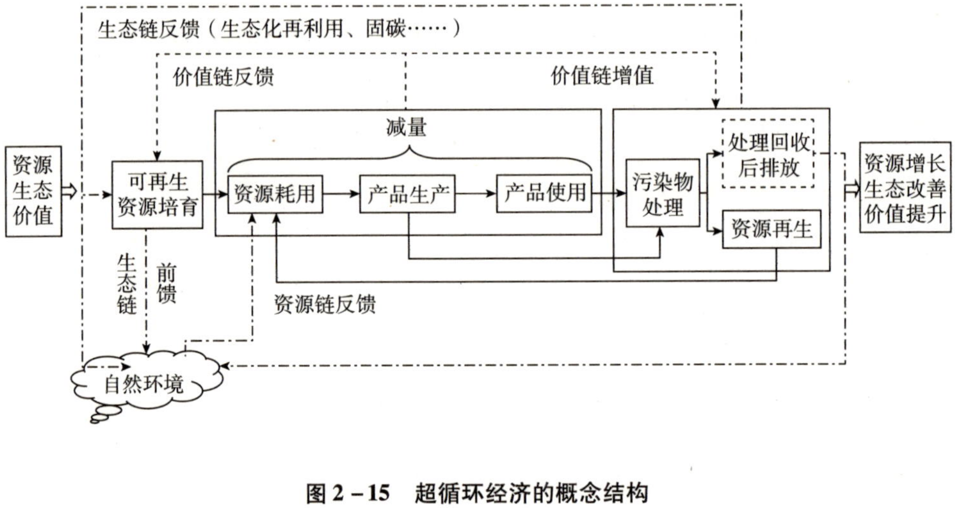

图 2－15　超循环经济的概念结构

注：——→表示资源链，－·－→表示生态链，······→表示价值链。

资料来源：张智光．面向生态文明的超循环经济：理论、模型与实例［J］．生态学报，2017b，37（13）：4549－4561.

共生耦合的闭合循环系统使现有和潜在的资源协调配合，达成协同效应（叶蒙，2013）。造纸业龙头企业华泰集团的运作模式就运用了超循环经济的发展理念。华泰集团以造纸为核心，与造纸供应链上下游积极协作，形成“原料基地+能源供应+终端产品”共生耦合的闭合循环系统。在林业绿色供应链协作中，华泰集团作为造纸产业主体，期望在林浆纸一体化与化工产业做大做强：与林地、热电、水利工程协作，获得资源以及能源保障；与化工产业协作，获得造纸所必需的化学品；与商贸和物流协作，获得流畅的贸易渠道；与出版、印刷、包装协作，直接获得下游用户。该集团的“造纸废水资源化高效技术研究与示范工程”项目应用后，公司90%以上的造纸中水直接在生产中循环回用，减少中段废水及污染物排放量1000万吨，取得了良好的经济效益和社会、环境效益；处理达标后的外排水用于灌溉造纸速生林，年节约清水资源1000多万立方米。从中可以看出，华泰集团不但重视源头林木资源的保障，更注重循环过程中的绿色科技创新，提高资源和能源的利用效率，生态环境也得到良好的保护。

（三）绿色经济对林业绿色供应链协作发展的要求

绿色经济的概念是1989年英国环境经济学家皮尔斯在《绿色经济蓝皮书》中首次提出的。绿色经济发展本质的要求是降低能源消耗，增加资源生产率，并保护环境不受破坏，强调生态、经济、社会协同可持续发展。林业产业也不例外，绿色经济对林业绿色供应链协作发展的要求如下。

1. 将绿色发展理念贯彻到林业绿色供应链全产业协作的全过程

林业绿色经济的物质流程主要包括原材料开采、制造加工、物流配送、商业零售、消费使用以及消费后处理6个环节，这实际上是林业绿色供应链全产业协作的主要环节。林业行业绿色环保、低碳循环仅仅依靠林业产业内的单独企业是不可能实现的，必须将绿色经济理念贯穿整个供应链协作过程，从供应链源头到末端的一系列过程都要处于绿色监管的体系下。以人造板为例，“十三五”期间，我国以最严格的环保措施对人造板生产全过程进行监控，《人造板工业污染物排放标准》的发布推动人造板企业按照有关环保要求，采用清洁生产工艺，强化生态环境责任，加快装备技术改造和产品创新升级，同时将部分高污染、高能耗、高环境风险的企业和产品淘汰出局（钱小瑜，2016）。同样，制浆造纸行业也需要从供应链协作全产业、全过程、全链条的视角，把具有低耗、低排和高效等特征的环保技术应用到原料、制浆、造纸和废物资源化全产业链的每个生产环节，才能实现林业绿色经济提倡的森林产业和生态和谐共生的目标。

2. 加强林业绿色供应链所有环节的绿色科技创新

绿色科技是指能在最大程度上有效且可持续地利用各种资源和能源的科学技术，能为使用者带来相较于传统科技相同或更大的利益，且同时减少了对环境的危害。作为超循环经济运作模式的一种手段，绿色科技从生产到消费全过程强调绿色、不同于传统科技的科技形式。绿色科技从设计环节、资源环节、生产环节、营销环节、末端环节和物流环节等供应链各环节均强调资源的合理开发和综合利用，降低对环境的影响（刘春香和张智光，2016）。绿色科技是绿色发展的基础，它必须同时满足改善生态环境和促进社会经济发展的双重要求，为粗放型经济增长向高质量经济增长转变提供技术支撑，其显著特征可以概括为低碳循环、节约资源与能源、环境保护。以造纸业为例，造纸行业是我国传统环保监测的重点监控对象和环境污染治理的重点对象，政府相继出台各种节能减排和环保政策，造纸企业必须通过绿色科技创新，开发从源头到末端的污染治理技术、清洁生产技术和“三废”循环利用技术等，才能获得生存发展的机会并取得经济效益。从林浆纸供应链协作的视角，仅仅是造纸企业生产制造环节的绿色科技创新还不够，需要从整个林纸供应链上的所有环节和企业（如林场、木材经销商、物流商、纸浆厂、造纸厂、纸品分销商等）的生产、物流活动涉及的技术都能做到绿色创新，才能真正实现绿色经济发展低碳、节能和环保的目标，为建设美丽中国贡献力量。

3. 除重视林业绿色供应链协作的绿色制造环节，还要重视营林环节的森林资源培育

绿色制造将绿色理念和技术工艺贯穿林产品制造业全产业链和产品全生命周期，通过技术创新和系统优化，实现制造业发展对环境负面影响最小、资源利用效率最高，从而实现经济效益、社会效益和生态环境效益协调并重（钱小瑜，2016）。林业绿色供应链的源头就是林木资源，没有良好的森林资源培育，林木资源的供给难以得到保证，供应链协作无从谈起。林业生态体系与产业体系的物质基础是森林资源（谢煜和张智光，2014），营林环节培育的森林资源不但能提供林业绿色供应链所需的木材资源，其本身也具有生态功能。绿色发展的理念早已被许多木材加工企业所重视，如广西三威林产工业有限公司确定了林板一体化发展思路后，把上游造林和人造板生产结合为一体，建成近 10 万亩原料林基地，践行了消耗资源的同时也向社会提供资源的发展理念，保证了企业和供应链的可持续发展。

三、林业绿色供应链协作存在问题剖析

科学研究需要问题导向和问题意识，本部分深入分析我国林业绿色供应链协作现实中存在的主要问题。对问题的梳理和归纳有助于研究工作的深化，也为林业绿色供应链协作特性分析奠定基础。

（一）森林资源基础薄弱且资源依赖性较高

森林资源是林业绿色供应链的起点，具有重要的生态功能、社会效益和经济价值。森林资源培育是以林地资源为劳动对象，以种苗和营林为主要内容，以实现森林资源特别是用材林资源有效增长为目标的林业基础性产业。根据我国第八次森林资源清查结果，全国森林面积 2.08 亿公顷，森林覆盖率 21.63%；活立木总蓄积 164.33 亿立方米，森林蓄积 151.37 亿立方米。天然林面积 1.22 亿公顷，蓄积 122.96 亿立方米；人工林面积 0.69 亿公顷，蓄积 24.83 亿立方米。我国森林面积和森林蓄积分别居世界第 5 位和第 6 位，人工林面积居世界首位（国家林业局，2014；刘珉，2014）。

森林资源的发展为林业供应链的实施提供了坚实的物质资源基础。谁掌握了林业产业链中的稀缺资源，谁就控制了林业产业链的关键环节，进而控制整个林业产业链。但在绿色供应链协作的背景下，我国森林覆盖率远低于全球 31% 的平均水平，人均森林面积仅为世界人均水平的 1/4，人均森林蓄积只有世界人均水平的 1/7，森林资源总量相对不足、质量不高、分布不均的状况仍未得到根本改变（刘珉，2014）。

我国森林资源基础存在诸多问题，如森林面积增速缓慢，第八次森林资源清查结果的森林面积增量只有第七次清查结果的 60%，未成林造林地面积仅仅只有 650 万公顷，比上次缺少 396 万公顷；现有宜林地质量好的仅占 10%，质量差的多达 54%，且 2/3 分布在西北、西南地区，立地条件差，造林难度越来越大，成本投入越来越高，见效越来越慢，实现森林面积增长目标还要付出艰巨的努力；我国木材对外依存度大，已经接近 50%，木材安全形势异常严峻；现有用材林中可采面积仅占 13%，可采蓄积仅占 23%，可利用资源少，大径材林木和珍贵用材树种更少，木材供需的结构性矛盾十分突出（国家林业局，2014，2016a）。我国原木供给量大多依靠进口，并且进口量呈现不断攀升的趋势，如图2－16所示。2017年1～6月，中国原木进口数量为2579万立方米，同比增长7.9%；中国原木进口金额为45.52645亿美元，同比增长14.7%（见表2－2）。

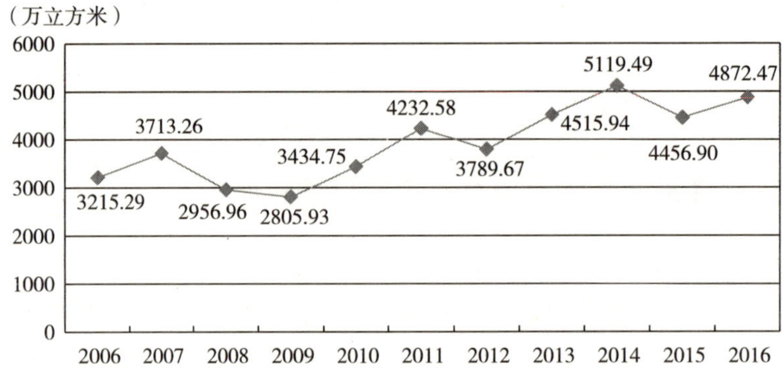

图2－16 2006～2016年我国原木进口数量

资料来源：根据《中国林业统计年鉴》数据整理。

表2－2 2017年1～6月我国原木进口量统计情况

月份	数量（万立方米）	金额（千美元）	数量同比（%）	金额同比（%）
1	400	673558	9.3	8.1
2	411	704004	41.2	45.0
3	463	850915	4.4	15.0
4	487	834421	9.6	15.6
5	429	761060	1.3	12.5
6	413	730798	－2.0	1.4

资料来源：根据中国海关数据整理。

森林资源基础薄弱和资源依赖是我国林业发展一直存在的问题。大力发展人工用材林、木材循环利用、境外森林开发和倡导新型木材消费观是保障木材原料供给的主要手段。其中，进口林产品如原木、锯材和木浆逐渐受到国际市场不确定因素的影响，依靠进口解决资源供给不是长期有效的手段，大力发展人工用材林，特别是速生丰产林基地建设将是主要的保障手段。龙头企业和广大林农成为速丰林建设的主体，在已造林面积中龙头企业造林约占60%，农户造林约占20%（安丰杰，2009）。相关数据也显示我国纸浆产量不能满足消费需求，需要进口补充。2016年，我国纸浆总产量7925万吨，同比微降0.74%。其中，木浆总产量为1005万吨，较上年增长4.03%；废纸浆总产量为6329万吨，较上年微降0.14%；非木浆总产量591万吨，较上年大幅减少13.09%。进口木浆总量为1881万吨，进口依赖度达65.1%，进口依赖度较高（中国造纸协会，2017a）。2009年以来，我国木浆进口保持了10.42%的年均增长率，远高于同期国产木浆增速（年均增长率6.80%），具有明显的资源依赖性。林业龙头企业通过林业供应链的协作使林产加工制造环节和上游营林环节协同，不但满足自身对于木材的需求，还可带动地方林农参与造林营林，增加林农经济收入。

从统计数据来看，我国是最大木材进口国和第二大木材消耗国，对木材需求量巨大，但森林资源总量相对不足、质量不高，中幼龄林占乔木林面积的65%，人工林占有林地面积的36%，蓄积量仅占17%，人工林蓄积量为52.76立方米/公顷，不到世界平均水平的1/2，且森林采伐正在逐渐转向以人工林为主。除此之外，我国木材供给结构性矛盾突出，大径级材供给不足，主要依靠进口解决，中小径级材的消耗比例也不断上升。2015年，我国木材产品市场总消费量55170.80万立方米，其中，木质产品进口折合木材达26655.82万立方米，占总消耗量的48.32%（国家林业局，2016a）。随着一些外资或有外资背景的涉林企业在中国“圈占”林业资源的加力，林业加工企业在林业产业第一车间的竞争将越来越激烈，林木资源培育的规模化、定向化是林业企业提升竞争力的核心问题之一（王志宝，2008）。

从木材耗用的角度，木浆造纸业是消耗木材较多的一个部门。根据一般的规律，4吨木浆才能生产1吨纸，杨树生产率较低，至少4.5吨以上才能生产1吨纸，而且木材生长有一个过程，木浆造纸用速丰林林木最快也要8年。因国内林木资源不能满足需求，我国木浆造纸企业要获取木材必须从国外采购或进口木浆。我国的人工林虽然达到了6168万公顷，但是大部分是经济林包括果树等，产出商品木材非常有限。我国木材对外依存度接近50%的现状使得林业绿色供应链断裂的风险增大。林纸一体化造纸企业把营林作为林纸供应链第一车间，正是清楚认识到木材加工业的资源约束性行业特征。所以，大型木浆造纸企业、大型人造板生产企业作为耗材大户有必要拓展供应链，建设自己的原料林基地，保证自己的原料林基地提供的林木资源能够达到自身需要的1/3左右。这样既能保证原料稳定来源，同时也保证价格不至于波动过大，对自身的生产和开拓市场造成影响。

木浆造纸企业实行林浆纸一体化，营造自己的原料林基地也有助于提高我国木材的生长率。因为企业从事人工林的培育，从选种、基地建设标准化、规模化以及后期的利用，都比现在一般分散林农种植利用的效率要高，这是工业化营林的优势。木材消耗大户营造木材原料基地的困难在于很多林地分散在农民手里。特别是在实行集体林权制度改革以后，怎样通过林业合作社或者基地加农户的形式把这些土地充分利用起来，开展多种形式的协作，既给农民增加了增收致富平台，也给林业绿色供应链协作发展提供充足的原料，是值得研究的重要课题（李婧，2014）。

（二）跨产业、跨环节、跨区域运转不协调

跨产业、跨环节、跨区域协作贯穿于林业绿色供应链协作运行的全过程。林业绿色供应链涉及的四大产业种类分别是木材（原木、锯材、木片），人造板（刨花板、纤维板、胶合板等），纸浆和纸制品，各种木质半成品和成品（家具、木地板、其他木质制品等），其中木材加工制造业是最主要的产业部门，按年生产总值核算，其比重达到林业第二产业的56%，其次是造纸业，家具制造略低于造纸业（吴琨等，2011），这些产品都是通过林业绿色供应链的协作提供给市场。从跨产业、跨环节、跨区域方面审视林业绿色供应链全产业协作，还存在如下问题需要解决，以不断提高我国林业产业的竞争力。

1. 跨产业协作方面

林业绿色供应链横跨林业三次产业，贯穿以营林为主的第一产业、以木材加工为主的林业第二产业以及以林产品营销和物流服务为主的第三产业。林业绿色供应链核心企业开展供应链协作能打通三次产业的隔阂，并组织供应链上的企业协同运作，以获得供应链整体绩效的持续成长。但跨产业运作需要核心企业拥有强大的核心竞争力以及充足的资金实力和规模。从林业绿色供应链全产业协作分析，我国林业产业间的协作并不顺畅，林业一产、二产、三产的贯通还存在关联度和紧密度不高的问题，并在利益分配上存在诸多的矛盾和冲突，关注自身经济利益至上的机会主义行为仍然比较常见。

2. 跨环节协作方面

通过考察我国林产品进口和出口情况（见表2－3），发现我国林业绿色供应

链林产品销售环节与加工制造环节的协调运转不通畅、协作程度低。在我国加工制造能力不断加大的背景下，林业绿色供应链的加工对象原木、锯材面临供应中断的风险。一旦主要进口来源国限制出口，木材供给短缺将给林产加工制造环节企业以毁灭性的打击。人造板、木制品、木家具属于劳动密集型产品，高比例的出口份额建立在低廉的产业工人薪水上，随着“人口红利”的逐步消失，依赖劳动力密集加工贸易出口增长机制也将受到严重影响。

表 2－3 2015 年我国木质林产品的贸易量和贸易额

产品	贸易量			贸易额（亿美元）			
	进口量	出口量	净出口量	进口额	出口额	贸易总额	净出口额
原木（万立方米）	4456.90	1.21	4455.69	80.60	0.04	80.64	80.56
锯材（万立方米）	2659.77	28.83	2630.94	75.07	2.07	77.13	73.00
单板（万立方米）	99.87	26.54	73.33	1.62	2.84	4.46	－1.22
特形材（万吨）	2.16	17.69	－15.52	0.41	2.94	3.35	－2.53
刨花板（万立方米）	63.89	25.44	38.45	1.41	1.14	2.55	0.27
纤维板（万立方米）	22.05	301.49	－279.43	1.08	14.25	15.34	－13.17
胶合板（万立方米）	16.59	1076.68	－1060.09	1.21	54.88	56.09	－53.67
木制品（万吨）	76.03	226.96	－150.92	7.64	64.57	72.21	－56.93
家具（万件）	1019.20	32724.67	－31705.47	8.84	228.55	237.39	－219.71
木片（万吨）	981.90	0.01	981.89	16.94	0.00	16.94	16.94
木浆（万吨）	1979.18	2.54	1976.64	127.02	0.17	127.19	126.85
废纸（万吨）	2928.39	0.06	2928.32	52.83	0.00	52.83	52.83
纸和纸制品（万吨）	298.61	835.87	－537.26	40.47	170.98	211.44	－130.51
木炭（万吨）	17.28	7.41	9.87	0.50	1.09	1.59	－0.59

资料来源：2016 年中国林业发展报告；张少博，田明华，于豪谅，等．中国木质林产品贸易发展现状与特点分析［J］．林业经济问题，2017，37（3）：63－69.

表2－3 显示，2015 年，我国胶合板、纤维板和刨花板的出口量依次为 1706.68 万立方米、301.49 万立方米和 25.44 万立方米，胶合板、纤维板和刨花板的进口量分别为 16.59 万立方米、22.05 万立方米和 63.89 万立方米（张少博等，2017）。人造板供应链协作需要以国际市场上先进企业为标杆，以供应链管理和协作为突破口，不断降低整体供应链的成本，加大技术创新和品牌管理，打造强大的人造板绿色供应链。人造板是典型的劳动密集型产品，利用我国劳动力成本低的优势，改革开放以来得到迅速发展。在产品结构中胶合板以优质大径材

级原木为原料，受资源限制和出口退税的影响；刨花板质量低、家居用途减低，发展平稳；中纤板是纤维板中主流产品，和刨花板一样利用的是林区剩余物和次小薪材，符合节约木材的政策，中纤板企业表现出资本密集和技术密集的特点，适于规模化经营。

家具是人造板制造环节的下游，人造板约有60%的比例被家具环节所消耗。家具市场的主要问题是：生产成本逐渐提高；出口贸易壁垒如绿色壁垒、反倾销、技术壁垒、森林认证等逐渐提高；家具设计水平不高；和国外经销商密切协作所具有的供应链柔性不足；根据国内外市场需求调整供应能力的供应链协作能力不足。以资本及技术密集为特征的纸产业的国际竞争地位在稳定增长，但木浆依赖进口程度较大。纸浆造纸企业的最大问题是木浆和废纸净进口大量造成的对外依存度提高，严重威胁我国的造纸行业安全。造纸企业最先认识到这个问题，试图通过林浆纸一体化来加以解决，林业绿色供应链协作模式也可以考虑到国外造林、合作经营等方式以充分开发国外的林业资源。

林业绿色供应链协作从总体上看，国内生产环节和国际市场间协作存在不协调，向国际市场出口的产品附加值低，这反映在我国林产品贸易条件上（见表2-4）。从中可见，2015年，我国纸和纸制品、胶合板和纤维板的贸易条件均小于1，证明出口附加值确实低，另外胶合板和纤维板的贸易条件还在不断恶化（张少博等，2017）。总体而言，我国林业加工企业处于全球价值链的低附加值带，占领的是国际低端市场，消耗了宝贵的林木资源但企业所获利润微薄。

表2-4　我国部分林产品贸易条件变化

年份	家具	纸和纸制品	木制品	胶合板	纤维板
1993	0.22	1.96	/	1.05	1.32
1995	0.38	1.63	/	0.82	0.94
2000	0.49	1.87	1.45	0.63	1.04
2005	0.32	1.67	1.23	0.72	1.43
2010	0.61	1.12	0.79	0.83	1.39
2015	0.81	1.51	2.83	0.70	0.96
条件变化	3.66	0.77	1.95	0.67	0.73

注：条件变化为2015年与1993年的NBTT比值，木制品2002年之前数据缺乏，2000年为2002年数据，则木制品条件变化为2015年与2002年的NBTT比值。

资料来源：张少博，田明华，于豪谅，等. 中国木质林产品贸易发展现状与特点分析［J］. 林业经济问题，2017，37（3）：63-69.

在国内林产品市场中，销售环节与加工制造环节的协作程度较为低下。例如，家具企业的盈利模式从注重原材料及销售环节逐渐开始通过家具绿色供应链管理获得利润。家具绿色供应链存在的主要问题是：家具属于房地产的下游产业，受房地产调控政策影响较大，家具消费增长缓慢，产能过剩逐渐显现；家具消费中消费者的个性化和定制化需求得不到满足。家具和人造板之间具有紧密的上下游协作关系，通过供应链协作不但可以促进品牌的营造，而且有助于抢占更多的市场份额。另外，建立供应链上下游产业联盟可减少中间环节，在增加利润的同时还能让利给消费者（常乐和吴智慧，2011）。

3. 跨区域协作方面

供应链区域运转不协调在纸及纸板产业体现得最明显。纸和纸板消费是衡量一个国家现代化和文明程度的主要标志之一。造纸产业具有资金技术密集、规模效益显著的特点，产业上下游关联度较强，造纸产业对林业、农业、印刷、包装、机械制造等产业都有重要的影响，已成为我国国民经济发展的新的增长点，也是具有可持续发展特点的重要产业（竺杏月和张智光，2009）。造纸企业供应链协作方面面临的主要问题是：纸浆原料林资源区域分布分散，集约经营程度低，运输费用高，不能支持制浆企业的周期规模生产；人工林在造林之初并未定位于纸浆材定向培育，而大多是考虑防护效益等进行建设，选择的树种并不全部适宜纸浆（康向阳，2007）；进口纸浆和进口废纸浆占纸浆总消耗量比例较高，纸及纸板各类产品的差异化、系列化、轻量化和环保化发展不足。

随着我国林业产业的快速发展，林业产业的布局问题越来越突出。林产加工工业布局从产品品类来看，生产企业基本处于远离原料基地又脱离消费市场的区位，产业链和消费链很不完整，物流成本过高。从区域布局来看，基本状态是东部强、西部弱，林木资源禀赋好的地区产业却不发达，而林木资源少的地区尤其是东南地区的产业发展非常活跃（王满，2011）。从森林资源优势带与产业优势带匹配的视角来看，我国林业产业优势带与资源优势带不协调，加工工业向水土资源较为紧张、森林资源相对匮乏、劳动力市场紧张、能源供应相对匮乏的东南地区集中，而森林资源丰富的东北区和西南区的木材加工产业进一步萎缩，直接导致森林资源优势地区的林业经济发展缓慢（李成茂，2009）。

我国的林木种植企业主要分布在森林资源条件较好的地区，但人造板企业分布却有两种情形：靠近资源（林木资源丰富地区）或靠近市场（经济发达地区）。第一种情形表现为人造板企业靠近林木种植企业，市场销售一般在满足本地和周边市场的情况下逐步向全国和国外市场拓展，但由于运输成本较高，一般而言，运输半径较大的产品市场竞争力会相对减弱，运输半径超过500千米将失去价格竞争优势。第二种情形表现为人造板企业靠近家具制造、建材及木地板等人造板下游企业，直接面对消费者市场，生产企业主要集中在市场需求较大的经济发达地区（周雄志，2010）。

林产品加工业大省多为森林资源蕴蓄量或可采资源量较少的沿海发达地区省份，而林木资源分布于森林资源较为丰富的东北区和西南区，第二产业发展缓慢，与其森林资源大区不成比例，优势没有发挥。木材供给在实施“天保”工程前，主要由东北和内蒙古天然林区供给，1998年实施天然林保护工程后以及2016年天然林禁伐实施后，我国林木采伐实现了从天然林为主向人工林为主的转变，从区域上看由东北地区向南方集体林区转移。探索性空间数据分析证明，木材生产中心由东北国有林区向南方集体林区迁移，且区域聚集特征显著，我国的广东、广西、贵州、湖南、江西、福建逐渐成为新的木材生产热点区域，东北地区由于天然林禁伐政策的实施，完全从热点区域退出（杨超等，2017）。

《中国造纸工业2016年度报告》显示，2016年，我国东部地区11个省（区、市）的纸及纸板产量占全国纸及纸板产量比例为75.1%；中部地区8个省（区）的比例占16.2%；西部地区12个省（区、市）的比例占8.7%（见表2-5）。东部区域是纸浆、造纸、纸制品制造的主要区域。

表2-5 2016年我国纸及纸板生产量区域布局变化

地区	2015年		2016年	
	产量（万吨）	占比（%）	产量（万吨）	占比（%）
全国	10710	100	10855	100
东部地区	8035	75.0	8153	75.1
中部地区	1750	16.3	1758	16.2
西部地区	925	8.7	944	8.7

资料来源：《中国造纸工业2016年度报告》。

2016年，山东、广东、浙江、江苏、福建、河南、湖南、安徽、重庆、河北、广西、天津、湖北、四川、江西和海南16个省（区、市）纸及纸板产量超过100万吨，产量合计10370万吨，占全国纸及纸板总产量的95.53%（见表2-6），从中可以看出，我国纸及纸板区域发展不平衡。表2－7是2014年我国主要人造板产品产量排名前10位的省份，从中可以看出无论是胶合板、纤维板还是刨花板，排名前五位的省份集中度还是较高的。

表2－6 2015年和2016年我国纸及纸板产量100万吨以上的省（区、市）

省份	2015年产量（万吨）	2016年产量（万吨）	较上年增长（%）
山东	1780	1850	3.93
广东	1820	1840	1.10
浙江	1650	1690	2.42
江苏	1305	1285	－1.53
福建	665	705	6.02
河南	600	610	1.67
湖南	320	310	－3.13
安徽	265	295	11.32
重庆	290	280	－3.45
河北	305	275	－9.84
广西	230	240	4.35
天津	235	230	－2.13
湖北	230	215	－6.52
四川	190	195	2.63
江西	173	185	6.94
海南	168	165	－1.79
合计	10226	10370	1.41

资料来源：《中国造纸工业2016年度报告》。

表2－7 2014年我国主要人造板产品产量排名前10位的省份

单位：万立方米

排名	省份	总产量	胶合板产量	纤维板产量	刨花板产量
1	山东	6659	4625	1101	368
2	江苏	4716	3813	831	291
3	广西	3089	1643	710	280
4	安徽	2019	1276	570	159
5	河南	1793	908	507	150
6	河北	1661	570	480	133
7	广东	1137	361	398	131

续表

排名	省份	总产量	胶合板产量	纤维板产量	刨花板产量
8	四川	835	356	349	127
9	福建	791	333	299	111
10	辽宁	791	280	177	79

资料来源：《中国人造板产业报告2015》。

通过 Getis – Ord 指数测算结果证实，我国木材资源供给的区域在发生变化，木材生产中心由东北国有林区向南方集体林区迁移，且区域聚集特征显著。1954 ~ 2000 年，木材生产的热点区一直集中在黑龙江、吉林，没有发生显著的变化；广东在 2001 年成为南方首个热点区，同时西北地区的青海成为冷点区，冷热点逐步发生转移；2004 ~ 2007 年，已生成以广东为中心的广西、贵州、湖南、江西 4 个新的热点区并有向西南扩展的趋势，冷点区范围由青海扩大到青海、新疆；2010 ~ 2014 年，热点区继续向西南方扩展，东北地区则完全从热点区退出（杨超等，2017），这是由于“天保”工程实施以及天然林商业性采伐停止的逐步实施的结果。国家林业局指出，我国政府把天然林保护工程扩大到全国，全部保护 29.66 亿亩的天然林资源，不再进行商业性采伐。每年商业性采伐将减少近 5000 万立方米，换成资源是 8000 万立方米森林蓄积量。未来木材资源增加供应的途径，一是大力发展木材战略储备基地，发展速生树种来解决；二是通过国际市场合理合法的经营取得木材资源。天然林商业性采伐停止后，为考虑长久的木材安全，政府规划了 2.1 亿亩的木材战略储备基地，已有 2000 万亩，5 ~ 8 年可增加 9500 万立方米木材供给，到 2020 年，我国能够提供 55% 的木材，仍需要从国外市场进口 40% 多。根据测算，只要不超过 60%，就能够保障木材安全（蓝颖春，2015）。

（三）全产业协作管理能力欠缺

我国林业产业主要依靠第一产业营林业和第二产业加工制造业的拉动，以木材加工为主的林业加工制造业仍然对林业发展起着支撑的基础作用。随着以原材料加工为主体的林业加工制造企业的蓬勃发展，以及国民经济发展对木材及其加工产品的需求增长，未来将加剧木材资源的供需矛盾。林纸一体化、林板一体化等模式的探索和实践是将供应链管理融入林业产业的战略行动。通过林业绿色供应链协作的发展，不但提高林木资源的保障水平，还能提高供应链效率和柔性，实现对各级客户需求的最大化满足。

自2000年实施《全国林纸一体化工程建设“十五”及2010年专项规划》以来，林纸一体化发展已形成全社会的共识，是我国造纸工业发展循环经济和落实科学发展观的成功实践。通过充分利用国内外两种资源，大力推进林纸一体化工程建设，加强国内废纸回收利用和关停落后草浆生产线，提高了国内木浆和废纸的供给能力，改善了原料结构。木浆用量由2005年的1130万吨增至2010年的1859万吨，占总用浆量的22.0%，其中，国产木浆用量由371万吨提升至708万吨，比重由7.1%提升至8.4%；废纸浆用量由2005年的2810万吨增至2010年的5305万吨，比重由54.0%提升至62.7%，其中，国内废纸浆的比重由27.8%提升至38.0%（中国造纸协会，2012）。预计到2020年，木浆、废纸浆、非木浆结构由2015年的27.9%、65.1%、7.0%调整为28.6%、65.0%、6.4%；国产木浆比例由2015年的9.8%增至10.5%，同时继续推进全国“林纸一体化”专项规划的实施（中国造纸协会，2017b）。

林纸一体化供应链协作中突出问题是纸浆原料林的林地难以获得。集体林权改革后形成的林地细碎化不利于林地经营的规模化、集约化和工业化，由于林业经营的长周期和收益不确定，调动广大林农加入供应链协作体系的经济动力不足，林纸一体化中“一体而不协作，一体而不能共生”的矛盾始终存在。除林地问题，林纸一体化发展还存在组织模式创新不足、市场需求信息反馈滞后、造纸企业柔性管理不足、供应链成本难以控制等导致供应链协作水平低下的情况。对比国外林纸一体化发展和林纸供应链情况，我国林纸一体化还处于初级阶段，在模式、方法、策略乃至战略上都需要更多探索。

（四）林业核心企业协作管理不具竞争力

我国林业企业规模普遍偏小，即使是刨花板、纤维板、木浆造纸等规模较大行业的企业平均规模，分别只有世界先进水平的13%、33%和35%。企业技术装备水平普遍偏低，在技术和资本密集型产品生产领域受到国外企业挤压，许多企业沦为原料和初级产品供应者；企业技术创新能力较弱，科技成果转化率低，缺乏自主知识产权，在国际市场竞争中处于劣势；企业缺乏自主品牌和经销渠道，出口林产品大部分是贴牌生产，直接影响了我国林业企业发展后劲和产品的国际知名度（雷加富，2007；钱小瑜，2015）。

1. 林业企业以规模以下企业为主

我国第三次经济普查数据显示，截止到2013年末，全国共有营林企业418

家，其中林木育种育苗企业 96 家，造林和更新企业 56 家，森林经营和管护企业 149 家，木材和竹材采运企业 57 家，林产品采集企业 60 家。木材加工及木、竹、藤、棕、草制品业企业（行业大类代码 2000，以下简称木材加工业）70123 家，其中木材加工企业 28368 家，人造板制造企业 14884 家，木制品制造企业 19642 家，竹、藤、棕、草制品制造企业 7229 家。规模以上木材加工大类企业仅为 6527 家，约占总数的 9.30%；规模以下木材加工企业为 63596 家，约占总数的 90.70%。大类中规模以上木材加工企业 1051 家，约占总数的 16.10%；规模以上人造板制造企业 3624 家，约占总数的 55.52%；规模以上木制品制造企业 1337 家，约占总数的 20.48%；规模以上竹、藤、棕、草制品制造企业 515 家，约占总数的 7.90%。

木质家具制造企业 31345 家，规模以上木质家具制造企业共 1936 家，占总数的 6.18%；规模以下木质家具制造企业占总数的 93.82%。造纸和纸制品制造企业 53686 家，其中纸浆制造企业 400 家、造纸企业 14674 家、纸制品制造企业 38612 家。规模以上造纸和纸制品制造企业共 4190 家，占总数的 7.80%；规模以下造纸和纸制品制造企业占总数的 92.20%。规模以上纸浆制造企业 21 家，占总数的 5.25%。造纸企业 1843 家，占总数的 12.56%。纸制品制造企业 2326 家，占总数的 6.02%。以上比例根据第三次经济普查数据计算得到。从上述数据可以看出，我国木材加工、木质家具制造、造纸和纸制品制造企业均以规模以下企业为主，大多数企业的规模偏小。

2. 林业企业的经营管理能力和实力存在诸多问题

综合研究文献和林业企业实际情况，我国林业企业在经营管理上主要存在以下问题：林业企业以产品经营为主，有影响力的名牌或品牌产品缺乏；高消耗、粗加工、低端林产品占主体地位，消耗同样资源赚取的利润较低；劳动生产率低，如造纸业劳动生产率仅为美国的 2.28%，家具业为美国的 7.72%。即使是与部分发展中国家相比，我国也存在较大的差距，如我国造纸业劳动生产率为马来西亚的 16.46%，家具业为马来西亚的 45.12%（宋维明和程宝栋，2005；程宝栋，2008）。我国胶合板产业是劳动密集型产业，近万家胶合板企业以民营为主，大多数企业生产规模不到 1 万立方米/年，行业从业人员超过 300 万人，但平均劳动生产率不到 10 万元/人·年（钱小瑜，2015）；自动化程度低，对粉尘、噪声、污水控制技术落后，不符合清洁生产和循环经济和绿色生产的要求；生产规模小、技术水平低、专业化分工不细；缺乏技术开发和创新能力，产品标准落后，缺乏国际竞争力；出口的产品以劳动密集型产品为主；在木材利用率、产品质量、能耗、控制等方面，引进国外技术多，消化吸收与自主创新少，科技创新和研发投入不足，模仿多于创新，可持续发展能力较差（陈绪和和叶克林，2006），2008年全行业的科技贡献率不到40%（钱小瑜，2009）。低廉劳动力的比较优势支持了我国成为“世界木材加工厂”，但由于人造板行业科研投入不够、创新能力不强，大部分企业仍停留在产业链的低端，生产自动化水平低、产品技术质量跟不上市场需求，人造板及其制品出口仍以OEM贴牌生产为主（钱小瑜，2016）。我国木材利用率仅为60%，较林业发达国家低30%左右，多年的快速发展是以消耗大量木材资源和能源为代价的。

（五）林业绿色供应链整体协作绩效偏低

林业具有林木生产周期长、原料优先、风险大、生态效益突出等特点，从全产业的视野，林业绿色供应链注重协作的战略性和长远性，强调协作产生的整体效应、供应链系统的集成化和战略联盟关系的稳定（张智光，2008）。杨光勇和计国君（2011）根据经济、社会和环境三重底线原则，把绿色供应链界定为经济绩效、社会绩效与环境绩效协调一致的可持续发展供应链。借鉴已有文献，本书认为林业绿色供应链协作绩效既要考虑一般制造业供应链协作的绩效要素，还要反映林业供应链协作的绩效特殊性要素。林业绿色供应链具有资源链、生态链和价值链三链合一的特点，同时，作为嵌入所在地的林业绿色供应链协作系统，为了获得当地政府和居民的支持，还要适当承担对当地社会经济发展的社会责任。所以，具有横跨三大产业的特点的林业绿色供应链协作，不但受到经济利益的驱动，还谋求生态绩效、资源绩效和社会绩效的提升。

本书把林业绿色供应链协作绩效拓展为四个维度，即经济绩效、生态绩效、资源绩效和社会绩效。其中，将生态绩效界定为生态环境保护和产业发展的同时，生态环境不被破坏，即生态和产业安全基础上的生态安全；将资源绩效界定为确保林木资源的稳定而可靠的保障，减少整个供应链系统对资源的依赖；将社会绩效界定为林业绿色供应链协作对当地社会发展的带动作用。林业绿色供应链协作绩效的获得具有长期性、滞后性的特点，特别是林业绿色供应链全产业的上游协作不能像一般制造业供应链那样过于强调短期协作利益。林业绿色供应链下游可以对市场需求及时响应，追求短期效果，从长远看没有资源保障，下游获得的利益也难以有效持续下去。林业绿色供应链全产业协作的实施，力图在获得经济利益的同时实现生态改善、资源保障和社会发展。林业绿色供应链整体协作绩效偏低的主要问题体现在以下方面。

1. 经济绩效偏低

林业上市公司是林业行业中的明星，是林业行业发展的中坚力量和代表，其经营规模、实力、企业竞争力和管理水平比一般林业企业高出很多，其盈利能力是开展供应链协作的基础，这类企业的盈利能力一般认为要比非上市企业更强。衡量盈利能力的指标中加权净资产收益率是一个关键指标，但从林业上市公司2016年度报告披露的加权净资产收益率来看（见表2-8），林业类上市公司盈利能力普遍较弱，其中因亏损重组2家，0~5%有13家，5%~10%有7家，8家超过10%，说明林业各类上市公司盈利能力普遍较弱，这直接影响以核心企业为中心的林业绿色供应链协作经济绩效，也直接影响核心企业组织林业绿色供应链协作的能力。

表2-8　2016年末林业类上市公司加权净资产收益率一览　　单位:%

类别	证券名称	加权净资产收益率	类别	证券名称	加权净资产收益率
营林企业	永安林业	5.92	家具制造	好莱客	24.10
	平潭发展	0.64		美克股份	10.58
	云投生态	4.01		浙江永强	1.87
	福建金森	3.50		宜华生活	9.91，原宜华木业
	ST景谷	扭亏为盈		喜临门	12.39
				索菲亚	22.55
				曲美家居	14.24
木材加工	威华股份	1.68	纸浆造纸	美利云	0.27
	升达林业	5.40		ST南纸	2014年亏5.61亿元，被借壳
	兔宝宝	17.57		岳阳林纸	0.54
	吉林森工	0.84		华泰股份	2.83
	国栋建设	0.16		青山纸业	2.76
	大亚圣象	21.22		石岘纸业	2015年亏3132万元，已重组
	丰林集团	5.10		恒丰纸业	4.81
	德尔未来	8.24		晨鸣纸业	9.59
				太阳纸业	14.12
				宜宾纸业	6.15

资料来源：根据林业上市公司2016年度报告摘要整理。

虽然经济绩效、生态绩效和社会绩效的提高是林业企业的追求目标，但是作为上市公司，如果不能取得经济绩效，其他绩效也无从谈起。林业类上市公司的经济绩效不仅反映在盈利能力财务指标上，营运能力、偿债能力和发展能力都是反映经济绩效水平的财务指标。为评价林业上市公司的经营绩效，本书选取 10 个指标来测度评价综合绩效。其中，盈利能力指标主要选择了主营业务利润率、盈余现金保障倍数、成本费用利润率；营运能力指标选择了存货周转率和流动资产周转率；偿债能力指标选择了流动比率和速动比率；发展能力指标选择了净资产增长率、三年利润平均增长率和三年资本平均增长率。选择的 13 家林业上市公司分别是 ST 景谷、平潭发展、福建金森、吉林森工、亿利洁能、龙净环保、岳阳林纸、东方园林、丰林集团、晨鸣纸业、铁汉生态、蒙草生态、棕榈股份。上述样本公司具有一定的代表性，既有以林业第一产业营林为主的企业，也有以林业第二产业加工制造业为主和以第三产业生态服务为主的企业。

以 2018 年年报披露的 13 家林业上市公司财务数据为基础，运用因子分析方法对林业类上市公司的盈利能力、营运能力、偿债能力、发展能力进行综合绩效评价后发现：①从盈利能力角度来看，样本公司大部分在 2018 年处于亏损的局面，仅少数上市公司创造出盈利的业绩额。②从营运能力角度来看，排名前四位的上市公司营运能力因子得分都为正数，说明营运能力良好，但林业类上市公司普遍资产运营效率不高，营运能力的管理效率还有待提升。③从偿债能力角度来看，林业类上市公司需要不断依靠外部借款来满足其自身资源产出的需要，导致林业类上市公司资产负债比率的上升。④从发展能力角度来看，大部分林业类上市公司林产品的结构和种类方面还存在较多缺陷，研发技术投入需要加大。⑤从综合绩效方面来看，福建金森、吉林森工、亿利洁能、丰林集团 4 家上市公司的综合绩效不错，但大部分林业类上市公司的经营绩效不乐观（谢海涛和严昕桦，2019）。

林业产业是国家绿色生态发展的源泉和动力，要真正实现“绿水青山就是金山银山”的战略，就要充分发挥林业类上市公司的作用，从四个方面提高林业上市公司的经济绩效。在盈利能力方面，扩大林产品的有效供给，优化产品的供给结构，增加木材产品和生态产品的供给，提高主营业务收入水平；在营运能力方面，重视林木资源作为流动资产的价值，提高流动资产的运营能力；在偿债能力方面，充分利用国家的政策支持，拓宽资金来源，优化资本结构；在发展能力方面，顺应林业经济发展的大环境，加大研发投入，以高质量的林产品和生态产品的提供，来满足不断发展的人民生活质量提高的需求（谢海涛和严昕桦，2019）。

2. 生态绩效欠佳

林业三次产业中占比最大的是林业第二产业。林产工业作为一国经济的重要构成部分，主要包括木材加工业、家具工业、造纸工业和林产化学工业等，提供了确保国民经济发展与保障人们生活基本需求的不可或缺的关键物资（林凤鸣，2003）。但从全国污染排放脱钩测度结果来看，废气排放脱钩情况不容乐观，木材加工业、家具制造业与造纸业废气排放量忽增忽减。我国的木材加工企业以小型企业居多，大型规模的加工企业较少。相对来说，大型企业具备废水与废气等污染物的绿色处理条件。小型企业因生产设备水平不高，成本小，资金投入小等局限，会为了追逐高利润忽视环保等问题。

我国林产工业发展迅速。2015 年，我国林产加工产业实现总产值 1.15 万亿元（国家林业局，2017）。随着国际贸易量的扩大，针对我国林产品出口的贸易壁垒急剧增多。在国内新环保法出台的背景下，林产工业企业面临环境保护、低碳生产、节能减排等方面的挑战。周海晨（2017）认为造纸行业的污染贡献大于经济贡献，未来造纸行业的环保约束加强，行业供给侧改革有望加速推进，随着环保督察组持续监控造纸等行业，将推动落后中小产能的持续淘汰，绿色环境治理将逐渐常态化。

一般而言，林业第二产业（加工制造业）所占的比重越大，对大气环境造成污染的可能性越高。中国造纸工业 2016 年度报告中显示，根据环境保护部统计，2015 年，造纸和纸制品业（统计企业 4180 家，比上年减少 484 家）用水总量为 118.35 亿吨，其中新鲜水用量为 28.98 亿吨，占工业总耗新鲜水用量 386.96 亿吨的 7.5%；重复用水量为 89.37 亿吨，水重复利用率为 75.5%。万元工业产值（现价）新鲜水用量为 40.6 吨，比上年减少 5.6 吨，降低 12.1%。废水排放量为 23.67 亿吨，占全国工业废水总排放量 181.55 亿吨的 13.0%。排放废水中化学需氧量（COD）为 33.5 万吨，比上年 47.8 万吨减少 14.3 万吨，减少 29.9%，占全国工业 COD 总排放量 255.5 万吨的 13.1%。万元工业产值（现价）化学需氧量（COD）排放强度为 4.7 千克，比上年降低 28.8%。排放废水中氨氮为 1.2 万吨，占全国工业氨氮总排放量 19.6 万吨的 6.1%。万元工业产值（现价）氨氮排放强度为 0.17 千克，比上年降低 22.7%。造纸工业废水处理设施年运行费用为 54.2 亿元，比上年减少 2.7 亿元。2015 年，造纸和纸制品业二氧化硫排放量 37.1 万吨，比上年降低 10.0%；氮氧化物排放量 22.0 万吨，比上年增长13.4%；烟（粉）尘排放量13.8万吨，比上年降低2.8%（中国造纸协会，2017a）。

总体上判断，造纸行业对环境状况的影响非常严重，在国家严厉的环保措施下，各类排放总体上开始下降，但生态环境保护的压力依然存在。根据《中华人民共和国国民经济和社会发展第十三个五年规划纲要》的要求，造纸行业资源消耗和污染物减排要积极配合国家发展规划，完成我国“十三五”期间全社会万元GDP用水量下降23%，单位GDP能源消耗降低15%，主要污染物COD、氨氮排放总量减少10%，二氧化硫、氮氧化物排放总量减少15%的社会发展目标（中国造纸协会，2017b）。在产业发展的同时保护好生态环境不受破坏是林业生态安全的目标，但从林产工业发展对环境的影响看，我国主要的林产工业行业都面临环境保护的严峻压力，说明生态绩效偏低，产业和生态发展并不协调。

3. 资源保障不力

从统计数据看，2014年，全国商品材总产量略有减少，为8233.30万立方米。在全部木材产量中，原木产量7553.46万立方米，薪材产量679.84万立方米，东北、内蒙古国有林区木材产量比上年减少82.21万立方米，商品材产量持续调减。2015年，受国家天然林禁伐政策的影响，全国商品材产量为7218.21万立方米，比上年减少12.55%（国家林业局，2015，2016a）。随着进口木材因国际新法规以及技术和贸易壁垒的限制，造成了林木资源不同程度的紧张。我国商品木材对外依存度已经接近了50%，加上2017年全国范围内天然林禁止砍伐，木材资源的短缺进一步加剧。除此之外，木材市场林产品质量欠佳、缺乏知名品牌、出口遭遇壁垒多、劳动密集型企业没有比较优势、劳动力成本上升、科研投入不够、创新能力不强等问题也制约了我国林业加工企业的生存与发展。

商品材产量较大的省份基本集中在我国南方集体林区，分别是广西、广东、福建、山东、云南、安徽、湖南，这些省区的商品材产量超过400万立方米（于百川，2013）。从市场准入角度来看，由于木材商入门的门槛较低，木材进口商的队伍规模不断扩大，尤其是境外供应商处于市场垄断地位，庞大的中国买方市场演变为国外供应商控制的卖方市场，如何实现在公平合理的市场规则下满足企业对林木原料的需求，成为当下林业企业面临的难题。森林资源是不可移动的区域资源，它的存在及功能是有边界的，为满足国民经济和生态环境建设的需要，要求在一定范围内不同林种、不同林分在不同空间尺度上有比较均匀的分布，与森林生态系统及其功能不可分割。可以说，森林可持续经营与经济可持续发展已经成为新时代的主旋律之一。过去，林产工业发展对原始森林的破坏性利用，造成了林木资源严重短缺。现在，速生人工林的发展成为解决木材供应的有效途径。

2017 年，我国全面停止天然林商业性采伐，每年减少天然林采伐量近 5000 万立方米。为此，胶合板生产将有 2000 万立方米的原料缺口需要大径人工林或进口材替代，纤维板和刨花板有 3000 万立方米的原料缺口需要人工林和抚育材填补。同时，受就业及环境因素影响，我国进口木材受到部分原木出口国的法律、政策限制，各种贸易壁垒和非贸易壁垒出现亦有增加的趋势，长期依赖进口解决我国木材供给问题仍然存在不确定性，或对胶合板产量增长造成一定影响（钱小瑜，2016）。

解决林木资源短缺对林业绿色供应链协作具有重大意义。杨树产业集聚程度非常高的江苏邳州在发展板材业初期，主要依靠丰富的意杨资源库。板材产业集聚地单纯以本地区的杨木作为原料，已很难满足原料的供应要求；而且杨木的性能不稳定，越来越少的企业会选择杨木作为原材料，桉树替代杨树成为加工企业的首选，桉木单板已经逐步成为全国胶合板企业的主要原料。由于依靠本地林木资源发展家具产业已经不现实，多数企业从东北、云南、广西、广东、贵州等地购买原材料或者从国外如东南亚、加拿大等地进口原木来解决原料问题。这不但增加了企业的运输和物流成本，还提高了原料端供给的不确定性。一旦原木市场出现波动，企业的经营有可能陷入困境。邳州作为老板材基地正在逐渐丧失原有的资源优势，加工企业的成本优势也逐渐消失。由于缺乏稳定的原料来源，邳州林业绿色供应链加工制造环节的竞争优势逐渐因为资源保障不足而陷入困境（陈翩和丁杰，2014）。

与需求相比，木质林产品供给增速有所放缓，这与政府越来越重视生态文明建设的目标不谋而合（任艳梅等，2016），如何解决林木资源问题就至关重要了。国家林业局课题“‘十三五’时期社会对林业需求变化及影响因素研究”运用灰色预测法、多元回归法和指数平滑法对原木、锯材和人造板几种具有代表性的木质林产品供给发展趋势及供需缺口进行了预测，得出未来木质林产品供需均有所增加，但供给增长速度放缓，且原木供需缺口较大，锯材和人造板基本可以实现自给自足。研究结果显示：我国原木供给量将由 2016 年的 0.89 亿立方米上升到 2020 年的 1.03 亿立方米，预计 2025 年原木供给为 1.20 亿立方米，较 2012 年增长 61%；预计 2020 年锯材供给量为 0.94 亿立方米，较 2012 年增长 68%，2025

年达到 1.16 亿立方米，较 2012 年增长 109%；人造板供给量由 2016 年的 3.82 亿立方米上升到 2020 年的 5.13 亿立方米，2025 年供给 6.77 亿立方米，较 2012 年增长 173%。2016 年中国供给木质林产品 5.47 亿立方米，2020 年预计为 7.10 亿立方米，增幅约 30%，2025 年达到 9.14 亿立方米（见表 2－9）。

表 2－9　我国主要木质林产品供给及预测

年份	2004（万立方米）	2008（万立方米）	2012（万立方米）	2016（万立方米）	2020（万立方米）	2025（万立方米）	2012～2020		2012～2025	
							增长量（万立方米）	涨幅（%）	增长量（万立方米）	涨幅（%）
原木	4712	7357	7494	8885	10290	12045	2795	37	4551	61
锯材	1533	2841	5568	7558	9359	11611	3791	68	6043	109
人造板	6052	10456	24818	38235	51348	67740	26531	107	42923	173
全部	12296	20645	37880	54678	70997	91396	33117	87	53516	141

4. *社会带动能力薄弱*

林业绿色供应链中的林业企业都是嵌入当地社会网络的，需要承担一定的社会责任，要对当地居民、社会事业发展有所贡献，为林业企业创造更好的发展环境。林业具有进入门槛低、产业链条长、就业容量大、收益可持续的优势，脱贫增收潜力巨大（国家林业局，2017）。但我国林业企业的规模实力普遍较弱，林业企业以规模以下企业为主，规模偏小，经营管理能力和实力存在诸多问题，影响了社会带动能力。虽然大型林业企业重视雇佣关系，认为企业提供的雇佣机会也是他们对社会的主要贡献（Vidal & Kozak，2008），但我国林业企业吸纳就业的能力受到自身规模和实力的严重约束。国有林区企业在天然林保护、全面禁止天然林商业性采伐等林业政策约束下，开展国有林场的改革以图生存，增加岗位有限。为应对国内外林产品市场日益激烈的竞争压力，企业技术升级和设备升级往往增加的是专业技术岗位，对于全面带动社会就业作用有限。

第三章 目标—组织—过程框架下 FGSC 协作特性分析：与制造业比较

本章基于管理控制原理构建出目标—组织—过程分析框架，采用与一般制造业供应链协作比较的手段，从协作目标、协作组织和协作过程三方面分析林业绿色供应链不同于一般制造业供应链的协作特性，为基于计划行为理论的林业绿色供应链全产业协作机理的理论框架构建奠定基础。

一、基于控制原理的林业绿色供应链协作目标—组织—过程框架构建

为分析林业绿色供应链协作的特点，本部分首先提出特性分析的思路，然后基于管理控制原理构建与制造业供应链协作比较的目标—组织—过程分析框架。

（一）林业绿色供应链协作特性分析的思路

林业具有生态、经济和社会三大效益，是国民经济发展的基础性产业。林业横跨第一、第二、第三产业，也是产业发展和生态建设交织的复杂系统，其中的林业绿色供应链的有效协调是系统优化的关键。这不仅可以提升林业企业自身的竞争优势，还可以带动上下游产业的发展，突破单个林业企业管理的局限，实现产业供应链整体利益的最大化（张智光，2009）。林业绿色供应链协作的发展有助于解决林业产业资源支撑较弱、产业整体素质不高、森林资源培育与利用环节联系不够紧密等问题（刘东生，2009）。因此，林业绿色供应链协作活动的开展对于提高林业产业竞争力以及林业企业经营管理具有重要的战略意义。

供应链协作是供应链管理的核心（Laura，2001），上下游企业的协调运作是

优化社会资源配置、提高供应链整体绩效的关键（Fugate et al.，2006；陈剑，2011），但不同行业和产品类别供应链的协作特点具有较大差异（谢海涛，2014）。相关文献以林纸一体化企业为例给出林业供应链的概念定义，并对林业供应链管理进行了初步研究（Carlssonab，2005；张浩，2011；Espinoza et al.，2010），但林业供应链协作的基本特性和协作机理尚不清晰。而供应链协作文献多以一般制造业供应链协作为研究对象，探讨供应链协作内涵、协作契约、协作绩效及影响因素（Fisher，1997；Simatupang & Sridharan，2005；Cao & Zhang，2011；Marqui，2013；Hudnurkar et al.，2014；Ramanathan & Gunasekaran，2014）。

一般制造业应用供应链管理最广泛，具有典型性和代表性。与一般制造业供应链相比，林业绿色供应链具有原料来源林木生产周期长、供应链链条长、中间环节多、风险大、生态效益突出等重要差异性（张智光，2008）。与其他产业供应链如农业供应链、能源供应链相比，林业绿色供应链的源头——森林资源具有多年生长可再生的特点。林业绿色供应链协作部分符合一般制造业协作特点，但更具有自己的鲜明特色，导致现有供应链协作的理论知识和经验无法有效地应用并解决林业绿色供应链协作存在的问题。只有通过与制造业供应链协作特性的比较，才能抓住林业绿色供应链协作的特点。在做特性分析时应紧扣供应链协作的管理控制本质和林业绿色供应链的特点。通过与一般制造业供应链比较，辨识林业绿色供应链不同于制造业供应链协作的差异化特性，有助于核心企业层面、供应链管理层面和政府管理层面的管理者针对林业绿色供应链，制定差别于一般制造业供应链的协作管理策略。

（二）林业绿色供应链协作特性分析的框架

1. 管理控制系统结构及工作原理

管理控制是指管理者根据计划所规定的管理目标（控制目标），对计划执行情况和组织的内外部环境进行实时监测，分析判断已经发生和即将发生的各种偏差或偏差的影响因素，及时对计划采取纠偏或预防措施（控制措施）。控制并不是独立的管理步骤，是将管理过程串联起来的特殊管理职能。控制的目标与计划过程有关，控制措施的实施需要通过组织和领导来实现。从管理的控制维度看，控制过程可以把计划、组织和领导过程联系为一个有机系统，以保证计划目标的实现。

管理控制系统结构如图3－1（a）所示，管理控制的工作原理如下：①结果检测器（企业的质检部门、统计财务部门等）根据对执行过程（执行器）的阶段性结果输出进行实时检测，衡量实际运行的绩效并提供反馈信息，大的问题可能需要修改计划；②比较器（组织的管理控制信息的分析机构）根据反馈信息对组织运行状况进行分析和评估，与控制目标比较，诊断并评价组织的运行是否发生了偏差以及偏差的大小和性质；③反馈控制器根据偏差情况制定纠正偏差的开展方案并将控制方案的实施措施作用于执行器；④比较复杂的控制方案需要通过组织和领导过程才能实施，组织和领导过程根据计划和控制方案，采取相应的控制措施；⑤执行器按照控制措施的要求调整原执行行为或采取新的行动。

2. 基于控制原理构建供应链协作的目标—组织—过程分析框架

供应链协作本质上是管理控制问题，根据管理控制工作原理，供应链协作描述如下：①与计划目标相对应的是协作目标，协作结果通过结果检测器反馈到比较器；②比较器对协作运行状况进行分析评估，与协作目标相比较，诊断并评价协作的运行是否发生了偏差，以及偏差的大小和性质；③反馈控制器根据偏差情况制定纠正偏差的开展方案并将控制方案的实施措施作用于执行器；④协作组织过程根据计划和控制方案，制定相应的实施措施；⑤执行器根据控制措施的要求调整协作行为或采取新的协作行为，产生新的协作结果。由此，根据企业管理过程的控制系统结构和工作原理（张智光和达庆利，2010）推导出林业绿色供应链协作特性的目标—组织—过程分析框架，如图3-1（b）所示。其中供应链系统协作的核心要素是协作目标、协作组织和协作过程，协作组织需要通过动态有效的协作过程实现预期的协作目标。目标—组织—过程分析框架以一般制造业供应链为比较对象，根据林业绿色供应链内部与外部环境的特殊性，从协作目标、协

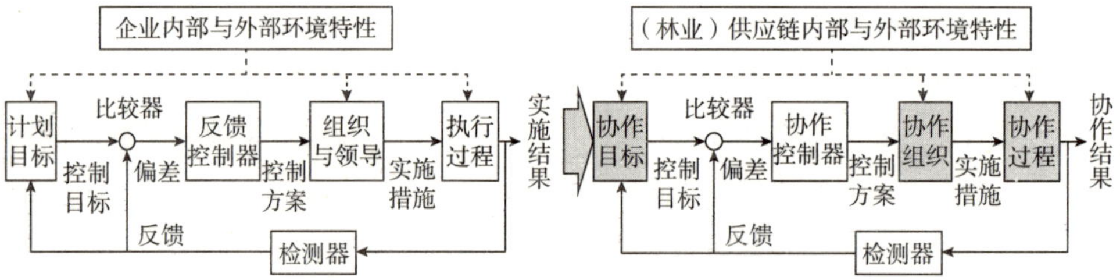

（a）企业管理过程的控制系统结构　　（b）供应链协作特性分析框架

图3-1　目标—组织—过程分析框架的构建

作组织和协作过程三个方面具体分析林业绿色供应链不同于一般供应链的协作特性。林业绿色供应链特性分析结果不但可以丰富和拓展现有供应链协作的基础理论，同时对于林业绿色供应链网络的营林企业、木材经销企业、加工制造企业、分销企业和最终用户开展供应链协作管理具有指导意义和应用价值。

二、林业绿色供应链协作的目标特性分析

林业承担着生态建设和林产品供给的双重任务，本部分具体分析林业绿色供应链协作在资源保障、价值优化和生态安全等目标上不同于一般制造业协作目标的特性。

（一）克服资源瓶颈制约

约束理论（Theory of Constrains）认为限制系统实现目标的并不是系统全部资源，而仅仅是个别瓶颈资源，因此找出制约系统的关键因素至关重要（王浩艺等，2014）。企业通常有三种类型的制约因素，分别是资源约束、市场约束和政策约束。林业绿色供应链协作参与者的市场约束和政策约束可以应对并解决，但资源瓶颈约束的克服比较困难。林业绿色供应链协作资源保障目标源于林木资源属于制约林业企业发展的瓶颈资源。一般制造业供应链在资源保障目标上由于资源相对稀缺程度低，资源需求可通过增加供给实现，制约性较弱。

林业绿色供应链协作的源头是营林业。我国营林业发展受制于自然条件、要素投入、林业政策等因素，不能满足林业加工行业的原料供给需求，原料的对外依存度较高。2015 年，我国进口原木及其他木质林产品折合木材 26655.82 万立方米，进口量占到木材供给总量的 48.32%，木材对外依存度已经接近 50%（国家林业局，2016b）。林业绿色供应链协作强调资源的重要性，这与林业绿色供应链的行业特点有关。作为相对稀缺的瓶颈资源，如果林木资源的供应得不到保障，林业绿色供应链将不复存在。缺乏原料供应，林业企业正常的生产经营就无法进行。林木资源从种植到成熟具有较长的自然生产周期，不像一般制造业的资源供给，只要有需求就可以开采或采购。

（二）优化多元价值取向

一般制造业供应链协作在价值优化上表现为单一的价值取向，即利润最大化。即通过供应链上下游企业紧密协作，实现快速设计、快速生产、快速配送、快速销售，缩短产品供应周期，实现对市场消费需求变化的快速反应。林业绿色供应链协作价值优化本质上是供应链林业企业间相互独立又相互关联的创造价值活动的集合，每个企业从事最有竞争优势的价值环节，供应链的整体价值就得到实现。但由于各个参与企业价值创造能力有差异，使得林业供应链价值优化目标具有多元价值取向。

林业绿色供应链协作在价值优化上一方面通过协调整条供应链上优势价值环节的活动，实现林业供应链整体的利润最大化的价值优化目标。另一方面通过供应链价值转移或者利润分配，减少价值创造能力低的环节或者增加主体参与供应链协作的积极性。例如，造纸企业将高价值制造环节的利润部分转移到林农或者林场，既能提高林农或林场的收入，增加营林积极性，企业本身也因此获得资源保障，甚至比自己造林的成本更低。另外，林业绿色供应链协作还给参与的林农带来一定的经济收入，具有解决贫困化的社会价值。

（三）保障林业生态安全

经济高速发展伴随越来越严重的环境污染，这已经成为社会关注的话题。制造业的大规模发展带来了废水污染、废气污染等一系列环境问题。2015 年，全国工业废水排放量 199.5 亿吨、工业源化学需氧量 COD 排放量 2193.5 万吨、废气中的工业氮氧化物排放量为 1180.9 万吨、工业二氧化硫排放量为 1556.7 万吨、工业烟（粉）尘排放量为 1232.6 万吨、一般工业固体废弃物产生量 32.7 亿吨，环境形势依然严峻，环境风险不断凸显，污染治理任务依然艰巨（中国环境保护部，2017）。对于一般制造业供应链协作而言，对生态安全产生的影响主要是环境污染的治理问题，目的是最大限度地减少对环境的破坏。

林业绿色供应链协作的生态安全目标不是单纯的森林生态安全和林业产业安全，它既要减少林业产业活动带来的环境污染，又要保障森林本身的生态安全，是生态—产业共生关系的安全（张智光和达庆利，2010）。林业绿色供应链的生态链特性是天然具有的绿色化特性，产业和生态和谐共生是林业追求的终极目标。以木材为加工对象的林业供应链协作活动不但对环境产生破坏，如纸浆造纸和木材加工活动排放废水、废气污染、固体废弃物、甲醛及粉尘等严重污染环境，更会因为追求经济利益过度利用森林资源而造成生态危机。除此之外，速生丰产林（如桉树、杨树）的大面积种植也带来树种单一化、土壤退化、病虫害等生态脆弱性的问题。所以，林业生态安全目标包含森林生态安全、林业产业生态安全和林业产业—生态共生安全三个方面。

三、林业绿色供应链协作的组织特性分析

供应链协作组织是供应链成员间为实现共同的协作目标，具有不同关系的企业构成的网络组织结构。本部分从横跨三次产业的复杂性、组织结构的多层次性、核心企业的强主导性、上游营林主体的分散性以及自然系统与社会系统互利共生性五个方面与一般制造业进行比较，得到林业绿色供应链协作组织的特性。

（一）横跨三次产业的复杂性

林业绿色供应链横跨林业三次产业，贯穿以营林为主的第一产业、以木材加工为主的林业第二产业以及以林产品营销和物流服务为主的第三产业。资源限制和资源再生又决定了林业产业发展和绿色生态建设的相互交织，使得林业绿色供应链协作管理的复杂性程度相比一般制造业供应链要高。对涵盖范围广、产业链条长、产品种类多的林业绿色供应链进行管理，既要协调具有不同目标的供应链协作伙伴的关系，又要应对供应链外部环境的不确定带来的冲击。分布在三次产业中的协作企业构成了林业绿色供应链的多个节点，协调好每个节点从而实现节点间活动的无缝对接，并保持网络的相对稳定，形成了林业绿色供应链协作组织系统的复杂性特征。林业绿色供应链协作组织通过林业供应链三次产业中的合作企业相互作用、相互促进，并与外部环境系统密切关联，形成一个高度开放的复杂性系统。例如，造纸工业是资金、技术密集型行业，生产流程长、产业关联度大，涉及林业、农业、水利、能源、土地、新闻出版等行业，汇集资金、资源、土地、资本、人才等各类要素，林浆纸绿色供应链组织也因横跨林业三次产业而格外复杂。

（二）组织结构的多层次性

一般制造业供应链协作的组织结构可以刻画为围绕核心企业形成的网链结构，包括供应商的供应商、供应商、核心企业、用户和用户的用户等，企业之间是市场交易关系，组织结构呈现单一层次性的特点。而林业供应链的内部横跨第一、第二和第三产业，并与外部环境有着密切的关联，既有纯粹的市场交易关系，也有产权支配关系，所以，林业绿色供应链协作的组织结构并不是单一的层次，而是介于纯粹的市场交易组织和纵向一体化间的泛供应链组织结构模式，是多层次的网络化结构。

林业绿色供应链协作企业围绕核心企业形成具有多层次性的网络化结构，可以分成核心层、紧密层、半紧密层和协同层等层次。以林—浆—纸供应链为例，核心层通常由制浆造纸企业或林浆纸集团公司（拥有自己的营林公司）构成，紧密层与核心层的关系类似林工一体化企业集团，半紧密层与核心层的关系属于比较稳定的战略联盟，协同层与核心层的关系相当于动态联盟或虚拟组织，如图 3－2 所示（张智光，2012）。

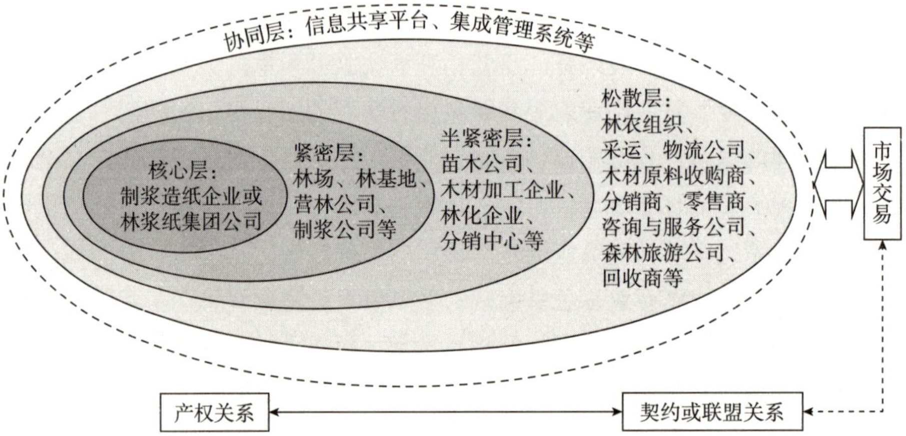

图 3－2　林业绿色供应链的多层次结构模型

以华泰集团“林—浆—纸”绿色供应链的组织形式为例，作为核心企业的制浆造纸公司和自营速生林基地是全资控股，协作方式是典型以内部管理控制为特征的集成管理协作，核心企业对于紧密层的大型速生林基地、大型林纸公司和大型纸浆厂由于产权上的控股关系，集成管理协作的程度相对较高，协作的紧密程度也相对较高；对于处于半紧密层的能源公司、化工公司、印刷公司、中小型林场，基于参股的产权关系，集成管理协作的程度进一步降低，以市场契约设计的利益协调程度逐渐提高；而对于以联盟关系（小型林场、林农组织、协作银行、物流公司、国际销售公司）或者委托关系（林农散户、设计公司、零售商店、木材机械公司、木材加工公司）形成的松散层协作企业，主要采用以市场契约为主的利益协调方式，以保障林木资源的供应（张智光，2012）。

（三）核心企业的强主导性

制造业供应链核心企业在供应链协作中发挥的是主导作用。一般而言，制造业供应链协作组织是由制造商充当核心企业，其他企业围绕核心企业形成协作网链结构。核心企业一般具有独特的竞争优势和竞争能力，通过有效地组织物流、信息流、资金流等供应链协作活动，以获得供应链利润的最大化。

供应链核心企业和协作企业间是基于经济利益的合作关系，核心企业并不具有控制其他企业的特权，在供应链的运作和管理中发挥的是组织和协调作用（卢松泉，2008），同时，协作企业参与多条供应链的协作。林业绿色供应链同一般制造业供应链相比，由于木材集中加工才能形成大规模生产效益，特定区域的林业供应链协作往往围绕原材料半径范围内的少数核心企业来开展，核心企业处于强势地位，在供应链协作活动的主导性比制造业更强。

林业绿色供应链核心企业一般具有资金雄厚、生产经营规模大、技术先进、核心竞争力突出、经营管理能力强等特性，主导了整个林业供应链协作活动，对供应链中其他参与企业具有很强的讨价还价能力，营林企业、木材经销商、分销商、物流商需要嵌入核心企业为主导的林业供应链，才能分享林业供应链协作整合带来的供应链绩效。林业绿色供应链核心企业通过供应链协作活动，可以带动协作企业和林农等共同发展。2013 年 12 月 19 日，国家林业局下发《国家林业重点龙头企业推选和管理工作实施方案（试行）》的通知，截至 2017 年 12 月 30 日，国家林业局先后公布了三批 418 家国家林业重点龙头企业名单，目的就是发挥在林业绿色供应链协作中具有强主导性的核心企业的示范性作用。

（四）上游营林主体的分散性

供应商是供应链协作组织的重要组成部分。一般制造业供应链上游协作依靠有限的供应商实现原材料和零部件的供应，总体趋势是改变传统供应商管理中利用多个供应商之间的竞争降低采购成本的做法，转变为依靠有限数量的供应商并与之建立长期紧密的战略协作关系，供应商甚至参与到设计和生产制造过程，供应商选择不但注重价格，更注重质量、服务和交货期等指标。与制造业供应链相反，林业绿色供应链协作组织中，上游终端供应商（营林主体）是数量众多的分散林户，营林主体的高度分散性增加了林业供应链的协作成本。为了克服原料瓶颈制约，核心企业需要发展与林农的多种形式的长期协作关系，如租赁或购买林农林地产权建立原料基地，从而将分散的林农纳入林业供应链的协作组织。

以家庭为单位的小规模、分散化经营是我国南方集体林区生产经营的主要经营形式，这是由过去的林业管理体制、林业政策、林业所有制、家庭承包经营制度、小农经济特点、林业资源分布等诸多因素形成的。集体林权制度改革并没有改变集体林区营林主体的分散化特征。截止到 2013 年底，我国基本完成明晰产权、承包到户的集体林权改革任务，1.86 亿公顷集体林地已确权 1.8 亿公顷，林木权属中个体林占42%，且70%的人工林为个体经营，1 亿农户拿到林权证，近 5 亿农民获得了真正意义的财产权（国家林业局，2013），说明个体经营在人工林增长中起到主导作用，也印证了林农经营的分散化特征。现阶段，从林业绿色供应链上游协作来看，林木经销商或者林业核心企业在集体林权制度改革后，交易谈判的对象由集体组织转变为分散的林农，交易成本相应增加，协调难度加大。

（五）自然系统与社会系统互利共生性

从协作系统的角度，一般制造业供应链协作组织属于社会系统，与自然系统具有负的相互作用关系。人类社会系统在开发、改造、利用和征服自然系统方面虽然取得了巨大的成就，但创造物质财富的过程不但消耗了自然系统的各类资源，更破坏自然系统的平衡，造成了环境生态危机。为了治理被污染的环境要付出更高的代价或成本，这就是一般制造业供应链协作关系上的特性：自然系统的单害性。和一般制造业协作不同，林业绿色供应链协作组织是自然系统和社会系统共生的系统，分别对应林业产业体系和林业生态体系，两者间不断进行着信息、物质和能量交换，是正向的相互作用，体现的是互利共生的关系。

生态学认为共生是物种间相互作用的结果，其本质是基于不同种属间的物质联系而长期存在的一种网络，网络成员间存在着复杂而交错的相互作用。共生关系包括偏利共生和互利共生 2 种模式，非共生关系包括偏害模式、单害模式和互害模式 3 种模式（张智光，2013）。林业绿色供应链协作系统是由自然系统和社会系统构成的，两者相互作用、相互影响、相互促进和相互制约，形成典型的共生关系（张智光，2011）。

林业绿色供应链协作系统偏利共生模式的结果，要么是自然系统向社会系统提供大量的经济产品，导致森林资源的破坏，要么是自然系统向社会系统提供足够的生态产品，但社会系统自身的发展难以为继。欧美林业发达国家的发展实践证明了林业产业和生态系统可以和谐共生。通过林业绿色供应链协作，自然系统和社会系统间建立互利共生关系，就能实现协同发展。林业绿色供应链协作组织的自然系统和社会系统的互利共生关系如图 3－3 所示。

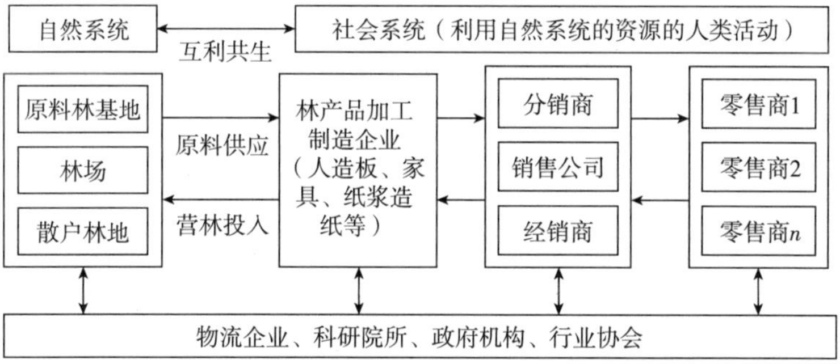

图 3－3 林业绿色供应链协作组织的自然系统与社会系统互利共生性

四、林业绿色供应链协作的过程特性分析

林业绿色供应链协作过程是一个多环节的物流过程，这个过程包括原料生长、采伐、加工制造、分销、消费、回收利用。本部分从协作过程的自然生产与社会生产交织性、时间特性、空间特性和高风险性四个方面与一般制造业供应链协作进行比较。

（一）自然生产与社会生产交织性

林业绿色供应链协作不同节点上有的物料处于自然生产过程，有的阶段处于加工制造、分销、消费等社会生产过程，所以是自然生产与社会生产相互作用的过程。资源依赖理论认为，供应链上下游之间通过协作获得互补性资源，形成供应链竞争力（Barney，1991）。从供应链协作单个环节考察，社会生产过程严重依赖自然生产过程，一旦自然生产过程和社会生产环节不协调将导致林业绿色供应链的断裂，因而林木资源是林业绿色供应链上下游过程协作的最重要资源。

一般制造业供应链协作过程由于不涉及具有自然生产周期的物质原材料，仅仅是社会生产过程各环节的协作。而林业绿色供应链协作则是上游的自然生产过程和下游的社会生产过程交织，这是其与一般制造业供应链协作相比的重大差异，如图3－4所示。林业绿色供应链的营林、加工制造、分销、消费构成了林业供应链的四大主要环节，营林环节主要是自然生产过程，后面三个环节构成社会生产过程。

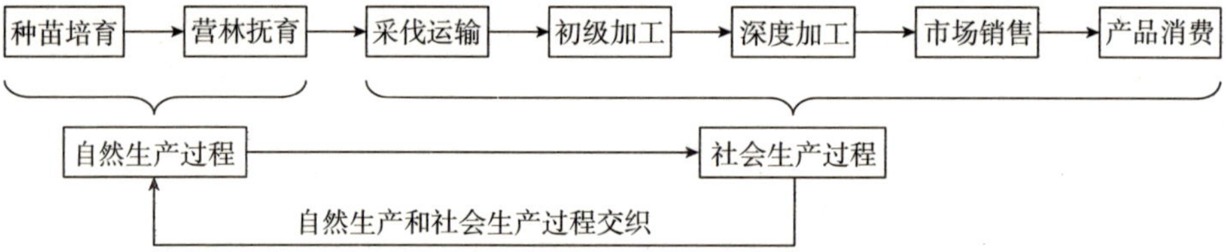

图3－4 林业绿色供应链协作过程的自然与社会生产交织性

（二）时间特性

在尽可能短的时间内快速响应市场需求是一般制造业供应链协作过程的要求。20世纪60年代的企业间竞争的主要因素是成本，到70年代时竞争的主要因素转变为质量，进入80年代以后竞争的主要因素转变为时间（许庆瑞等，2005），焦点是压缩从产品开发到产品交付再到顾客手中的时间。制造业供应链核心企业必须协调所有参与企业的运作才能够降低整个供应链响应时间，快速响应市场需求是制造业供应链竞争的有效手段。林木生产的周期性使得营林和加工环节的无缝对接和快速响应客户需求存在巨大的障碍，决定了林业绿色供应链协作过程在需求响应方面的时间滞后性。

在现有技术经济条件下，林业绿色供应链协作过程中营林自然生产过程的时间周期压缩的可能性有限，即使轮伐期短的速生桉树也需要 6 年以上才能采伐。林业绿色供应链协作过程贯穿种苗、营林、加工、分销和消费环节，越靠近市场的环节对市场变化反应速度越快，越靠近原料端由于林业生产的周期性特点对市场变化的反应越慢。所以，不同于一般制造业供应链协作快速响应市场需求，林业绿色供应链协作过程的需求响应滞后性较大。

（三）空间特性

一般制造业供应链协作过程基于成本、时间的考虑往往是围绕核心企业建立供应商协作体系，区域跨度相对较小。协作过程区域上的典型类型是产业聚集，即大量和最终产品相关的企业在地理位置上的集中，产生规模效应和范围效应。林业绿色供应链协作过程则需要进行大跨度的区域协作，这与我国森林资源分布和加工产业分布不均衡有直接的关联。

在我国林业产业快速发展的同时，林业产业的布局问题越来越突出。从产品品类布局来看，林业产业尤其是林产工业的布局，生产企业基本上处于远离原料基地又脱离消费市场的“二不沾”状态，产业链和消费链很不完整，物流成本过高。例如，木浆造纸企业多分布于东南沿海地区，主要依靠速生材和进口木浆（片、废纸）生产。从区域布局来看，基本上是东强西弱，林木资源情况好的地区林业产业不一定发达，而林木资源少的地区尤其是东南地区的林业产业却非常活跃（王满，2011）。依据国内价值链理论，林业绿色供应链协作过程的区域跨度广泛性具体表现在：林业绿色供应链协作的国内原料供应需要从资源丰富的中西部区域获得，供应链的研发、加工和销售集中在东部经济科技发达地区，需要加工企业与营林企业、采伐企业、物流企业、经销企业大跨度的区域协作才能创造更高的价值。

（四）高风险性

从供应链协作的角度，林业绿色供应链协作风险分为内部风险和外部风险两类。内部风险包括道德风险和信息风险；外部风险包括自然风险、政策风险和市场风险，林业绿色供应链协作风险分类如图 3－5 所示。

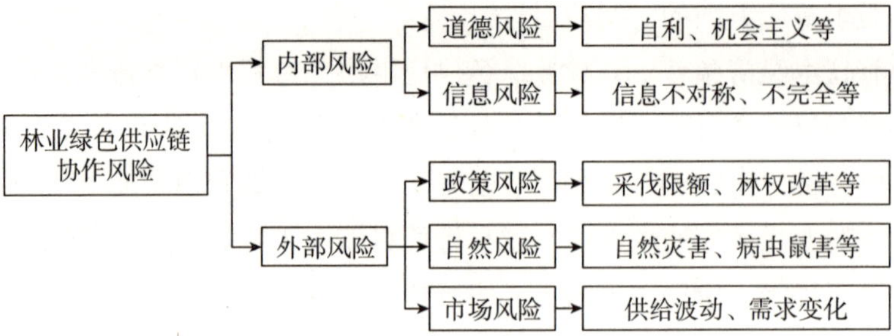

图 3-5 林业绿色供应链协作风险分类

1. 道德风险

道德风险是行为主体追求自己的最大化利益而采取机会主义行动带来的不确定性。参与林业绿色供应链协作的林农、林场、木材经销商、加工制造企业、分销商作为独立的利益主体，可能为了私利而不遵守合同或契约，具有浓烈小农意识的林农存在较高的道德风险。

2. 信息风险

信息风险是信息不对称和信息不完全产生的不确定性。信息不对称主要是林业绿色供应链中下游如加工企业掌握的市场信息量大、质量高，而林产品供应链的上游则是众多分散的农户（林农），信息量有限；信息不完全主要是因为林业绿色供应链链条长、网络分散、参与主体的信息化水平低下，林产品市场信息不能快速反馈到林业绿色供应链上游。而一般制造业供应链的信息化程度比林业绿色供应链的信息化程度高，林业绿色供应链协作的信息风险相对高一些。

3. 自然风险

自然风险是指林木自然生产过程中的自然灾害和病虫鼠害等灾害性因素造成损失的可能性，这些灾害因素的发生影响了林业原料的供给，使自然风险对林业绿色供应链协作产生的影响比一般制造业供应链协作要大。

4. 政策风险

政策风险是指国家的林业宏观调控和管理政策变动带来的不确定性，如林产品出口退税政策加剧了林业供应链原料供给的短缺（李尚治，2012）；集体林权改革加剧了林地细碎化程度（孔凡斌，2012）；商品林木材限额采伐政策的刚性以及采伐成本过高导致林户林地经营积极性下降（何文剑和张红霄，2014）；地方政府因为生态优先建设政策很容易割裂林业产业和林业生态的关系（谢煜和张智光，2014）。

5. 市场风险

市场风险是指林产品需求和供给的不均衡导致的林产品市场价格的波动和价值实现困难，即市场的不稳定性给林业所带来的风险。以家具为例，国内家具市场随着“80 后”“90 后”消费群体的出现，西式家具市场也由过去的共性需求转为趋向更加个性化的需求（张梦娇和姚浩然，2014），从而加剧了家具供应链协作的市场风险。市场风险对于林业绿色供应链协作的影响与一般制造业供应链协作相比差别不大。

由于自然风险、政策风险、道德风险和信息风险对林业绿色供应链协作影响高于一般制造业，而市场风险的影响差别不大，所以一般制造业供应链协作风险属于中等风险，而林业绿色供应链协作风险属于高风险。

（五）与一般制造业供应链协作比较

本章基于管理控制原理构建了目标—组织—过程分析框架，结合林业绿色供应链的特点，以一般制造业为比较对象，从协作目标、协作组织和协作过程三个方面，系统分析了林业绿色供应链协作不同于一般制造业供应链协作的具体特性（见表 3－1），得到以下基本结论：林业绿色供应链协作在目标上具有克服资源瓶颈制约、优化多元价值取向、保障林业生态安全的特性；在协作组织上具有横跨三次产业的复杂性、组织结构的多层次性、营林主体的高度分散性、核心企业的强主导性及自然系统和社会系统互利共生性的特性；在协作过程上呈现自然生产和社会生产过程交织性、区域跨度广泛性、响应需求时间滞后性和高风险性的特征。

表 3－1 林业绿色供应链和一般制造业供应链协作特性的比较

比较类别	比较项目	一般制造业供应链	林业绿色供应链
协作目标	资源保障	制约性较弱	瓶颈问题
	价值优化	单一价值取向	多元价值取向
	生态安全	主要是环境污染问题	除环保外，还要保障森林生态安全性
协作组织	横跨三次产业组织结构	复杂性高以单层次为主	复杂性更高、多层次性
	核心企业	核心企业的主导性	核心企业的强主导性
	原料供应商	有限供应商	营林主体的高度分散性
	组织间关系	自然系统的单害性	自然与社会系统互利共生性

续表

比较类别	比较项目	一般制造业供应链	林业绿色供应链
协作过程	自然和社会性	社会生产过程	自然生产和社会生产过程交织性
	时间特性	快速响应性	需求响应的滞后性较大
	空间特性	区域聚集性	区域跨度广泛性
	风险特性	中等风险性	高风险性，风险因素的多样性

由于上述这些差异性，在林业产业和企业管理工作中，林业绿色供应链协作应该采取与一般制造业供应链协作管理不同的差异化策略和思路。具体而言，在供应链协作的目标上不但要优化多元价值取向，更要解决资源瓶颈问题和保障生态安全；在协作组织的构建中应该考虑横跨三次产业的复杂性，构建多层次的协作组织体系，发挥核心企业的主宰性，研究和林农建立长期协作的可能性，建立互利共生的林业供应链协作系统；在供应链协作过程中要充分考虑自然生产和社会生产的交织性，克服需求响应的滞后性，开展大跨度的区域协作，控制协作过程的风险。本章的研究结论为林业绿色供应链全产业协作机理的 SEM 理论框架构建奠定了基础，也为管理者制定林业企业供应链协作策略提供依据。

第四章　基于计划行为理论的 FGSC 全产业协作机理理论框架构建

第三章从协作目标、协作组织和协作过程三个方面，研究了林业绿色供应链协作不同于一般制造业供应链协作的具体特性。根据协作特性分析结果，本章首先依据计划行为理论构建林业绿色供应链全产业协作机理的结构方程模型（Structural Equation Model，SEM）理论框架，然后对林业绿色供应链协作机理概念模型中潜变量间的关系提出理论假设，并对模型涉及的 7 个潜变量进行界定。为林业绿色供应链全产业协作机理的 SEM 实证分析提供实证检验的依据。

一、林业绿色供应链全产业协作机理的理论分析

本部分先对林业绿色供应链协作系统结构进行分析，接着利用计划行为理论导出林业绿色供应链协作行为的影响因素，进而构建林业绿色供应链全产业协作机理理论框架。

（一）林业绿色供应链协作系统结构分析

林业绿色供应链协作将供应链上的林业企业视作一个整体，在经济、生态、资源和社会等目标驱动下通过沟通、激励、信息共享、信任、决策等一系列协作流程，完成预期协作目标，最终实现协作的经济、生态、资源、社会等绩效，再反过来强化供应链协作的经济、生态、资源和社会等目标。如此往复循环，形成闭环的林业绿色供应链协作系统结构。林业绿色供应链协作绩效主要体现在四个方面：一是经济绩效，即通过协作实现供应链成员经济利益的最大化；二是生态绩效，即通过协作在减少对环境破坏的同时保证林业生态安全；三是资源绩效，

即保障林木资源供给使供应链协作具有稳定的林木资源基础；四是社会绩效，即通过林业供应链协作带动周边社会发展和就业，履行社会责任。

根据上述的目标、过程与绩效的作用关系，本书把林业供应链协作系统结构分为三部分：供应链协作目标、供应链协作过程、供应链协作绩效，从全产业协作的视角构建林业绿色供应链协作系统结构框架，如图 4－1 所示。

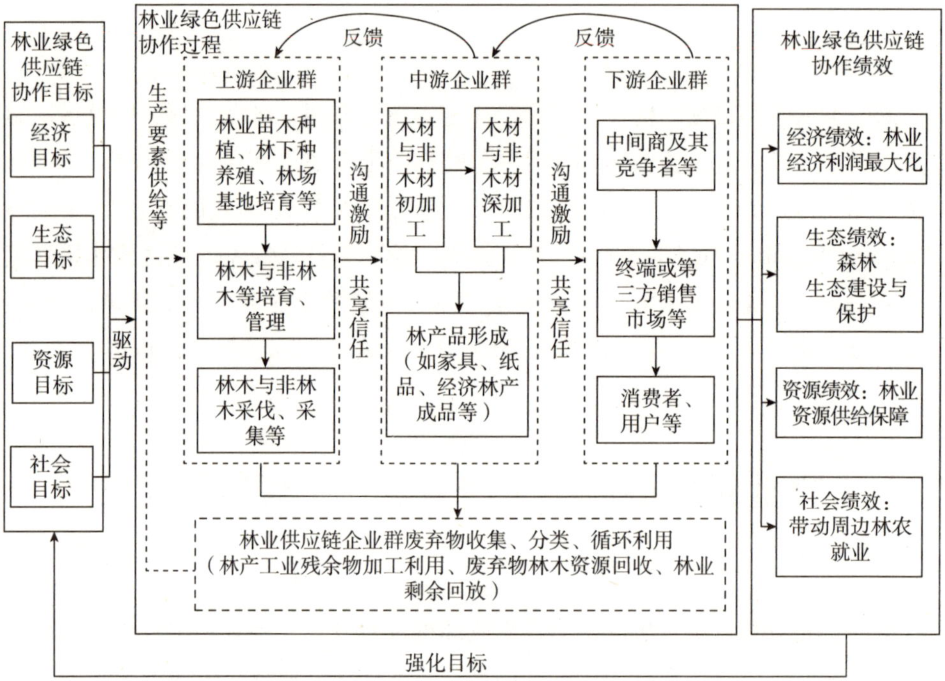

图 4－1　林业绿色供应链协作系统结构框架

对图 4－1 林业绿色供应链协作系统结构框架的进一步分析如下。

第一，林业绿色供应链协作主体按照在供应链中的位置分为上游企业群、中游企业群、下游企业群，这三类企业群是整个供应链协作中的不同主体。上游企业群是直接提供林业供应链协作所需原材料的主体；中游企业群是林业供应链协作的中间过程主体；下游企业群是林业供应链协作的保障和终端销售主体。首先，上游企业群通过林业苗木种植、林下种养殖、林场基地培育等营林过程，产生的种苗等流向林木与非林木培育或管理企业，到轮伐期后再经由林木与非林木采伐、收集作业程序，经运输公司等物流服务商提供给中游企业群。中游企业群经过初加工到深加工的加工过程，将原材料转化成为林木产成品，如家具、纸品、经济林果等，提供给下游企业群。下游企业群通过中间商及其竞争者等销售给终端或第三方市场中，最终到达消费者或用户手里。此外，三类企业群在生产加工过程中产生、排放的废弃物通过循环处理技术将林产工业残余物加工利用、废弃物林木资源回收、林业剩余回放，经过收集、分类、循环处理后的物质，再提供给上游企业群使用。

第二，为了林业绿色供应链协作系统正常运作，本书拓展了巴纳德的社会协作系统学派理论，将社会协作系统要素共同目标、协作意愿和信息沟通拓展为上游、中游和下游三类企业群在供应链协作系统作用过程中的协作目标、协作过程和协作绩效。只有满足协作目标，执行协作过程才能达到协作绩效，实现林业绿色供应链协作系统的稳定运行。协作目标具有驱动作用，可理解为激励协作行为而提供的诱因，当诱因高于牺牲时，协作行为就会发生，协作行为的结果就是协作绩效。绩效检验了整个协作系统是否达到预期的共同目标，它反过来又能强化协作目标，形成由整个协作系统构成的闭环供应链循环结构。林业绿色供应链协作系统的稳定性主要取决于上中下游三类企业群间的相互作用。

（二）基于计划行为理论的林业绿色供应链协作绩效的影响因素分析

在林业绿色供应链协作系统结构框架分析的基础上，本节利用计划行为理论（Theory of Planned Behavior，TPB）对林业绿色供应链协作系统的影响因素进行分析。计划行为理论最初主要应用于社会心理学领域，现已被广泛应用到经济学、管理学等领域。计划行为理论认为，主观规范、行为态度和知觉行为控制直接影响行为意向，行为意向直接决定行为的发生；特定情境下，知觉行为控制除了通过行为意向间接影响行为，也可能直接对行为产生影响（Ajzen，1991），计划行为理论框架如图 4－2 所示。下面对影响行为意向的三个关键变量——行为态度、主观规范和知觉行为控制解释如下。

行为态度是指个体对某种行为喜欢或不喜欢程度的评价。计划行为理论认为行为信念影响行为态度。行为信念主要由行为信念强度和行为结果评价两部分构成。信念强度指对行为结果能够实现的期望程度；行为结果评价指对行为结果积极或消极的评价。他们共同决定行为态度，行为态度通常是行为意愿最有力的预测变量。

主观规范是指个体在决策时所感知的重要他人带来的社会压力，这里的重要

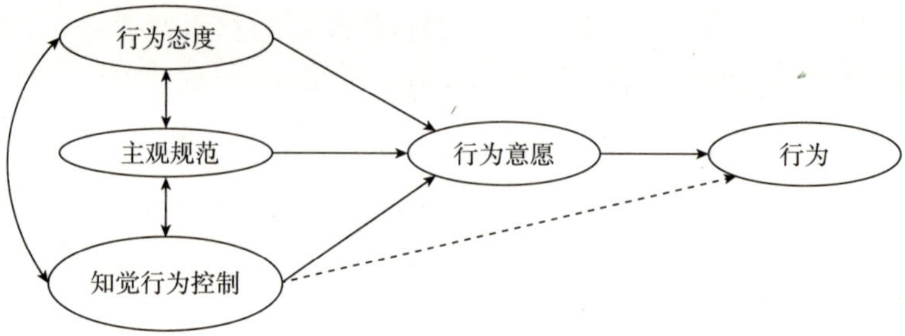

图4-2 计划行为理论框架

他人可以是亲人、朋友、同学、公众和政府。主观规范由两部分构成：一是规范信念，指个体感知的重要他人希望其做出某个决策的程度；二是服从动机，指个体是否愿意服从重要他人或组织的期望。规范信念和服从动机构成了主观规范的内涵。

知觉行为控制指个人感知的实施某种行为的难易程度。知觉行为控制同样由两部分影响。一是控制信念，即个体感知到的促进或阻碍某一特定行为发生的因素，如信息、资源、金钱等；二是控制强度，即个人感知的因素对决策的影响程度。

林业绿色供应链全产业协作是供应链参与企业如何进行协作的行为集合，供应链协作过程表现为所有供应链参与企业为实现供应链共同目标而对供应链协作活动的决策和执行，且供应链协作横跨林业三次产业。已有文献分析表明，计划行为理论被广泛应用于一定情境下的个人行为和企业行为的研究（Ajzen，1991；段文婷，2008；Kautonen et al.，2013；李柏洲等，2014；陈娟等，2015）。TPB理论的提出虽然基于个体行为层面，但企业作为行为主体，其行为的内在逻辑与作为个体的行为主体具有相似之处（林英晖等，2016）。经济学对企业或者厂商的基本假设就是以利润最大化为目的的“经济人”，企业的行为是一种理性的经济行为。企业行为和个人行为虽有不同，但企业活动的核心是人，管理者决策对企业行为的发生具有决定性的作用（张君和姜启军，2015）。计划行为理论可被用来解释中小企业的行为决策，因为企业最终由人掌控（Southey，2011）。所以，计划行为理论除应用于个体层面的行为研究外，也逐渐成为企业层面行为研究的重要理论基础（林英晖等，2016；张明月等，2017），另外林业绿色供应链协作行为还受到交易成本理论、资源依赖理论等影响。林业绿色供应链协作处理的就是林业企业间的协作行为，把计划行为理论作为协作行为机理的基础是适合的。将计划行为理论应用于林业绿色供应链行为可以发现，作为有限理性的个体，林业绿色供应链企业协作行为受到行为意愿的影响，行为意愿受到行为态度、主观规范、知觉行为控制的直接影响。总体而言，协作行为最终取决于能否通过协作获得比单独活动更大的综合利益。

计划行为理论认为行为意向是最直接影响个人实际行为的因素，受到个人行为态度、主观规范和知觉行为控制三因素的共同影响，行为的发生间接受到行为态度、主观规范和知觉行为控制的间接影响。计划行为理论提出后，大多数研究结果支持计划行为理论，被证明有很强的适用性，行为态度、主观规范和知觉行为控制可分别解释27%的行为方差和39%的行为意愿方差（Armitage & Conner，2000；林英晖等，2016）。但该理论的假设可能还存在不完全的情况，学者在使用TPB理论时会根据研究实际情况进行必要的修改。学者应用TPB理论时倾向于使用行为意向替代实际行为展开研究，但是也有缺陷，因为行为意愿并不代表产生行为和行为绩效。

本书根据计划行为理论框架结构，按照林业绿色供应链协作主体行为的特性，从行为态度中抽取协作激励变量，从主观规范中抽取协作信任和协作沟通变量，从知觉行为控制中抽取林木资源依赖、协作决策和信息共享变量，构建林业绿色供应链协作绩效的影响因素结构及运行机制，如图4－3所示。具体而言，本书使用行为意向的三个主要影响因素行为态度、主观规范和知觉行为控制替代行为意向，用行为绩效替代行为变量。林业绿色供应链协作绩效受到行为态度、主观规范、知觉行为控制三类变量的共同影响，它们相互交织，共同组成了影响因素体系。

影响因素体系具体分析如下：①行为态度对行为意向和行为的影响不但在个体层面，也在企业行为层面得到验证，协作激励在共同利益刺激而激发出的紧密协作，是协作伙伴产生协作行为的关键因素（Oliva & Watson，2011；Cao & Zhang，2013）。②主观规范反映的是外界重要他人或团体对个体行为决策的影响。推演到企业层面，当企业感知协作成员对开展协作行为的压力越大时，产生协作行为的意愿就越强烈。缺乏信任的协作关系往往面临双方的机会主义风险，彼此防范压力，协作信任可认为属于主观规范；协作沟通是指信息在供应链伙伴间接触和信息传递的过程，沟通有效解决企业间的冲突（李自杰等，2010），减少信息不对称的压力，可认为属于主观规范范畴。③知觉行为控制反映的是个体

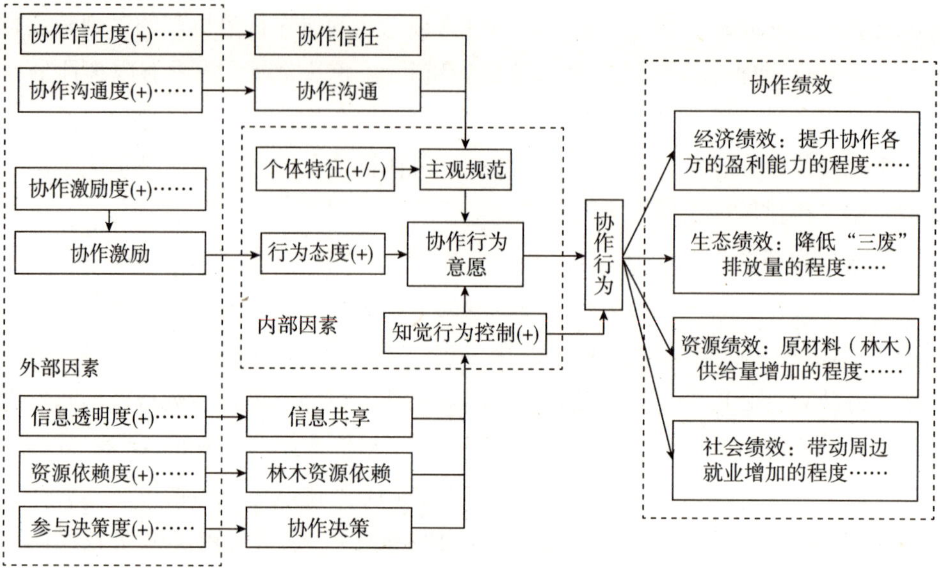

图 4－3　基于计划行为理论的林业绿色供应链协作绩效的影响因素结构及运行机制

对促进或阻碍执行行为因素的知觉。其中林木资源依赖是林业绿色供应链协作行为起始的潜变量，也是最重要的影响因素，因为如果整个供应链的林木资源供给出现短缺，整个供应链将无法运行，克服林木资源依赖是林业绿色供应链全产业协作的出发点。协作决策是供应链协作企业面对环境变化不断克服认知限制，做出优化协作行为的选择方案，是感知行为控制的重要因素。信息共享是指供应链成员企业为了有效协作，必须及时和供应链协作伙伴传递和分享各种各样的信息，信息共享程度决定了供应链协作行为产生的难易，所以属于知觉行为控制。

基于以上分析，本书认为林业绿色供应链协作行为受到行为态度、主观规范和知觉行为控制的影响，其中行为态度对应协作激励；主观规范包括协作信任、协作沟通；知觉行为控制包括林木资源依赖、协作决策和信息共享。林业绿色供应链协作的行为意向直接决定协作作为，进而产生相应的经济绩效、生态绩效、资源绩效和社会绩效。林业经营具有长期性的特点，林业绿色供应链具有资源链、价值链、生态链“三链合一”的特点，林业绿色供应链协作仅仅注重经济绩效不重视生态绩效、资源绩效，导致的结果是森林资源得不到保障、生态环境遭到破坏，取得的经济绩效只能是短期的，不可持续的；同时，林业绿色供应链协作如果不能产生社会绩效，满足利益相关者的利益诉求和带动社会发展，经济绩效同样不可持续。

（三）林业绿色供应链协作机理的结构方程模型（SEM）理论框架构建

1. SEM 方法及建模步骤

结构方程模型（Structural Equation Model，SEM）也被称为潜变量模型，是应用线性方程系统表示观测变量与潜变量之间以及潜变量之间关系的一种统计方法，是通过建立、估计和检验因果关系模型用以验证某些理论假设是否适切的科学化、系统化和定量化的社会科学分析方法。结构方程模型方法是将因素分析、多元回归和路径分析相结合的多元统计技术，已经在心理学、管理学、社会学等社会科学领域得到广泛应用。在社会科学、经济、管理等领域有时需要同时处理多个变量之间的关系，而且在这些领域有很多变量都是不可以直接观测的，这种变量叫作潜变量，传统的统计方法并不能很好解决这些问题。而结构方程模型方法正好能弥补传统统计方法的不足，从而成为多元数据分析的重要工具。

SEM 基本模型包含两类变量：观测变量（显变量，模型中的观测指标，可以直接测量的变量）和潜变量（隐变量，不可直接测量的变量，由多个观测变量形成的难以测度的抽象概念）。观测变量可以直接观察并测量，潜变量无法直接观察并测量，必须通过观测变量来反映。SEM 既可描述观测变量与观测变量之间的关系，又可描述观测变量与潜变量之间的关系。SEM 包含测量模型和结构模型两个基本模型。其中，测量模型描述的是 SEM 观测变量间、观测变量与潜变量之间的关系，结构模型描述的是 SEM 不同潜变量之间的关系。

SEM 中的测量模型反映了潜变量与观测变量间的关系，可以用矩阵方程式表示为：$X = \Lambda X\xi + \delta$，$Y = \Lambda Y\eta + \varepsilon$，其中 ΛX 和 ΛY 为指标变量（X、Y）的因素负荷量，δ 和 ε 为观测变量的测量误差，ξ 和 η 分别为外生潜变量与内生潜变量。结构模型反映潜变量间因果关系模型，可以用矩阵方程式表示为 $\eta = B\eta + \Gamma\xi + \zeta$，其中 B 和 Γ 为路径系数，B 反映一些内生潜变量对其他内生潜变量的影响，Γ 反映外生潜变量对内生潜变量的影响，ζ 为误差项（吴明隆，2010）。

结构方程模型的应用主要有五个步骤：①模型设定。模型设定要有理论为基础，需要强调的是 SEM 是一种验证性方法，而非探索性方法，此阶段根据研究假设来建立初始的理论模型，一般大多采用路径图的形式来表示。②模型识别。决定所设定的模型是否能够满足估计参数求解。由于初始的理论假设模型设定存在一些问题，导致模型不可识别，一般是因为结构方程组中待求系数太多而方程数太少，使得模型不可识别。③模型估计或模型拟合。选择所需要的数据输入方式，求解模型中各个参数的估计值，从而进行模型估计，模型参数可以采用几种不同的方法来估计，最常使用的模型估计方法是最大似然估计（Maximum Likelihood Estimation）。④模型评价。对研究所提出的变量之间关联情况与实际数据的拟合情况进行评价。⑤模型修正与解释。对理论模型进行拟合性检验，如果模型的拟合程度不好，则需要对模型进行修正并再次检验，直到得出一个拟合性很好的模型为止，最后要对结果进行解释（邱皓政和林碧芳，2009）。

与传统计量方法（OLS 等）相比较，SEM 结构方程模型的优势是可同时估计多个潜变量，容许潜变量和观测变量均含测量误差，通过实证可同时估计潜变量与观测变量间的结构和关系，保留与潜变量关联较强的观测变量而剔除与潜变量关联较弱的观测变量，既能客观检验各显变量对于所属潜变量的有效性，又能验证显变量与潜变量测量的信度和效度，还能揭示观测变量与所属潜变量的隶属程度和作用方向。在传统路径分析中只能估计每一路径（变量间关系）的强弱，而在结构方程分析中可以计算不同模型对同一个样本数据的整体拟合程度，从而判断哪一个模型更接近数据所呈现的关系（侯杰泰等，2004）。

2. 林业绿色供应链协作机理的 SEM 模型理论框架构建

回归分析方法只能考察显变量之间的相关关系或依赖关系，不能处理潜变量之间的关系，且无法考虑测量误差。而且，如果各变量间的关系比较复杂，如存在多个因变量、各变量互为因果或变量间存在较强的中介效应，回归分析方法将不再适用。本书之所以选用结构方程模型 SEM 来构建林业绿色供应链协作机理模型的理论框架，就是因为机理模型有多个难以直接观测的潜变量且潜在变量间的作用路径不止一条，用传统的回归方法难以处理，此外，潜变量间关系的建立在理论分析的基础上，也符合结构方程模型理论先验性的特点，使用结构方程模型方法处理非常适合。

以计划行为理论为基础构建结构方程模型是现有文献研究的主流，侯博和应瑞瑶（2015）基于 TPB 和 SEM 研究了农户的低碳生产行为决策，万亚胜等（2017）基于安徽省金寨县农户的调查数据，选用计划行为理论和结构方程模型，探究宅基地退出意愿与退出行为的影响因素，并对比其差异，以计划行为理论为理论框架，采用 PLS－SEM 方法实证了环境态度、主观规范、感知行为控制对绿色感知价值的影响机制（高键，2018）。SEM 模型构建一般先根据相关文献分析，确立各个潜变量，再根据已有理论、文献和经验，确定潜变量之间的关系。

本书根据林业绿色供应链协作绩效的影响因素结构和运行机制，构建协作机理 SEM 模型的理论框架。首先，建立林业绿色供应链协作机理 SEM 模型的测量模型和结构模型，如图 4－4 所示。其中结构模型反映潜变量与潜变量之间的关系，测量模型反映潜变量与观测变量之间的关系。图中 X_1 到 X_7 为潜变量，不可直接观察，分别表示资源依赖、协作信任、协作沟通、信息共享、协作决策、协作激励和协作绩效，这些潜变量间的关系构成结构模型，如图 4－4 中的实框阴影部分所示。X_{1i} 到 X_{7i} 为观测变量，可以直接观察；λ_{X1i} 到 λ_{X7i} 代表因素负荷量，负荷量越大，表示观测变量能够反映潜变量特性的程度也越大；误差项 e_{X1i} 到 e_{X7i} 表示各观测变量的测量残差，表示观测变量不能够反映潜变量特性的程度。潜变量与观测变量之间的关系构成测量模型，如图 4－4 中的虚框所示。

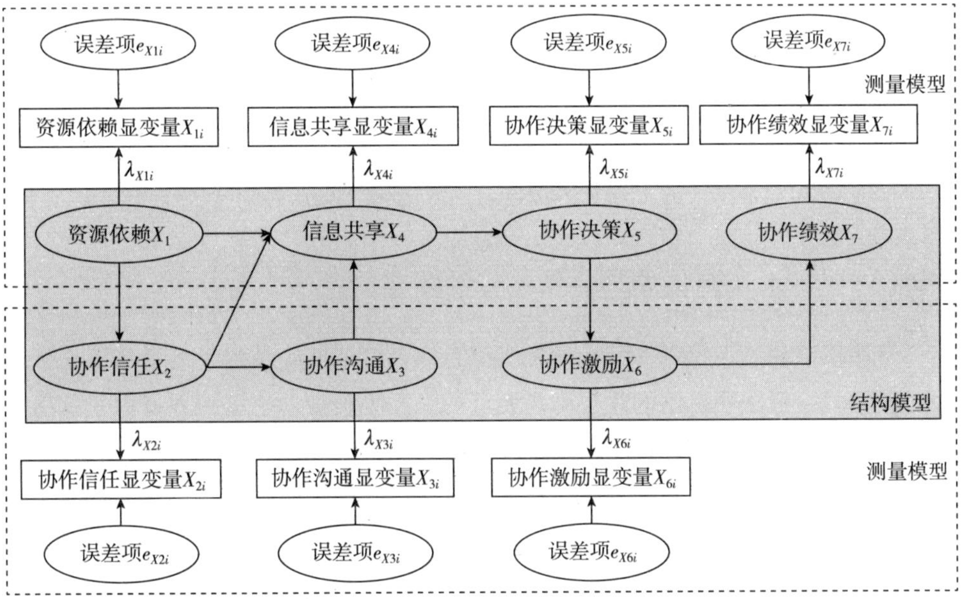

图 4－4　林业绿色供应链协作机理 SEM 模型的测量模型和结构模型

其次，根据 SEM 和图 4－3 基于计划行为理论的林业供应链协作结构及运作机理研究，构建如图 4－5 所示的林业绿色供应链 SEM 协作机理模型的理论框架。

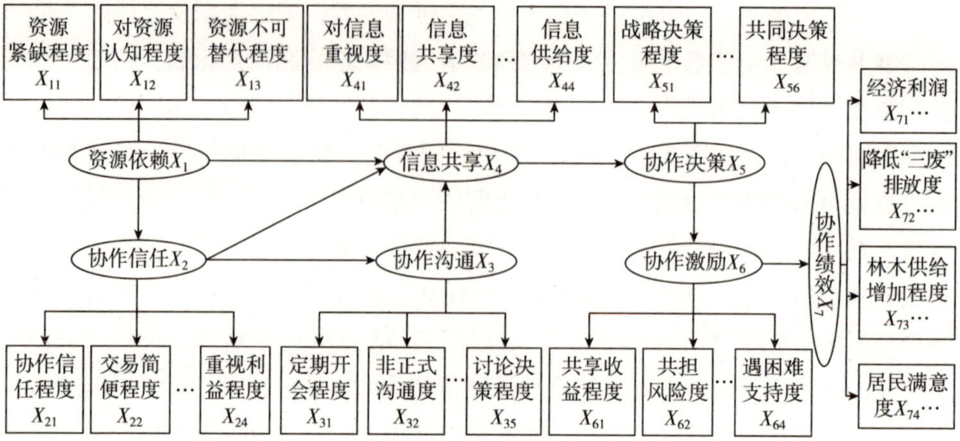

图 4-5　基于结构方程 SEM 的林业绿色供应链协作机理模型理论框架

二、林业绿色供应链全产业协作机理的研究假设

（一）林木资源依赖与协作信任的关系

资源依赖理论不仅认为“组织需要适应环境”，而且强调“组织企图积极地面对环境，希望按照自己的优势来控制环境，而不是被动地作为环境力量的接受者”（Pfeffer & Salancik，1978；吴小节等，2015）。林业核心企业积极面对环境，主动控制环境的战略选择就是建立林业供应链，开展林业供应链协作活动，为市场提供顾客满意的林产品。由于供应链中的上下游企业间协作存在信息不对称和交易成本太大的问题，管理具有不确定性的外部资源就非常有必要，外部资源获取的不确定性越高，组织对外部资源依赖越大（宋华，2009）。资源依赖与战略联盟关系研究表明，企业对战略联盟的资源依赖性越大，越倾向于参与该战略联盟的合作中。因为通过与其他组织形成战略联盟，企业可以获取其他组织控制的关键性互补资源，减少对外部环境的依赖性以及避免来自其他竞争者的威胁（吴小节等，2015），这里的战略联盟实际是类似林业绿色供应链协作组织。依据资源依赖理论，供应链核心企业不可能拥有全部的资源，林业绿色供应链林木资源

的外部获取存在高度的不确定性，需要通过供应链协作以获得或者控制具有战略性质的林木资源。林木资源决定的不仅仅是组织间的依赖，而是整个林业绿色供应链的生死存亡。林木资源对组织生存的极端重要性和不可替代性，决定了林业绿色供应链的资源依赖程度高于一般制造业。

林木资源依赖对供应链协作信任具有直接的影响。一般制造业的信任往往是因为长期合作形成的，基于长期的经济利益追求。但在林业行业，“得资源者得天下”，作为核心企业，不得不从长远生存战略考虑所在供应链的资源保障。信任具有相互性，资源依赖也具有相互性。原因在于如果没有下游企业的需求，上游的林木资源及半成品也没有任何价值，不能创造出经济价值。所以，林业资源依赖是整个供应链的资源依赖。与一般制造业供应链协作不同，在林业供应链协作关系中木材资源的相互依赖促进了供应链核心企业与木材供应商、营林企业、农户建立长期的协作关系，资源依赖强化了林业绿色供应链协作企业间的信任。

林业供应链加工制造企业只有取得上游林木资源供应商的信任，才能获得稳定的木材原料来源。对林木资源依赖的重视程度越高，林业核心企业就越会采取行动主动和上游建立信任关系。虽然国家提倡林产加工企业建立自己的原料林基地，支持省级以上林业重点龙头企业或有一定实力的经营主体参与原料林基地建设，推动原料林基地建设规模化、可持续发展（国家林业局，2017），但多年的基地林建设实践表明，林业企业在原料林建设上绝对控股的自营林比例并不高，采取与上游营林企业进行协作以获得原料供应的方式比较普遍，如“公司＋基地＋农户”或者“公司＋合作社＋农户”，因此，协作双方的信任就至关重要了。为了保证原料的持续长期供应和林木资源的顺利销售，加工企业和营林环节在长期交易过程基于资源依赖建立相互信任关系，交易成本随之减低，机会主义行为从长期计算“损失大于收益”，供应链协作关系才能逐渐稳固。因此，本书对林木资源依赖与林业供应链协作信任的关系做出如下假设：

H1：林木资源依赖对林业绿色供应链协作信任有显著的正向影响。

（二）林木资源依赖与信息共享的关系

对林业上市公司绩效的灰色关联分析发现，我国林业上市公司依托的森林资源优势薄弱，必须立足长远发展，克服短期行为（孙丽华，2013）。林业绿色供应链是基于供需协同的推拉双动型运作模式，即以消费者对高新技术产品、绿色产品、个性化产品等方面的需求为导向，以林产品核心加工企业为主体，向林业产业链的上、下游环节进行纵向延伸，同时注重林产品领域和功能的横向拓展。在上下游物流过程中实现供需协同的重要条件是信息流的畅通，长期以来，我国林业产业链的信息化程度整体较低，产业链中的各成员通过共享信息可以提高产业链的整体竞争力，从而在行业竞争中取得明显优势（杨加猛和张智光，2010）。郑颖和杨建州（2013）的不完全调查表明，在木材加工业供应链中被调查企业与供应链伙伴分享财务信息的意愿较差，阻碍了供应链的协调运作。我国的林业供应链核心企业信息化程度较高，但是供应链上的协作企业以中小企业甚至林农为主，信息化技术和信息化系统程度低，对信息共享的积极性也较低，即使是在互联网时代，信息也并没有发挥应有的作用。

在林业供应链协作过程中，核心企业需要把自己的战略计划信息、运作策略信息甚至作业信息充分和上下游的协作企业进行共享。通过实现有效的组织间沟通，协作企业才能利用核心企业提供的信息结合自己的情况调整经营策略，达到双方的共赢。例如，较早实施林纸一体化战略的格林泰格集团从 1998 年开始，率先在业内提出了“林纸结合、以林促纸”的发展思路。2000 ~ 2005 年完成 10 万公顷（150 万亩）林业基地项目建设，2006 ~ 2010 年又投入近 20 亿元启动了怀化森海和岳阳茂源 2 个 14 万公顷（210 万亩）林业基地项目建设，在环洞庭湖地区、湘南地区、湘西地区、湖北江汉平原及广西、贵州等地营造和培育速生丰产工业原料林 13. 3 万公顷（200 万亩），通过“公司 + 基地 + 农户”的订单造林、合作造林模式，控制林地 33. 3 万公顷（500 万亩），带动 80 多万农民营造速生丰产林 66. 7 万公顷（1000 万亩）。公司自营林已进入轮伐期，实现了从资源消耗到资源创造的飞跃，形成一条完整的林浆纸一体化产业链，实现了上游产业和下游产业的紧密结合，林纸结合、以林促纸成为现实，从源头上缓解了公司的纤维原料供应短缺问题，增强了在纤维原料市场的话语权。林纸一体化供应链的核心企业要在协作信任的基础上与合作农户和小型林场实现充分的信息共享，不能因为价格的涨跌损害合作方的利益（童勇，2011）。

除与上游的营林企业（第一车间）加强信息共享，及时传递企业的原料采购需求信息外，林业核心企业也必须重视对林业供应链下游终端市场信息的快速反应。市场销售信息的共享则有利于对市场需求做出快速反应（Prajogo & Olhager，2012）。完全共享真实的市场销售信息能够避免信息在供应链各层级企业间传递过程中被扭曲、迟滞，有利于增加供应链整体的有效信息量、减少失真信息和错误预测的数量及可能性，进而降低供应链整体的订单波动，牛鞭效应将得到弱化（沈栋等，2016）。例如，林纸供应链原料的供应处于供应链的上游，原料的供应量和供应时间不由自身决定，原料的供应起始于纸产品的销售订单和销售预测，纸产品的销售订单和销售预测转化为纸产品的生产订单，对纸产品的生产订单进行分解产生原料的供应计划（刘俊，2013）。根据对林木资源依赖与林业绿色供应链信息共享关系的分析，本书做出如下假设：

H2：林木资源依赖对林业绿色供应链信息共享有显著的正向影响。

（三）协作信任与信息共享的关系

供应链协作信任有助于提高供应链协作企业间共享信息的意愿，从而提高整个供应链的协作效率（Neda et al.，2012），林业绿色供应链的核心企业和协作企业如经销商、分销商、物流商、供应商等都是独立经济利益的主体，由于分享信息的好处存在很大的不确定性，导致林业供应链协作信息分享的意愿存在问题。以目前广泛存在的“龙头企业 + 林农”合作模式为例，双方的信任关系是供应链信息共享的基础和前提，否则，不是企业违约就是林农违约（蓝瞻瞻和王立群，2013）。在人工林逐渐成为原料供给主力的环境下，核心加工制造企业需要和林业供应链上游的营林环节进行密切合作，以保证原料的供应。由于所掌握的信息存在不对称性，营林农户往往难以信任核心企业，这就增加了交易的成本。通过建立协作信任关系，双方的信息充分共享，可确立长期的合作关系，提高供应链协作的效率。通过建立信任关系，合作双方将会加强合作意愿，与合作另一方分享自己所拥有的信息则会是非常乐意的。同时，在绿色消费和环境责任压力下，信任关系有助于市场信息的分享，分销商需要及时把市场需求的动态信息传递给林产加工制造企业，林产加工制造企业也要及时把林产品生产信息传递给分销商，实现供需平衡。如果缺乏信任，信息共享就不可能实现，供应链协作也很难产生。因此，本书对林业绿色供应链协作信任与林业绿色供应链信息共享之间的关系做出如下假设：

H3：林业绿色供应链协作信任对林业绿色供应链信息共享有显著的正向影响。

（四）协作信任与协作沟通的关系

供应链成员间信任程度直接影响供应链成员间的沟通程度和协作决策的能力（李自杰等，2010）。林业供应链协作成员间的信任程度往往低下，林业供应链协作双方的利益冲突经常导致协作关系的破裂。为了供应链协作活动能够继续开展，核心企业逐渐意识到信任是关系协调的润滑剂，建立彼此信任的关系对于促进沟通交流有直接的影响。林业供应链本身的脆弱性和风险性决定了长期协作关系建立需要付出极大的努力，需要核心企业具有较大的实力去维护彼此的信任关系。供应链协作双方的信任关系促进了沟通交流信息的意愿（符少玲和孙良媛，2015），一般而言，信任程度越高，就越愿意与协作伙伴通过多样化沟通渠道，交流分享自己所拥有的信息。

相互信任的企业趋向于长期合作，对短期的利益损失不敏感，而且主动关心供应链中其他方的利益，在采取行动之前会考虑自己的行动对其他方所可能产生的影响（Mallik & Harker，2004；殷茗和赵嵩正，2006）。缺乏信任的协作关系往往面临双方的机会主义风险，彼此防范增加了供应链协作的交易成本。在林业供应链协作中，核心企业在供应链中处于优势地位，具有资源依赖性带来的强势权力和供应链信息优势，而上游营林企业则由于资产专用性和供应链信息劣势处于弱势地位，总是对核心企业利用优势损害自己的利益充满担心，营林投入的长期性更加剧了这种恐惧。供应链企业间的信任促使协作双方主动加强信息沟通，以降低信息的不对称性，这有利于协作行为的顺利进行。因此，本书对林业绿色供应链协作信任与林业绿色供应链协作沟通的关系做出如下假设：

H4：林业绿色供应链协作信任对绿色供应链协作沟通有显著的正向影响。

（五）协作沟通与信息共享的关系

关于协作沟通和信息共享的关系，多数学者认为是沟通促进了信任的产生，也有研究提出协作沟通和协作信任影响了信息共享水平的高低（谢海涛和张智光，2014）。在林业绿色供应链协作中，协作经常因为缺乏沟通而中断。协作沟通可以促进供应链信息在上下游企业间的充分交流，增加了交换信息的数量和质量，增加了供应链信息的对称程度，从而对信息共享产生正向的促进作用。在互联网信息时代，虽然信息技术已经发展完备，但对信息共享文献分析发现，近20年来供应链信息共享问题研究仍是供应链管理领域研究的热点（种法辉等，2015），说明供应链环节点的信息孤岛仍然存在，信息不畅通导致供应链活动的不协调依然存在，这在林业供应链协作中则表现更明显。

林产品生产经营的多环节性、分散性等形成供应链企业间信息的分割，林产品市场的多样性、跨区域经营等无疑增加了信息沟通的难度（伍士林和窦营，

2008)。林业供应链环节中，各个协作企业掌握信息的量分布并不均匀，信息多的一方有可能短期内用信息扭曲、逃避责任和违背合同的行为达到自身利益最大化，破坏了供应链协作的长期而稳定的关系，但从长期看，企业采取机会主义行为并不可取。通过建立林业绿色供应链协作沟通的机制，可以促进林业供应链信息共享水平的不断提高。因此，本书对绿色供应链协作沟通与林业绿色供应链信息共享的关系做出如下假设：

H5：林业绿色供应链协作沟通对绿色供应链信息共享有显著的正向影响。

（六）信息共享与协作决策的关系

在高质量信息传递和共享的基础上，供应链各节点企业才能制定共同解决问题的对策，提高整个供应链协作的效率，真正实现满足客户需求（曾文杰，2011)。信息共享不但有效降低供应链协作过程因信息非对称问题引起的道德风险，同时也提高了供应链各参与企业的理性程度，是协作决策效率提升的有效手段（Chen & Lee，2009；薛小龙等，2011)。李晓翔和胡梦（2017）验证了信息共享会影响订货决策，因为共享的信息为决策提供了更多的支持。林业供应链决策的共享信息的数量、质量、及时传递和沟通是协同决策成功的前提（路永和等，2006)。林业供应链成员分享的信息包括资源可获得性信息（如生产能力、库存、资金、原料储备)、绩效状态信息（时间、质量、成本、柔性、服务)、过程状态信息（预测、采购、配送、补货、服务）等。

林业供应链协作决策的环境日趋复杂，既要考虑宏观的经济、政治、社会、人口、自然、技术环境变化，又要考虑林产品行业环境如林产品市场需求、林产品供给，还要考虑“从林地到客厅”的林业供应链各个环节运作的无缝链接。林业绿色供应链决策的有效性建立掌握在供应链协作各个环节信息和供应链整体运作信息的基础上。林业供应链各成员可以利用合作伙伴共享的销售数据、需求预测、库存水平、生产运输计划等信息，共同做出对实现供应链整体目标有利的生产、订货等决策。供应链成员不愿共享信息的主要原因是决策的不协调（张菊亮和章祥荪，2012)。林业供应链成员在信息充分共享的前提下开展以供应链整体利益为目标的协同决策，才能提高林业供应链运作的效率。在协同决策过程通过多重长周期博弈，消除追求自利的机会主义行为对供应链决策的影响。双边际市场效应就是因为各个供应链主体仅仅追求自己的利益而导致整体供应链绩效的降低。林产品市场上企业信息的不对称和不完全是普遍存在的，如处于林业供应链下游的销售商更为了解市场信息，中游的加工制造企业比上游的营林企业更了解生产和市场信息，信息在林业供应链的共享可以通过不断的试错性决策，克服对认知的有限理性的影响，消除双边际市场效应。

在市场需求对时间敏感性越来越强的背景下，信息共享情形下对市场快速响应的决策能力逐渐成为供应链及成员企业生存与发展的决定性因素。由于林业供应链是一个由多家独立企业形成的网络联盟体，协调不同主体多目标的快速决策协同就至关重要了。以林纸供应链决策为例，由于林纸供应链是以经济和环境效益为综合目标，以纸产品市场需求为导向，以制浆造纸企业为核心，以纸浆原料林基地为依托，以利益分配为驱动力，通过营林和造纸投入的资本纽带和共同利益的契约纽带将制浆造纸企业、营林企业或其他投入主体联系成一个利益共同体，形成良性循环的多层次绿色供应链系统（张智光，2011）。林纸供应链的决策不但需要应对市场需求的变化，还需要协调制浆造纸企业、营林企业或其他投入主体形成的多层次供应链的目标和共享的各类信息，做出对整体林纸供应链利益最大化的决策方案。同时，要综合林纸供应链的资源链、生态链和价值链三链合一特点，制定出实现产业和生态良性循环的决策。因此，本书对林业绿色供应链信息共享对林业绿色供应链协作决策的关系做出如下假设：

H6：林业绿色供应链信息共享对林业绿色供应链协作决策有显著的正向影响。

（七）协作决策与协作激励的关系

供应链协作决策指供应链合作伙伴协调供应链规划和运作的决策以优化供应链收益的过程（Simatupang & Sridharan，2005）。由于供应链合作伙伴决策的目标经常互相冲突，导致解决方案不能获得最优（Lee et al.，1997），林业供应链协作决策也是如此。从林业供应链运营的角度，林业供应链协作的上游环节擅长处理营林方面的问题，中游的加工企业善于处理加工制造的问题，下游的销售环节善于对市场做出精准预测，处理销售和市场方面的问题。理想的状态是根据下游市场信息作为生产决策，继而对上游的林木供应提出采购要求。林业供应链协作决策分为战略协作决策和战术协作决策，在整个供应链协作决策的全局性问题上达成一致，在战术决策上不断保持相互信息沟通，不断进行优化和调整。

供应链协作决策效果既体现在供应链合作伙伴对满足客户需求的反应能力上，也体现于供应链协作过程的联合决策在提高供应链盈利能力方面的有效性

(Corbett & Tang, 1999)。供应链协作决策制定过程中的同步化水平不但是供应链协作的关键因素，同时也是建立和维持供应链合作伙伴关系的一种方式（Harland et al., 2004)。协作激励是以利益分配为主的激励变量，协作激励的核心点是利益分配的公平合理性，需要详细描述收益和风险公平分配的措施或程序。供应链协作决策处理的问题从根本上都影响林业绿色供应链企业间的利益分配，因为供应链协作活动的开展最后要根据事先的约定共同分担风险、成本，共享收益。所以供应链协作决策对协作激励具有直接的影响作用。根据以上分析，本书提出以下假设：

H7：林业绿色供应链协作决策对林业绿色供应链协作激励有显著的正向影响。

（八）协作激励与协作绩效的关系

公平合理的协作激励能激发协作企业努力提高供应链整体绩效（Boonlert－U－Thai et al., 2006; Dechow et al., 2010; 胡琼, 2014)，任何成功的供应链管理都建立在互惠互利的紧密协作基础上，有了协作激励机制才能保证协作活动的开展（Simatupang & Sridharan, 2005)，互惠互利其实就是协作激励或协作利益分配的结果，协作行为在很大程度上受到协作激励影响，因此，协作激励对于协作绩效具有直接的影响。林业绿色供应链协作绩效不仅包括价值链绩效，还包括生态链绩效和资源链绩效，并对当地社会发展产生社会效益。价值链绩效一般体现为经济绩效或财务绩效，生态链绩效一般体现为绿色性环境绩效，包括生态环境保护和保障产业—生态共生安全，资源链绩效一般体现为通过林业绿色供应链全产业协作所获得林木资源保障程度，社会绩效反映嵌入当地经济社会发展的林业绿色供应链对社会发展的贡献如增加基础设施、增加就业等。对应价值链绩效、生态链绩效、资源链绩效和社会绩效，本书将林业绿色供应链协作绩效分为经济绩效、生态绩效、资源绩效和社会绩效。协作激励对于建立成功协作关系的意义重大，是协作伙伴产生协作行为的关键因素（Cao, 2011)，本书对协作激励和协作绩效的关系做出如下假设：

H8：林业绿色供应链协作激励对林业绿色供应链协作绩效有显著的正向影响。

H8a：林业绿色供应链协作激励对林业绿色供应链协作经济绩效有显著的正向影响。

H8b：林业绿色供应链协作激励对林业绿色供应链协作生态绩效有显著的正向影响。

H8c：林业绿色供应链协作激励对林业绿色供应链协作资源绩效有显著的正向影响。

H8d：林业绿色供应链协作激励对林业绿色供应链协作社会绩效有显著的正向影响。

在文献梳理的基础上，共提出12个研究假设，汇总成表4－1，下一步就是收集数据对这些假设进行检验。

表4－1　研究假设汇总

序号	研究假设
H1	林木资源依赖对林业绿色供应链协作信任有显著的正向影响
H2	林木资源依赖对林业绿色供应链信息共享有显著的正向影响
H3	林业绿色供应链协作信任对林业绿色供应链信息共享有显著的正向影响
H4	林业绿色供应链协作信任对绿色供应链协作沟通有显著的正向影响
H5	林业绿色供应链协作沟通对绿色供应链信息共享有显著的正向影响
H6	林业绿色供应链信息共享对林业绿色供应链协作决策有显著的正向影响
H7	林业绿色供应链协作决策对林业绿色供应链协作激励有显著的正向影响
H8	林业绿色供应链协作激励对林业绿色供应链协作绩效有显著的正向影响
H8a	林业绿色供应链协作激励对林业绿色供应链协作经济绩效有显著的正向影响
H8b	林业绿色供应链协作激励对林业绿色供应链协作生态绩效有显著的正向影响
H8c	林业绿色供应链协作激励对林业绿色供应链协作资源绩效有显著的正向影响
H8d	林业绿色供应链协作激励对林业绿色供应链协作社会绩效有显著的正向影响

根据林业绿色供应链协作机理模型的理论研究假设，各个潜变量间关系的概念模型如图4－6所示。其中，林木资源依赖是林业绿色供应链全产业协作行为的外生潜变量，协作信任、协作沟通、信息共享、协作决策、协作激励为林业绿色供应链全产业协作行为内生潜变量，也是林木资源依赖和协作绩效间的系列中介变量，协作绩效是林业绿色供应链全产业协作的内生结果变量。

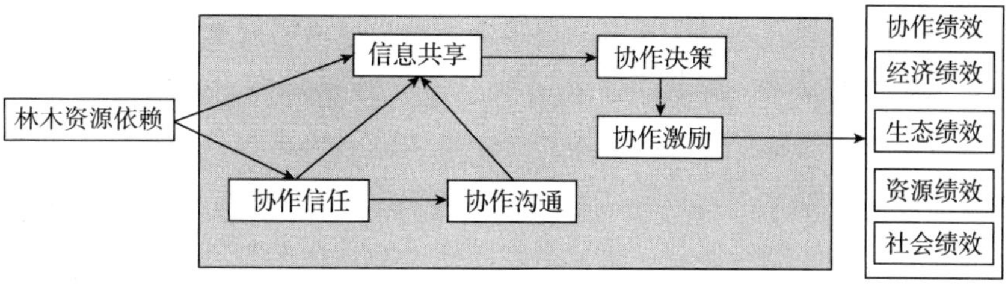

图 4－6　林业绿色供应链全产业协作机理的概念模型

三、林业绿色供应链全产业协作机理模型中各变量的释义与说明

SEM 结构方程模型中的潜变量确定是结构方程模型构建的基础。潜变量既可以根据对实际问题的理论认识确定，也可以根据探索性因子分析获得，而后者往往是因为缺乏前人的研究，通过严格的扎根理论分析过程得到的（易丹辉，2008）。本部分主要是对协作机理理论框架的 7 个潜变量给出具体的释义和说明。

（一）林业绿色供应链协作绩效（被解释变量）

林业绿色供应链协作追求包括经济绩效、生态绩效、资源绩效和社会绩效在内的整体绩效增加。林业绿色供应链协作绩效中经济绩效虽然重要，但经济绩效需要重视长期性，这是由林业生产周期所决定的，间接绩效或者非财务绩效对于林业企业可能更重要；基于林业绿色供应链的特性，协作绩效如果不能实现生态绩效、资源绩效和社会绩效，经济绩效的取得也无法具有持续性。

1. 经济绩效

林业绿色供应链的经济绩效是指林业供应链的协作双方都从协作活动中获得比单独活动更高的经济利益，主要体现在通过协作企业的共同努力，降低了整体供应链成本，每个环节都有利可图，并且整体供应链环节能够增值。经济利益的追求是企业活动的最大驱动力，林业供应链协作也不例外。林业供应链协作经济绩效可分为财务绩效和非财务绩效。财务绩效表现为成本降低率、销售增长率、销售毛利率、资产利润率等的提升，非财务绩效表现为供应链协作带来运营的优化、顾客满意度的提高、服务质量的提升、产品的创新等。由于林业经营的周期长，环节链条多，通过林业供应链协作把非财务绩效转化为直接财务绩效需要一定的经营周期，具有一定的滞后性，也导致短期内林业绿色供应链协作整合具有难度。林业绿色供应链协作管理重视财务绩效，但更重视非财务绩效。

2. 生态绩效

林业绿色供应链的生态绩效是指对林业供应链与环境之间的友好程度和良性互动程度，即林业供应链的运营活动对环境的负面影响越小，绿色度越大。林业绿色供应链协作的目标之一就是林业生态安全，在林业产业发展的同时保护好生态环境不受破坏。例如，林业产业中的造纸企业竞争力不仅在于生产规模和生产能力，产品、服务的高质量和高信誉，拥有优质的品牌，更在于打造环境友好的绿色生态竞争力。未来的纸业市场是绿色造纸的天下，未来的市场竞争不仅是企业之间的竞争，更是供应链之间的竞争。将营林、制浆、造纸、纸制品生产、绿色营销、废纸回收利用等各个环节和相关企业联系在一起，构成一个绿色供应链网络，实行绿色供应链管理模式，可以形成强大的整体竞争力（张智光和廖冰，2016），生态绩效对经济绩效提供了可持续发展的基础。随着国家环境保护力度的加强和人居环境生态意识的提高，在产业发展的同时保护环境已经成为共识。生态绩效可分为林业生态安全绩效和生态环境改善绩效。

（1）林业生态安全绩效。林业生态安全是产业和生态的双安全，既要防止环境污染，又要保障森林本身的生态安全，目的是实现林业的可持续发展（张智光，2008）。林业生态安全既包括森林生态安全、林业产业的生态安全，也包括森林生态与林业产业共生的安全。在一个区域内实现林业产业与森林生态互利共生是林业生态安全的目标。以造纸行业为例，通过林业绿色供应链协作，不仅能使资源、环境和生态少遭破坏，还能实现森林资源的增长、生态环境的改善和经济效益的提升。例如，华泰集团坚决走林浆纸一体化发展道路，探索出一条“生态育林、环保制浆、绿色造纸”的可持续循环发展道路，实现了产业安全、生态安全和产业—生态共生安全。该公司围绕建成的六大造纸基地，广泛开展植树造林活动，促进林业全产业的健康持续发展，如通过自营林、合同林、定金林等合作方式在东营及周边地区大规模建设速生杨原料林及优良苗木繁育基地，至今已经完成60万亩造林任务，在安徽安庆规划并建设安徽华泰林纸一体化项目，目标是500万亩针叶林。同时，华泰把生态环境保护当成企业的“生命工程”，通过引进国际先进设备和技术实现了造纸废弃物的循环再利用，公司对废纸回收制浆实现了废水循环利用、废气制造天然气、废渣焚烧生产蒸汽、废热回收发电等（陈晓莉等，2017）。再如，广西高峰林场围绕人造板公司的原料收购半径，先后规划成立了 6 个原料林基地，林地经营面积近 120 万公顷。自 2010 年以来，林场先后实施了 18 万公顷和 20 万公顷工业原料林基地建设项目，大大提高了原料自给率，既实现了经济效益，又为生态建设做出了贡献。

（2）生态环境改善绩效。通过林业绿色供应链协作达到降低废气、废水、废物的排放量，提高生态环境保护的意识，提高参加绿色环保认证（森林产品认证等）的认知程度，生态环境的改善效应对于进一步开展林业绿色供应链协作具有反馈作用。以人造板为例，本来向消费者提供质优价廉、新型环保的产品是企业的基本社会责任，但“毒地板”的阴霾从 2015 年上半年开始就笼罩在地板企业上空，而胶合板、纤维板、刨花板都被列入“高污染、高环境风险”的行列，还包括脲醛胶、酚醛胶和三聚氰胺甲醛胶，把人造板产业推上了风口浪尖。本应提供绿色产品的林业加工企业环保事件不断曝光说明企业还没有尽到环境保护的责任。国家对环保的治理越来越严格，出台了多项环境保护标准。这些标准将严格规定人造板生产企业水污染物和大气污染物排放限值、监测和监督管理要求（叶克林，2016）。一个理想的目标是随着森林总量增加、结构改善和质量提高，森林生态功能进一步增强。截至第八次全国森林资源清查，全国森林植被总生物量 170.02 亿吨，总碳储量达 84.27 亿吨，年涵养水源量 5807.09 亿立方米，年固土量 81.91 亿吨，年保肥量 4.30 亿吨，年吸收污染物量 0.38 亿吨，年滞尘量 58.45 亿吨（国家林业局，2014）。

3. 资源绩效

林业绿色供应链的资源绩效是林木资源保障的程度以及资源得到有效利用的程度。林木资源没有保障的林业绿色供应链是不可持续发展的。如果森林培育处于“瓶颈”状态，整个供应链协作就受到极大的制约。例如，大亚圣象在 2016 年财务年报中分析经营状况时指出，公司的两大主营业务——人造板和木地板的木材原料供应在较长时期内都面临紧缺的局面，受木材原料短缺和竞争加剧的影响较大，影响了公司绩效。由于森林资源的培育具有一定的生产周期，对营林环节的高度重视就成为国内外木材加工企业的战略管理重点，资源链上的木材资源保障作为长期存在的问题持续受到林业企业的关注。斯道拉·恩索是全球配置资源和实施林纸一体化以保障资源的典型企业，该公司在广西的林纸一体化项目于

2002 年开始实施，目的是在广西中南部建立大规模的桉树纸浆用材林基地，以满足将在广西北海市铁山港沿海工业园区建立的 90 万吨纸浆厂项目的原料供应。公司通过租赁林地、收购现有林等方式获取林地的经营权和林木所有权。斯道拉·恩索（广西）公司的经营规模约 53176.7 公顷，林地总面积为 53129.8 公顷，广西斯道拉·恩索林业有限公司的经营规模约 33082.50 公顷。2016 年 6 月 16 日，广西北海铁山港工业园的工厂一期 45 万吨高档包装纸板机才开始投产。再如，福建永安林业作为林业行业循环经济示范企业，拥有森林经营面积 176.3 万亩，集“森林培育、木材采伐、人造板、木质家具”为一体，森林资源培育奠定了企业发展的坚实基础。资源链绩效强调把可再生资源培育的环节——营林业作为林业制造业的“第一车间”，还注重资源回收、再利用从而获得资源增长。像芬兰的造纸业发展不仅没有破坏森林资源，而且形成造纸和营林良性互动，森林资源持续增长。

森林资源是林业供应链体系发展的物质基础。我国林业产业的森林资源支撑较弱，原料林基地建设缓慢、质量不高、效益较差。人造板原料林基地的保障程度不到 30%。木材不单是人造板生产的原料，还是造纸、生物质能源等依托的基础资源。这种资源竞争，加上 2017 年天然林商业性采伐全部停止，会进一步导致原料紧缺。因此，解决木材原料紧缺问题，需要在木材加工制造行业上、中、下游产业同时下功夫（叶克林，2016）。在木质原料、原辅材料、能源、运输、劳动力等成本要素中，木质原料是木材加工利用企业最有改进希望，而且可以大有作为和可控的要素，改变资源约束的有效途径是开展林业供应链协作，将林业绿色供应链向上游营林业延伸，从而获得充足的森林资源和原料储备，实现战略林木资源的持续供应。

4. 社会绩效

林业绿色供应链协作的社会责任随着全球生态环境的日益恶化和林业成为生态环境建设的战略重点，社会效应开始受到社会各界的广泛关注。林业绿色供应链的主要经营对象为森林资源及其产品，其经营活动兼有经济、生态和社会三个方面的影响。林业绿色供应链一方面应和一般企业一样，对政府、员工和社区等众多利益相关者承担相应的社会责任；另一方面因林业绿色供应链经营对象的特殊性，它所承担的企业社会责任又不同于一般企业，具有自身的特殊性，如森林资源培育、产品的绿色性和环保性（隋爽和张卫民，2012；张越，2015）。林业绿色供应链协作系统不但可满足以 Freeman 为代表的学者认为增进利益相关者利益的诉求，同时，还可减少以木材为加工对象的林业供应链协作活动对环境产生的破坏，避免因追求经济利益、过度利用森林资源而造成的生态危机，发挥带动当地社会发展的作用。本书将协作产生的社会绩效分为满足利益相关者诉求和带动社会发展两个方面。

（1）满足利益相关者诉求。企业是一种人格化的组织，是其利益相关者之间综合性社会契约的汇集点（Freeman，1984；Laplume et al.，2008）。林业第一产业的利益相关者主要有育苗、造林、伐木及产业链下游等企业的管理者、股东、员工，林业管理部门，林业原料市场，林农、林场，提供造林育林技术的科研机构和政府。林业第二产业的利益相关者主要有竹木材产品和林副产品加工制造、木材加工、造纸家具等的各企业股东、员工，林业原料市场，林业产品市场和提供相关技术的科研机构以及政府机构。林业第三产业的利益相关者主要有负责林业管理的各级政府部门机构，森林资源规划、经营管理者，林业企业的管理者、股东和员工，林产品市场，消费者，社区，环境，环境林业产业流通业和提供林业专业技术的高校、科研机构。Mitchell 等（1997）、贾卫国等（2016）在调研数据分析的基础上识别出与林业企业相关较紧密的利益相关者主要是企业的管理者、股东和员工等内部相关者以及政府、环境等。刘雯雯等（2013）选取了28 家林业上市公司 2012 年度报告，从利润主体、债权主体、福利主体、社会主体林业企业四个利益相关者视角对林业上市公司满足利益相关者诉求进行实证评价，发现石岘纸业、中福实业、兔宝宝、万顺股份、东方园林做得较好。

从林业绿色供应链协作主要参与者分析，营林企业的社会责任较为显著，林产品加工企业的社会责任体现在生产绿色环保、性能优异的林产品，林产品流通企业的社会责任体现在为社会提供可持续经营的木材及其他林产品（印中华等，2011）。缪朝炜和伍晓奕（2009）研究显示，企业承担社会责任会对供应链管理绩效——客户服务、内部效率和经济效益产生积极的影响。林业行业采取了积极的行动回应林业利益相关者的诉求，如中国林产工业协会于 2012 年首次组织林业企业发布社会责任报告，截至 2017 年，连续 6 年开展了中国林产工业企业社会责任报告编写试点工作，共发布社会责任报告 53 份。林业企业对社会责任的理解不能过于狭窄，除向利益相关者提供优质、环保、高性价比的林产品外，作为嵌入于所在地经济社会网络的一员，也要承担起保护生态环境、促进当地社区社会发展的责任。

（2）带动社会发展。林业绿色供应链协作的社会绩效体现为林业产业发展对当地社会发展的贡献。林业企业通过绿色供应链全产业、全过程协作可以为当地社会经济发展、社会主义新农村建设、劳动力就业、地方政府财政税收增加等方面做出社会贡献。例如，带动当地居民就业，改善所在社区的基础设施条件，通过营林基地建设带动山区林农脱贫，林产品加工收购木材和枝丫材促进农民增收，增加地方财政收入，从而为新农村建设、地方政府财政增加税收等方面作出社会贡献。林业第二产业（林产品加工）和第三产业（林业服务行业）的发展均有助于增加农民收入，减少贫困人口数量（李珍等，2017）。我国木材加工及其上下游产业共创造了5000多万个就业岗位，每年收购枝丫材600多亿元，1.5立方米人工林枝丫材价500元，通过加工产品附加值可提高40倍，使1亿农民从中受益，实现了农民增利、企业增效、财政增收的多方共赢局面，成为政府解决“三农”问题的重要途径（钱小瑜，2015）。我国林业“十三五”规划也提出，林业要充分发挥林业产业的社会带动作用，促进当地居民就业，林业产业到2020年要带动就业人数6000万，5年增加就业岗位753万（国家林业局，2016b）。

增加林业绿色供应链协作社会绩效的途径：一是通过新增林浆纸、林板工项目和国家储备林项目建设，增加就业促进农民增收，带动地方经济发展和农民增收，并创造当地劳动力就业的机会。例如，华泰集团按照“公司+基地+农户”的生产模式，公司承包土地，与农户签订收购合同，不仅为农民开辟了增收渠道，同时也加快了当地农业产业化结构调整，优化了当地的资源环境。本书对供应链协作社会绩效调查结果也表明，大多数的受访者对林业绿色供应链协作促进就业是比较肯定的。二是林业加工供应链发展促进了新农村建设。例如，人造板制造和出口充分利用杨树的四小芯材拉动了以速生丰产林为主的平原林业和集体林业发展，增加了农民收入。通过绿色供应链的高效协作，在发展产业的同时还美化了环境、保持了水土、净化了空气、增加了森林资源。三是林业绿色供应链对改善社区基础设施发挥了作用。林业绿色供应链的源头往往在多山地带，交通出行不便，为了获得林木资源，林业企业需要修建林区道路，不但满足了自己木材运输和物流的需求，也使农户直接受益；另外，各类林浆纸、林板工项目和国家储备林项目建设，改善了当地基础设施的条件。

（二）林业绿色供应链林木资源依赖

林木资源依赖是指林业绿色供应链协作系统作为一个整体对林木资源的依赖

性。林木资源具有 Barney（1986）所界定的资源属性特征：稀缺性、价值性、不可替代性和不可复制性。其中稀缺性体现在林木资源供给的有限性；价值性体现在以木材及加工物满足了市场需求；不可替代性体现在作为四大原料的木材的特殊价值和生态价值；不可复制性体现在林木生产周期内供应链协作提供产品和服务的能力在短期内是难以复制的。对于林业供应链协作的典型模式如林浆纸供应链、林板工供应链，作为加工对象的林木资源一旦出现供应短缺，整个供应链链条就此中断，关系企业的生死存亡。

任何组织都不可能拥有自己所需的全部资源，为了获得组织并不拥有的价值资源并获得竞争优势，组织需要与拥有该稀缺资源的外部组织通过交换来获取（Pfeffer & Salanick，1978；符少玲和孙良媛，2015）。当一个组织在与其他组织进行长期资源交换时，双方就产生了资源依赖性（相互依赖）。双方的资源依赖性可以使得双方的利益更加紧密地绑定在一起，进而提升双方的联盟绩效（吕晖等，2010）。林业绿色供应链资源依赖表现为整个林业供应链对林木资源的依赖，这种依赖不同于一般制造业供应链资源依赖导致的双方相互依赖或者权力，而是直接决定了林业绿色供应链的生死存亡，即林木资源缺乏保障，所有的利益都将无法实现。林业供应链核心企业有意愿建立长期协作关系的强烈动因是通过林业供应链上下游之间协作，确保整条供应链的林木资源不能短缺，且把林业供应链外购资源的依赖程度保持在合理的区间，以实现供应链长期运营。

（三）林业绿色供应链协作信任

林业绿色供应链协作信任是指林业供应链企业相信协作伙伴会采取对本企业产生正面影响的行动，且不会做出对本公司有负面影响的行动（霍宝锋，2013）。信任是合作的一方相信另一方即使有更好的机会也不毁约的信心（Willianmson，1975），是一种交易双方共同的信赖关系（Sabel，1993），是交易双方自愿遵守约定、承担责任并且没有任何一方会利用对方的弱点（Currall & Inkpen，2002）。本质上都反映了企业对自身易受伤害的劣势和对协作伙伴机会主义行为的担心。信任在林业供应链协作中具有特殊重要性，因为信任对决策具有直接的影响，并通过决策对供应链协作绩效产生影响。现有的研究把信任做了分类，如能力信任、善意信任、计算信任、制度信任等不同类型，信任对供应链合作关系的影响得到验证，但是没有以协作决策为中介的关系研究。

相互信任的企业趋向于长期合作，对短期的利益损失不敏感，而且主动关心供应链中其他方的利益，在采取行动之前会考虑自己的行动对其他方所可能产生的影响（Mallik & Harker，2004；殷茗和赵嵩正，2006）。而缺乏信任的协作关系往往面临双方的机会主义风险，彼此防范增加了供应链协作的交易成本。由于林业供应链协作契约或合同无法界定协作中的所有问题，选择信任对方往往可以降低交易成本。林业供应链协作信任可以消除协作双方的戒备心理，简化供应链协作行为，降低交易成本。但林业供应链协作信任的建立也受到现阶段经济社会文化基础的制约以及林业供应链本身的脆弱性和风险性的影响，长期的协作关系建立可能要付出极大的努力。现实中林业供应链协作企业追求的往往是短期的效益，对于长期利益缺乏远见。林产大公司需要具有长远的战略眼光，利用各种手段增加协作信任，以协作激励方法鼓励协作企业改变经营观念，加入高水平全球价值链的协作中。

（四）林业绿色供应链信息共享

林业绿色供应链信息共享是指在信息林业绿色供应链协作过程中企业间的信息交流与传递。信息共享可以降低供应链“牛鞭效应”的影响，减少供应链库存成本，缩短市场反应时间，提高供应链敏捷性，改善整个供应链决策，最终提高供应链协作绩效（Cao & Zhang，2011）。信息是供应链协作伙伴开展协作活动的纽带。郑颖和杨建州（2013）对木材加工业供应链企业的信息共享的调查发现，绝大多数被调查企业愿意与供应链上下游企业之间共享作业信息、策略信息和物流信息，但不太愿意分享利润信息。

林业绿色供应链的原料产地逐渐远离加工聚集区域，加工企业原料供应中断的风险和林产品终端市场需求的波动都不同程度加剧了各级协作企业把库存作为应对不确定性的工具的倾向，导致需求顺着供应链逐级放大到第一车间——营林环节，从而增加了林业绿色供应链的整体成本。通过林业绿色供应链协作伙伴间有效的信息共享，不但减少信息不对称带来的机会主义风险和道德风险，还能实现林业绿色供应链快速反应的柔性和敏捷性。

（五）林业绿色供应链协作沟通

林业绿色供应链协作沟通是指信息在供应链伙伴间接触和信息传递的过程。沟通是给予和接收信息的过程。协作双方间的信任一方面减少协作伙伴间因为信息不对称带来的隔阂，提高沟通的效果；另一方面还促进信息交流的及时性和准确性，从而减低供应链协作的交易成本。另外，通过良好的沟通，不但进一步增加交易双方的相互了解，还可以有效解决企业间的冲突（李自杰等，2010）。供应链协作沟通问题在供应链协作研究中关注度不高，有限的研究表明，沟通是建立关系的最有效手段，协作决策通过信息的沟通才能够实现（Anderson & Narus，1990；Bleeke & Emst，1993）。即使在信息手段已经高度发达的情况下，沟通仍然是解决问题的最佳手段，拥有信息或者具有信息技术并不能够保障沟通的良好进行。林业绿色供应链协作的节点多、区域跨度大、风险高，突发事件经常会导致供应链的中断。通过信息共享实现良好的沟通，才能保障林业绿色供应链协作顺利进行。

（六）林业绿色供应链协作决策

林业绿色供应链协作决策是协作企业为了实现林业供应链协作绩效而对供应链运作的重大问题进行的决策优化，是针对林业绿色供应链协作活动选择、制定并实施方案的过程。供应链成员之间的协作决策是供应链管理非常重要的活动。供应链成员间协作决策水平、协作决策能力、协作决策的及时性是影响供应链协作绩效的重要因素（谢海涛和张智光，2014）。但大多数研究很少关注协作伙伴的共同决策活动。林业绿色供应链协作决策是一个多主体、多目标的决策过程，是协作伙伴一起解决遇到的问题，不断克服认知的限制，积累林业供应链运作的经验和能力的过程。从不同决策主体的作用看，核心企业在林业绿色供应链协作决策无疑具有核心地位，决策权力相比其他主体高。以林纸供应链为例，价值增值的核心环节是造纸，造纸企业的决策重要性排在首位。林业绿色供应链协作企业进行独立决策时，一般会从自身的利益出发进行，营林企业期望木材价格上涨，加工企业希望木材价格下降并获得稳定的原料来源，木材经销和分销企业希望通过渠道获得更大的盈利，小规模林农希望木材有稳定的收入预期。林业供应链需要协调多方决策，经历多次博弈。

（七）林业绿色供应链协作激励

供应链实践中机会主义泛滥，合作关系不稳定，导致其应有的优势难以发挥。为了稳固供应链、实现供应链“整体利益大于部分之和”、保持企业自身利益与供应链整体目标一致，供应链上的企业之间需要一种有效的激励机制（王利和代杨子，2013）。林业绿色供应链协作激励是林业绿色供应链协作各方共同分担成本、风险和分享利益的过程（Simatupang & Sridharun，2005），具体包括计算成本、风险和收益以及制定激励计划。有研究表明供应链协作激励是协作伙伴产生协作行为的一个关键因素（Oliva & Watson，2011；Cao & Zhang，2013）。林业绿色供应链协作激励建立在共同利益刺激而激发出的紧密协作基础上。林业绿色供应链协作伙伴关系的建立，要求供应链协作的结果必须有利于所有参与者。林业绿色供应链核心企业为了促进协作行为的发生，必须对所有合作伙伴的激励进行决策和选择，总体上保证每个成员的激励与其对供应链的投资相匹配。

林业绿色供应链协作激励是影响林业绿色供应链协作绩效的直接因素。供应链协作企业参与或者加入供应链，最重要的原因是可以获得比加入前更大的利益，利润分配的公平合理性决定了供应链协作关系能否持续下去（王利和代杨子，2013）。林业生产的分散性使得林业的经营难以形成规模效应，同时，林业长时间的生长周期使得林业的投资收益率相对较低，不仅如此，过于依靠自然因素进行生产的特性使得林业生产的风险难以控制，这种特性都决定了森林资源培育难以吸引潜在的创新者和企业家去从事林业初级产品的生产。供应链激励的研究表明，利益分配激励的影响力贯穿供应链生命周期的各个阶段（胡琼，2014）。所以，要提高林业绿色供应链协作绩效，必须充分调动上游营林企业的积极性，通过公平合理、适当补贴的经济利益激励方式，建立与营林企业的协作关系。而从下游来看，分销环节的经销商同时经营多家林产品供应链的最终产品，也必须建立相应的激励机制。

第五章　林业绿色供应链全产业协作机理的 SEM 实证分析

本章在问卷设计、变量测度题项设计的基础上，采用实地调查手段收集数据，对数据进行描述性统计分析、信效度检验，然后采用结构方程模型 SEM 计量方法对林业绿色供应链全产业协作机理理论模型进行实证检验，得出实证结论。本章的研究结果为我国林业绿色供应链全产业协作机制的构建及实施建议奠定了基础。

一、问卷设计步骤和结构

调查问卷设计的科学性和合理性直接关系实证检验的优劣。本部分对问卷的设计过程和问卷的结构设计进行描述。

（一）问卷设计过程

由于林业绿色供应链协作涉及的潜变量无法通过观测直接得到，我们选择调查问卷形式获取资料，为实证分析提供数据，具体的问卷设计过程包括以下几个步骤。

（1）在文献回顾的基础上，根据林业绿色供应链协作理论分析所确定的 7 个潜变量，依据已有研究使用过的成熟量表，设计和选择各个潜变量对应的题项。SEM 分析方法的重要特性就是必须建立在一定的理论基础上，具有理论先验性。

（2）经专家咨询和部分林业企业供应链管理人员进行实地访谈，根据反馈意见对问卷的题项进行修改、补充和完善。

（3）进行预调研，根据预调研结果对潜变量测量的题项进行必要的修改。

（4）对实际林业企业供应链管理人员进行个人访谈，根据访谈结果进一步修正调查问卷中的题项，使问卷基本能够反映林业绿色供应链协作的现实情况。

（5）重复上述问卷设计步骤，使得问卷题项更精确。在以上专家咨询、座谈、访谈基础上获得正式调查问卷并进行问卷发放。

（二）问卷结构设计

本书调查问卷主要包括两部分：调查对象的人口统计特征和林业绿色供应链协作绩效影响因素量表。

1. 受访者基本人口统计变量特征信息

基本人口统计变量特征包括性别、年龄、教育水平、工作年限、工作岗位、职位层级等。该部分信息可以较为全面和直观地反映研究对象的个体特征，并作为模型的控制变量。所在公司信息主要调查企业成立年限和林业企业在林业供应链中的位置等信息。其中工作年限、职务层级对于林业绿色供应链协作的认知程度有影响，所在企业在林业供应链中的位置对于判断林业绿色供应链协作具有非常重要的参考价值。

2. 林业绿色供应链协作绩效影响因素量表

林业绿色供应链协作绩效影响因素量表包括林业资源依赖、协作信任、协作沟通、信息共享、协作决策、协作激励、协作绩效 7 个方面，具体包括林木资源的紧缺程度、对林木资源认知程度、林木交易的简便程度、在重大决策时会考虑对本公司影响程度等。由于林业绿色供应链协作存在于林业企业的日常供应链运作中，协作行为的定量资料缺乏，二手数据资料难以获得，故采用调查问卷作为收集信息资料的主要工具。从对相关文献综述（Cao & Zhang，2013；Hudnurkar et al.，2014）的分析可知，林业企业绿色供应链协作可以通过调查林业企业从事供应链管理的人员进行测度，利用问卷来探究林业绿色供应链协作及其影响因素间的关系是恰当的。

本部分潜变量的题项设计方面，总共设计了 7 个潜变量的 43 个题目，其中 39 个李克特（Likert）量表题目和 3 个反映林木资源依赖性的定比类别的填空题以及 1 个获取协作时间信息的多项选择题。李克特量表常常用在请答题者评价对于陈述的同意程度，用等级量表给出不同的程度，常用的量表有 4 点、5 点、6 点、7 点、10 点等。本书采用的 7 点评分量表，1 ~ 7 分别对应：完全不同意——1、不同意——2、有些不同意——3、一般——4、有些同意——5、同意——

6、完全同意——7。题项采用程度判断的方式，从程度 1 ~ 7 依次正向递增，直接反映受访对象对调查问题的判断。

调查题项之所以采用李克特（Likert）7 点量表，主要基于以下考虑：①林业绿色供应链协作影响因素涉及内容较广，具有跨产业、全过程、绿色协作共生的复杂性，对于许多被调查者未必全面了解，需要确定被调查者对林业绿色供应链认知的程度。②相比 5 点量表可以提高量表的鉴别能力且从量表设计研究发现，不同点数对测量结果并没有显著的影响。③通过量表形式设计测量潜变量的不同题项，可以充分了解被调查者对协作行为的评价情况，相对提高问卷的信度和效度。

二、测量问卷的题项设计

调查问卷的题项设计关系收集数据的质量。本部分根据文献梳理结果并结合林业供应链协作的特殊性，选取较为成熟的量表作为参考，设计林业绿色供应链协作行为和协作绩效潜变量的初步测量题项，结合实地访谈结果和专家咨询，最终确定出各个潜变量的测量题项。

（一）林业绿色供应链协作行为潜变量题项设计

1. 林业绿色供应链林木资源依赖题项设计

有三个关键因素决定一个组织对其他组织的依赖性：资源依赖的重要性，即如果没有它，这个企业就会死亡；资源的分配和使用的控制力；替代资源的可获得性（Pfeffer & Salancik，1978）。同时，林木资源具有资源依赖理论所界定的资源的四个具体特征：稀缺性、价值性、不可替代性和不可复制性。本书参考 Kumar 等（1995）、Gulati 等（2007）、吕晖等（2010）对资源依赖性变量的测量量表，结合林业绿色供应链林木资源依赖的内涵，除使用林业企业对林木资源重要性的认识程度、林木资源的战略地位的认知程度和林木资源获取的时间性的认知程度来衡量外，还使用采购距离和供应商数量的题项。林木资源依赖反映的是整条林业绿色供应链对资源的依赖程度，并不局限于下游林业供应链企业。林木资源依赖变量的题项设计结果如表 5 - 1 所示。

表 5-1 林业绿色供应链协作行为潜变量测量题项

变量名称	题项设计	量表文献来源
林木资源依赖	9-1 您对林木资源紧缺程度的判断	Kumar 等（1995）、Gulati 等（2007）、吕晖等（2010）
	9-2 您对林木资源具有战略性意义的认知程度	
	9-3 您对林木资源不可替代性程度的判断	
	9-4 您所在林业企业采购原材料或资源距离本企业多少千米	
	9-5 您所在林业企业同样林木资源的供应商约有几家	
	9-6 您所在林业企业外购林木资源的采购比例约为多少	
协作信任	10-1 您对林业供应链企业间赊账周期反映彼此信任程度的判断	Cannon 等（2010）、郑晶莹等（2016）
	10-2 您认为您所在林业供应链中上下游林产品交易的简便程度如何	
	10-3 您对本公司与协作伙伴信赖关系的判断	
	10-4 您对协作伙伴在制定重大决策时会考虑对本公司影响的相信程度	
	10-5 您对协作伙伴会将本公司的利益放在至关重要位置的相信程度	
	10-6 您所在林业企业和主要协作伙伴间的合作时间	
协作沟通	11-1 您公司与协作伙伴经常定期开会	Paulraj 等（2008）、刘衡等（2010）、Cao 和 Zhang(2013)、刘志迎和单洁含（2013）
	11-2 您公司与协作伙伴有开放而双向的沟通	
	11-3 您公司与协作伙伴会进行非正式沟通	
	11-4 您公司与协作伙伴有多样化的沟通渠道	
	11-5 您公司与协作伙伴通过讨论做决策	
信息共享	12-1 您公司对协作伙伴信息共享的重视程度	Zhou 和 Jr（2007）、蒋兴良（2013）
	12-2 您公司与协作伙伴在战略信息上共享的程度	
	12-3 您公司与协作伙伴在运营信息上共享的程度（如产能、出货、订单、市场预测、原料价格等）	
	12-4 如果信息对协作伙伴有用，您会立即进行提供给对方的可能性	
协作决策	13-1 参与林业供应链协作伙伴战略决策的程度	曾文杰（2011）、Cao 和 Zhang（2013）
	13-2 经常和协作伙伴一起解决没有预料到的事件（如涨价、产能不足）	
	13-3 经常和协作伙伴一起作需求预测	
	13-4 经常和协作伙伴一起决定供货满足率、库存水平及最佳定货量	
	13-5 经常和协作伙伴一起做促销活动	
	13-6 经常和供应链协作伙伴共同制定解决方案	

续表

变量名称	题项设计	量表文献来源
协作激励	14-1 与供应链协作伙伴共享供应链的成本和收益	Sridharan 和 Simatupang（2009）、Cao 和 Zhang（2013）
	14-2 与供应链协作伙伴共同分担供应链中可能发生的风险	
	14-3 对协作伙伴的优异表现给予适当形式的奖励（订单量放大、价格优惠等）	
	14-4 当协作伙伴出现暂时经营困难时，为了供应链的运作，您选择支持帮助的可能性	

2. 林业绿色供应链协作信任题项设计

参考 Cannon 等（2010）和郑晶莹等（2016）对供应链协作信任变量的测量量表，我们设计了 3 个量表题项，分别是与协作伙伴互相信赖、相信协作伙伴在重大决策时考虑对协作企业的影响、协作伙伴重视协作企业的利益。同时，根据访谈调研结果，特别增加合作双方给予对方的赊销周期、交易简便程度和合作时间长短测量林业供应链协作信任，合作时间为选择题项。林业经营周期越长，协作时间越长，相互间信任程度可能越高。协作信任变量的题项设计结果为 5 个量表题项和 1 个选择题项，如表 5-1 所示。

3. 林业绿色供应链协作沟通题项设计

本书参考借鉴了 Paulraj 等（2008），刘衡等（2010），Cao 和 Zhang（2013），刘志迎和单洁含（2013）使用的沟通测量量表，对林业绿色供应链企业间的协作沟通变量进行题项设计，使用 5 个题项的沟通量表测量协作沟通，具体使用了定期开会、双向沟通、非正式沟通、沟通渠道和决策讨论来反映林业绿色供应链企业间沟通交流问题，题项设计结果如表 5-1 所示。对于林业企业而言，协作沟通质量对于林业绿色供应链协作运行具有重要的影响。

4. 林业绿色供应链信息共享题项设计

本书比较了单维度、双维度和三维度量表（Zhou & Jr，2007；宋福玲，2012；叶飞等，2012；曾敏刚和吴倩倩，2013；郑晶莹，2016），依据林业供应链协作信息共享的特点，决定采用单维度的测量量表。通过对企业的实地访谈，认为现有的文献过度夸大了信息共享的作用，所访谈企业的供应链管理人员也认为，信息共享虽然不可缺少，随着市场化进程的深化以及信息技术的发展，大部分供应链信息是透明和公开的，信息共享技术手段也越来越发达，情报收集越来越受到重视，供应链信息共享质量没有问题，且供应链上下游企业间的信息分享已经成为常态，问题是事关交易双方利益的最具价值信息能够互相分享，特别是合作伙伴的重大决策信息能够被及时分享到。所以共享信息的层次更为重要，本书参考 Zhou 和 Jr（2007）以及蒋兴良（2013）使用的供应链信息共享变量的测量量表，对变量进行题项设计。不同之处是采用单维度，并在量表中考虑信息共享对双方的重要性和共享信息的层次，没有设计信息技术题项，共设计了 4 个题项测量信息共享，具体如表 5－1 所示。

5. 林业绿色供应链协作决策题项设计

Sridharan 和 Simatupang（2005）的研究表明，通过供应链协作决策才能有效实现供应链协作，供应链成员之间的协作决策是供应链管理的本质要求，是供应链协作战略的重要体现，也是供应链协作的重要内容。本书参考曾文杰（2011）、Cao 和 Zhang（2013）对供应链协作决策变量的测量量表，对研究变量进行题项设计，共设计了 6 个题项测量协作决策，具体结果如表 5－1 所示。在设计协作决策测量题项时考虑了决策活动涉及的层次，题项涵盖了战略、战术和执行层面，反映了决策的本质特性。

6. 林业绿色供应链协作激励题项设计

公平合理是利益分配的核心原则。从长期合作考察，各个企业通过合作所得利润要大于独自经营所得。供应链中各成员企业的利益分配应综合考虑企业对整个供应链的资源投入、努力的水平和所承担的风险。本书参考 Sridharan 和 Simatupang（2009）、Cao 和 Zhang（2013）使用的测量量表，对协作激励变量进行题项设计，设计了 4 个题项测量协作激励，具体题项如表 5－1 所示。协作激励量表中加入了对于协作行为的奖励，原因是林业绿色供应链长期运作需要稳定的供应链伙伴，当合作企业暂时困难时，帮助协作企业渡过难关是对协作伙伴的激励。协作激励具有不同的类型选择，对于当期处于转型阶段的林业而言，经济激励无疑仍然是激励强度最大的手段。

（二）林业绿色供应链协作绩效潜变量题项设计

林业绿色供应链全产业协作的绩效不仅包括价值链绩效、资源链绩效和生态链绩效（张智光，2017b），还应该包括社会绩效。本书参考 Simatupang 和 Sridharan（2005），贾生华等（2007），武志伟和陈莹（2008），Cao 和 Zhang（2013），刘佳音（2015）等设计并使用的供应链协作绩效变量的测量量表，结合林业绿色供应链“价值链、资源链和生态链三链合一”以及林业绿色供应链全产业协作的具体特点，对林业绿色供应链协作绩效的变量进行题项设计，结果如表 5 – 2 所示。协作绩效题项设计了经济绩效、生态绩效、资源绩效和社会绩效四个二阶潜变量，每个二阶潜变量设计了 3 个题项，总共 12 个具体的题项。

表 5 – 2 林业绿色供应链全产业协作绩效潜变量测量题项

变量名称	题项设计
经济绩效	15 – 1 林业绿色供应链协作提升协作各方的盈利能力的程度
	15 – 2 林业绿色供应链协作降低了供应链总体成本的程度
	15 – 3 林业绿色供应链协作提高产品质量水平的程度
生态绩效	15 – 4 降低废气、废水、废物的排放量的程度
	15 – 5 生态环境保护的意识提高的程度
	15 – 6 参加绿色环保认证（森林产品认证等）的认知程度
资源绩效	15 – 7 原材料（林木）供给量增加的程度
	15 – 8 实现再生资源收集、分类、循环利用的程度
	15 – 9 供应链内部资源自给率提高的程度
社会绩效	15 – 10 带动周边就业增加的程度
	15 – 11 您感觉周边基础设施较协作前完善的程度
	15 – 12 客户对本公司产品及服务的满意程度

三、区域、样本与数据说明

本部分对调查区域和研究样本选择进行说明，并对调查样本企业进行描述性统计分析，以了解我国林业企业开展绿色供应链协作实践的具体情况。

（一）区域范围与研究样本

1. 调查区域范围选择

在调查区域选择上，主要选择广东、山东、福建、江苏、浙江、广西、福建、湖南、江西 9 个省区，这些省份是我国林业产业相对发达的区域，总产值占全国的61%（林业发展“十三五”规划数据）。山东锯材和人造板总产值在全国首位。江苏和浙江木竹地板总产值分别位列第一和第二；山东、广东、浙江、江苏四省纸和纸板产量占全国总产量的61.36%。广西属于南方集体林区，林业资源丰富，也是全国木材储备基地，商品材产量全国第一，人造板发展势头良好；福建的森林覆盖率居全国第一，广东林业产业总产值位列全国第一，湖南和江西的油茶产业产值列全国首位和第二位；江苏和山东、浙江都是林产工业发达的省份，安徽则是森林资源丰富的地区。样本区域省区的林业产业具有一定的国内影响力，林业企业开展林业供应链协作管理也比较普遍。因此，选择这些省区为样本区域，调查林业绿色供应链协作情况，具有较好的代表性和典型性。要特别说明的是，东北三省森林覆盖率高，但受禁伐政策和国有林区转型升级影响，林业产业产值仅仅占全国林业产业总产值的5.33%，故没有纳入样本区域范围。

2. 样本选择与数据收集方式

林业绿色供应链协作涉及林业第一、第二、第三产业的企业，所以在林业三次具体产业的选择上，主要选择营林企业、木材加工企业、造纸和纸制品行业、最终林产品销售服务业等。其中，营林企业包括林场、林业公司、林农合作社；木材加工企业既包括木材加工、人造板、木制品等，也包括木质家具制造企业；造纸和纸制品行业包括纸浆企业、造纸企业等；最终林产品销售服务业包括家具、地板、纸制品分销零售企业。调查样本基本涵盖了从资源培育到林产品销售全过程的林业供应链各类企业，可反映林业绿色供应链全产业协作的全貌。在样本企业规模选择上既有规模以上企业，也有规模以下企业。

在确定好调研样本和设计好调查问卷后，如何收集数据是要解决的重要问题。问卷调研主要采用行业会议现场调研、网络调研（定向邮件）和实地调研三种方法。首先，通过参加行业企业会议和行业学术年会对参会林业企业进行现场调研。其次，网络调研前先电话联系调研的目标企业，说明调研的目的和安全性，对调查事宜进行充分的沟通以取得企业的配合，从而提高收集资料的效率和质量。在征得企业相关负责人同意的前提下，邮寄纸质调查问卷或者发送电子邮件。最后，利用所在单位和林业企业的密切联系，采用到企业进行实地调研的方式。

三种方式的调研企业的调查对象主要是与林业绿色供应链管理相关的人员，包括采购、生产、销售等具体部门的工作人员，这些部门的工作人员对公司供应链管理、绿色管理、合作伙伴关系处理等具有较好的了解，具有林业绿色供应链协作管理知识和经验储备，所填答的问卷符合实际情况。同时，由于林业绿色供应链全产业协作需要协作企业就协作行为的关键变量如协作沟通、协作决策等有关企业经营管理的关键问题做出判断，在调查时要求调查企业除一般员工填答外，要求供应链管理岗位的关键管理者必须填答，保证问卷收集的信息能够反映林业绿色供应链协作的关键问题，填答质量也有很好的保障。另外，为避免同源方差，对每家调研样本企业的人数也做了限制，一般不超过3位。

（二）数据来源

调查问卷的发放收集采用三种方法：一是利用参加2016年12月18～20日"中国（贵港）木材加工产业发展高峰论坛"和2017年6月14～16日"2017中国纸业高层峰会"（浙江桐乡）的机会，在会议现场发放纸质问卷，发放问卷110份，回收99份；二是通过发放电子邮件向林业企业发放定向网络问卷227份，回收159份；三是到企业现场直接发放问卷63份，回收63份。共发放问卷400份，回收问卷321份，剔除不合格问卷42份，有效问卷279份，样本有效率为87%。

在获得样本企业数据后，通过对有效问卷的整理，对样本企业调查对象基本情况及样本企业特征信息进行统计，从表5-3可以看出，受访对象的性别比例，男性占64.50%、女性占35.50%。工作年限，1年以下占38.30%，1～3年占29.70%，3～5年占16.10%，5年及以上占15.90%。所抽样的企业人员学历集中在本科学历层次，占到58.10%，专科层次的占28.00%，高中及以下学历层次占9.30%，研究生占4.60%。从受访对象的职位看，普通职员占36.20%，基层管理者占19.00%，中层管理者占30.50%，高层管理者占14.30%。从管理层次看，对林业供应链协作情况的了解既需要从普通员工中获取信息，也需要基层管理者、中层管理者和高层管理者的信息。从受访对象所在部门方面，来自采购部门的样本数占36.20%，来自生产部门的样本数占19.00%，来自营销部门的样本数占35.10%。供应链实际上是具有不同竞争优势的节点企业构成的网络组织，上下游之间的协作行为是这些部门的日常活动，对供应链协作的了解相比人力资源部门、研发部门更熟悉。受访对象所在林业企业在林业供应链中的具体位置分布为：上游（营林）企业占28.30%；中游（以林木为原料的加工制造）企业占43.80%；下游（林产品销售，如板材、家具、地板、纸制品）企业占27.90%。

表 5-3　样本人口统计及所在企业特征信息汇总

变量名称	类别描述	样本数量（份）	占比（%）
性别	男	180	64.50
	女	99	35.50
工作年限	1 年以下	107	38.30
	1~3 年	83	29.70
	3~5 年	45	16.10
	5 年及以上	44	15.90
文化程度	高中及以下	26	9.30
	专科	78	28.00
	本科	162	58.10
	研究生（硕士或博士）	13	4.60
在企业中担任的职务	普通职员	101	36.20
	基层管理者	53	19.00
	中层管理者	85	30.50
	高层管理者	40	14.30
所在的部门	采购部门	101	36.20
	生产部门	53	19.00
	营销部门	98	35.10
	其他	27	9.70
所在企业成立年限	2 年以下	79	28.30
	2~5 年	93	33.30
	5~10 年	75	26.90
	10 年及以上	32	11.50
您所在林业企业在林业供应链中的具体位置	上游（营林）	79	28.30
	中游（以林木为原料的加工制造）	120	43.80
	下游（林产品销售，如板材、家具、地板、纸制品）	80	27.90

（三）数据描述性统计分析

首先，运用 SPSS 统计软件得出变量中各个测量题项的均值和标准差，具体结果如表 5-4 所示。问卷共 39 个量表测量题项，从各个测量题项的均值可以看出，所有测量题项的均值在 4.79~5.58，说明调查对象在测量题项的回答上都表现出积极的态度和意愿；除战略信息共享程度标准差为 2.806 外，其余所有测量题项的标准差在 1.180 ~ 1.562，表明调查对象在测量题项回答上的波动幅度不大，通过问卷收集的数据比较合理。其次，对量表各个变量各测量题项的应答项（1 ~7）的频数和比例进行描述性统计分析，具体分析结果如表 5 –5 到表 5 –11 所示。

表 5 –4 变量测量题项的均值和标准差

变量	测量题项	项目均值	标准差
X_1：资源依赖	林木资源紧缺程度	4.90	1.391
	对林木资源紧缺的认知程度	4.75	1.562
	林木资源不可替代程度	5.13	1.464
X_2：协作信任	赊账周期反映彼此信任程度	4.49	1.303
	上下游林产品交易的简便程度	4.36	1.185
	与协作伙伴信赖关系的判断	4.94	1.189
	相信协作伙伴制定重大决策时会考虑对本公司的影响	4.91	1.290
	相信协作伙伴会将本公司的利益放在至关重要的位置	4.91	1.384
X_3：协作沟通	定期开会程度	4.78	1.389
	双向沟通程度	5.09	1.184
	非正式沟通程度	4.92	1.313
	多样化沟通程度	5.14	1.290
	通过讨论做决策	5.26	1.254
X_4：信息共享	对信息共享认知程度	5.39	1.383
	战略信息共享程度	5.32	2.806
	运营信息共享程度	5.06	1.313
	信息提供给对方程度	5.11	1.252
X_5：协作决策	参与决策程度	5.08	1.180
	共同解决意料外事件程度	4.95	1.287
	做需求决策程度	5.09	1.198
	共同决定供货满足率、库存水平及最佳定货量	5.01	1.252
	共同做促销活动程度	4.96	1.269
	共同制定解决方案	5.13	1.299
X_6：协作激励	成本和收益共享	4.79	1.400
	风险共担	4.91	1.233
	奖励协作伙伴	5.06	1.265
	帮助协作伙伴	5.01	1.223

续表

变量	测量题项	项目均值	标准差
X_7：协作绩效	提升协作各方盈利程度	5.05	1.308
	降低供应链总体成本程度	5.01	1.205
	提高产品质量水平程度	5.15	1.181
	降低废气、废水、废物排放量程度	5.17	1.279
	生态环境保护意识提高程度	5.40	1.333
	参加绿色环保认证认知程度	5.51	1.260
	原材料（林木）供给量增加的程度	5.01	1.219
	实现废弃物收集、分类、循环利用的程度	5.25	1.295
	供应链内部资源自给率提高的程度	5.19	1.226
	带动周边就业增加的程度	5.15	1.276
	感觉周边基础设施较协作前完善的程度	4.98	1.306
	客户对本公司产品及服务的满意程度	5.58	1.190

1. 林木资源依赖统计

林木资源依赖主要通过林木资源紧缺程度、对林木资源紧缺的认知程度、林木资源不可替代程度三方面来进行刻画，描述性统计分析结果如表 5-5 所示。其中，林木资源紧缺程度“有些同意”占比最大，为 32.62%，“不同意”占比最小，为 2.51%；对林木资源紧缺的认知程度“有些同意”占比最大，为 25.45%，“完全不同意”占比最小，为 2.87%，“完全同意”占比为 15.37%；林木资源不可替代程度“有些同意”占比最大，为 23.30%，“完全不同意”占比最小，为 0.63%。

表 5-5　林木资源依赖统计分析

林木资源紧缺程度	频数	占比（%）	对林木资源紧缺的认知程度	频数	占比（%）	林木资源不可替代程度	频数	占比（%）
1	8	2.87	1	8	2.87	1	1	0.36
2	7	2.51	2	20	7.17	2	15	5.38
3	21	7.52	3	26	9.32	3	24	8.60
4	62	22.22	4	61	21.86	4	50	17.92
5	91	32.62	5	71	25.45	5	65	23.30
6	52	18.64	6	50	17.92	6	64	22.94
7	38	13.62	7	43	15.37	7	60	21.50

2. 协作信任统计

协作信任主要从赊账周期反映彼此信任程度、上下游林产品交易的简便程度、与协作伙伴信赖关系的判断、相信协作伙伴制定重大决策时会考虑对本公司的影响、相信协作伙伴会将本公司的利益放在至关重要的位置五方面进行测量，描述性统计分析结果如表 5－6 所示。其中，对赊账周期反映彼此信任程度“一般”占比最大，为 34.41%，“完全不同意”占比最小，为 1.43%；上下游林产品交易的简便程度“一般”占比最大，为 32.62%，“完全不同意”占比最小，为 0.36%；与协作伙伴信赖关系的判断“有些同意”占比最大，为 39.71%，“完全不同意”占比最小，为 1.08%；相信协作伙伴制定重大决策时会考虑对本公司的影响“有些同意”占比最大，为 33.33%，“完全不同意”占比最小，为 0.36%；相信协作伙伴会将本公司的利益放在至关重要的位置“有些同意”占比最大，为 30.82%，“完全不同意”占比最小，为 2.51%。

表 5－6 协作信任统计分析

赊账周期反映彼此信任程度	频数	占比（%）	上下游林产品交易的简便程度	频数	占比（%）	与协作伙伴信赖关系的判断	频数	占比（%）
1	4	1.43	1	1	0.36	1	3	1.08
2	12	4.30	2	17	6.09	2	5	1.79
3	39	13.98	3	43	15.41	3	20	7.17
4	96	34.41	4	91	32.62	4	39	13.98
5	70	25.09	5	82	29.39	5	108	39.71
6	36	12.90	6	36	12.90	6	58	20.79
7	22	7.89	7	9	3.23	7	26	9.32

相信协作伙伴制定重大决策时会考虑对本公司的影响	频数	占比（%）	相信协作伙伴会将本公司的利益放在至关重要的位置	频数	占比（%）
1	1	0.36	1	7	2.51
2	11	3.94	2	9	3.23
3	25	8.96	3	19	6.81
4	52	18.64	4	63	22.58
5	93	33.33	5	86	30.82
6	64	22.94	6	59	21.15
7	33	11.83	7	36	12.90

3. 协作沟通统计

协作沟通从定期开会程度、双向沟通程度、非正式沟通程度、多样化沟通程度和通过讨论做决策五方面来进行描述，结果如表5－7所示。其中，定期开会程度“有些同意”占比最大，为33.33％，“完全不同意”占比最小，为0.36％；双向沟通程度“有些同意”占比最大，为30.82％，“完全不同意”占比最小，为2.51％；非正式沟通程度“有些同意”占比最大，为30.82％，“完全不同意”占比最小，为2.51％；多样化沟通程度“有些同意”占比最大，为30.82％，“完全不同意”占比最小，为2.51％；通过讨论做决策“有些同意”占比最大，为30.82％，“完全不同意”占比最小，为0.71％。

表5－7 协作沟通统计分析

定期开会程度	频数	占比（％）	双向沟通程度	频数	占比（％）	非正式沟通程度	频数	占比（％）	多样化沟通程度	频数	占比（％）	通过讨论做决策	频数	占比（％）
1	1	0.36	1	7	2.51	1	7	2.51	1	7	2.51	1	2	0.71
2	11	3.94	2	9	3.23	2	9	3.23	2	9	3.23	2	7	2.51
3	25	8.96	3	19	6.81	3	25	8.96	3	19	6.81	3	13	4.66
4	52	18.64	4	63	22.58	4	57	20.43	4	63	22.58	4	46	16.49
5	93	33.33	5	86	30.82	5	86	30.82	5	86	30.82	5	86	30.82
6	64	22.94	6	59	21.15	6	59	21.15	6	59	21.15	6	80	28.68
7	33	11.83	7	36	12.90	7	36	12.90	7	36	12.90	7	45	16.13

4. 信息共享统计

信息共享从对信息共享认知程度、战略信息共享程度、运营信息共享程度、信息提供给对方程度四方面来进行描述，结果如表5－8所示。其中，对信息共享认知程度“同意”占比最大，为27.96％，“完全不同意”和“不同意”占比最小，为1.79％；战略信息共享程度“有些同意”占比最大，为31.90％，“完全不同意”占比最小，为1.08％；运营信息共享程度“有些同意”占比最大，为32.62％，“完全不同意”和“不同意”占比最小，为1.79％；信息提供给对方程度“有些同意”占比最大，为37.28％，“完全不同意”占比最小，为1.08％。

表 5－8　信息共享统计分析

对信息共享认知程度	频数	占比（%）	战略信息共享程度	频数	占比（%）	运营信息共享程度	频数	占比（%）	信息提供给对方程度	频数	占比（%）
1	5	1.79	1	3	1.08	1	5	1.79	1	3	1.08
2	5	1.79	2	7	2.51	2	5	1.79	2	6	2.15
3	19	6.81	3	16	5.73	3	20	7.17	3	18	6.45
4	37	13.26	4	48	17.20	4	53	19.00	4	45	16.13
5	67	24.01	5	89	31.90	5	91	32.62	5	104	37.28
6	78	27.96	6	74	26.52	6	66	23.66	6	64	22.94
7	68	24.37	7	42	15.05	7	39	13.98	7	39	13.98

5. 协作决策统计

协作决策从参与决策程度，共同解决意料外事件程度，做需求决策程度，共同做促销活动程度，共同决定供货满足率、库存水平及最佳定货量，共同制定解决方案六方面为代表来进行描述，结果如表 5－9 所示。其中，参与决策程度“有些同意”占比最大，为 33.69%，“完全不同意”占比最小，为 0.36%；共同解决意料外事件程度“有些同意”占比最大，为 33.33%，“完全不同意”占比最小，为 1.43%；做需求决策程度“有些同意”占比最大，为 37.28%，“完全不同意”占比最小，为 0.72%；共同做促销活动程度“有些同意”占比最大，为 31.90%，“完全不同意”占比最小，为 1.08%；共同决定供货满足率、库存水平及最佳定货量“有些同意”占比最大，为 33.33%，“完全不同意”占比最小，为 0.71%；共同制定解决方案“有些同意”占比最大，为 31.90%，“完全不同意”占比最小，为 1.08%。

表 5－9　协作决策统计分析

参与决策程度	频数	占比（%）	共同解决意料外事件程度	频数	占比（%）	做需求决策程度	频数	占比（%）	共同做促销活动程度	频数	占比（%）
1	1	0.36	1	4	1.43	1	2	0.72	1	3	1.08
2	6	2.15	2	7	2.51	2	5	1.79	2	7	2.51
3	17	6.09	3	25	8.96	3	18	6.45	3	21	7.53
4	56	20.07	4	53	19.00	4	50	17.92	4	42	15.05
5	94	33.69	5	93	33.33	5	104	37.28	5	89	31.90
6	75	26.88	6	69	24.73	6	66	23.66	6	75	26.88
7	30	10.75	7	28	10.04	7	34	12.19	7	42	15.05

续表

共同决定供货满足率、库存水平及最佳定货量	频数	占比（%）	共同制定解决方案	频数	占比（%）
1	2	0.71	1	3	1.08
2	8	2.87	2	7	2.51
3	22	7.89	3	21	7.53
4	52	18.64	4	42	15.05
5	93	33.33	5	89	31.90
6	72	25.81	6	75	26.88
7	30	10.75	7	42	15.05

6. 协作激励统计

协作激励从成本和收益共享、风险共担、奖励协作伙伴、帮助协作伙伴四方面来进行描述，结果如表5－10所示。其中，成本和收益共享“有些同意”占比最大，为27.24%，“完全不同意”占比最小，为2.15%；风险共担“有些同意”占比最大，为34.05%，“完全不同意”占比最小，为0.72%；奖励协作伙伴“有些同意”占比最大，为36.20%，“完全不同意”占比最小，为1.43%；帮助协作伙伴“有些同意”占比最大，为33.69%，“完全不同意”占比最小，为1.08%。

表5－10　协作激励统计分析

成本和收益共享	频数	占比（%）	风险共担	频数	占比（%）	奖励协作伙伴	频数	占比（%）	帮助协作伙伴	频数	占比（%）
1	6	2.15	1	2	0.72	1	4	1.43	1	3	1.08
2	12	4.30	2	11	3.94	2	8	2.87	2	6	2.15
3	26	9.32	3	18	6.45	3	15	5.38	3	17	6.09
4	68	24.37	4	62	22.22	4	49	17.56	4	60	21.51
5	76	27.24	5	95	34.05	5	101	36.20	5	94	33.69
6	61	21.86	6	68	24.37	6	69	24.73	6	70	25.09
7	30	10.75	7	23	8.24	7	33	11.83	7	29	10.39

7. 协作绩效统计

协作绩效总共12个题项，以提升协作各方盈利程度，降低废气、废水、废物排放量程度，原材料（林木）供给量增加的程度，带动周边就业增加的程度四题项为代表来进行描述，结果如表 5-11 所示。其中，提升协作各方盈利程度“有些同意”占比最大，为 30.47%，“完全不同意”占比最小，为 1.43%；降低废气、废水、废物排放量程度“一般”占比最大，为 31.90%，“完全不同意”占比最小，为 3.23%；原材料（林木）供给量增加的程度“有些同意”占比最大，为 32.26%，“完全不同意”占比最小，为 0.36%；带动周边就业增加的程度“有些同意”占比最大，为 31.54%，“完全不同意”占比最小，为 1.08%。

表 5-11　协作绩效统计分析

提升协作各方盈利程度	频数	占比（%）	降低废气、废水、废物排放量程度	频数	占比（%）	原材料（林木）供给量增加的程度	频数	占比（%）	带动周边就业增加的程度	频数	占比（%）
1	4	1.43	1	9	3.23	1	1	0.36	1	3	1.08
2	6	2.15	2	20	7.17	2	7	2.51	2	8	2.87
3	21	7.53	3	47	16.85	3	21	7.53	3	17	6.09
4	55	19.71	4	89	31.90	4	60	21.51	4	43	15.41
5	85	30.47	5	67	24.01	5	90	32.26	5	88	31.54
6	71	25.45	6	47	16.85	6	70	25.09	6	84	30.10
7	37	13.26	7	23	8.24	7	30	10.75	7	36	12.91

四、数据信效度检验

SEM 对数据要求比较严格，为了保证收集的数据能够适用于 SEM，事先需要对样本数据进行信度和效度检验。

（一）信度检验

信度即可靠性，反映度量工具（即量表）能否稳定地测量所测的事物或者变量，即测量结果的一致性或稳定性。信度的指标多体现为相关系数，包括再测信度、复合信度和内部一致性信度。其中，内部一致性信度反映量表中测量同一属性的不同测度项之间的同质性（邱皓政和林碧芳，2009；谢广岭，2017），常采用 Cronbach's α 系数测度内部一致性信度。判断标准为，当 Cronbach's α 系数大于 0.7 时，数据有较高的信度，当 Cronbach's α 系数小于 0.7 时，数据的可信度不佳。本书以 Cronbach's α 系数为度量标准，运用 SPSS 对各变量及测度项进行信度分析。从表 5-12 可知，资源依赖、协作信任、协作沟通、信息共享、协作决策、协作激励、协作绩效整体 Cronbach's α 系数均大于 0.7，各测量项目具有良好的内部一致性，各潜变量的测量具有较好的信度，整个量表的 Cronbach's α 系数达到 0.941，说明本书问卷调研获得数据是可靠的。

表 5-12　潜变量信度 Cronbach's α 检验结果

潜变量	测度项项数	Cronbach's α	整体 Cronbach's α
X_1：资源依赖	3	0.739	0.941
X_2：协作信任	5	0.821	
X_3：协作沟通	5	0.812	
X_4：信息共享	4	0.768	
X_5：协作决策	6	0.863	
X_6：协作激励	4	0.844	
X_7：协作绩效	12	0.896	

（二）效度检验

效度（Validity）即有效性，是指测量工具或手段能够准确测出所需测量的事物的程度。也可以说效度是所测量到的结果反映所想要考察内容的程度。测量结果与要考察的内容越吻合，则效度越高；反之，则效度越低。效度分为三种类型：内容效度、准则效度和结构效度。内容效度指测验题项对有关内容或行为取样的适用性，从而确定测验是否是所欲测量的行为领域的代表性取样。结构效度指测度项代表并通过基本理论在逻辑上连接观测到的现象与构念的程度，用以评价测量观测的结果是否能证实某一理论的假设、术语或假说等（邱皓政和林碧芳，2009；彭柯，2015）。在调查问卷效度分析中，选择一个合适的准则十分困难，因此本书主要关注内容效度和结构效度，其中结构效度包括聚合效度和判别效度。

1. 内容效度

本书使用的量表是在参考现有成熟量表基础上设计的，在正式调查前，咨询了供应链领域的专家和征询了企业供应链管理者的建议后，对问卷题项和提问方式进行了修改，确保了量表具有较好的内容效度。

2. 结构效度

结构效度主要通过因子分析来检验。大量经验表明，如果样本数据能够做因子分析，那么该样本数据通常具有较好的结构效度。

（1）使用 SPSS 软件中因子分析方法的 KMO 和 Bartlett 球形判断样本数据是否适合进行因子分析，检验结果如表 5 - 13 所示。判定标准为：KMO 值在 0.9 及以上，表明非常适合做因子分析；0.8 ~0.9 表明很适合；0.7 ~0.8 表示适合；0.6 ~0.7 表示尚可；0.5 ~0.6 表示很差；0.5 及以下表示应该放弃。从表 5 - 13 可见，变量的 KMO 值都在 0.7 以上，且 Bartlett 球形均达到显著性水平，说明测度项间显著相关，可以用于因子分析。

（2）主成分因子分析在最大方差旋转后提取特征值大于 1 的因子，发现都只能提取到一个因子，且解释的方差比率都超过 60%，表明各测量项目能较好地测量出对应的潜变量，具有较好的结构效度，结果如表 5 - 14 所示。在此基础上，进一步通过验证性因子分析（CFA）对聚合效度和判别效度进行检验。

表 5 - 13 KMO 和 Bartlett 球形检验

潜变量	KMO	Bartlett 球形检验		
		近似卡方 γ^2	自由度 df	显著性水平 sig.
X_1：资源依赖	0.703	77.207	3	0.000
X_2：协作信任	0.735	218.491	10	0.000
X_3：协作沟通	0.856	602.902	10	0.000
X_4：信息共享	0.751	264.617	6	0.000
X_5：协作决策	0.872	580.652	15	0.000
X_6：协作激励	0.798	453.282	6	0.000
X_7：协作绩效	0.916	1374.862	66	0.000

表 5 - 14 潜变量的特征值和总体解释度

潜变量	特征值	解释的方差比率（%）
X_1：资源依赖	1.613	60.772
X_2：协作信任	2.254	62.266

续表

潜变量	特征值	解释的方差比率（%）
X_3：协作沟通	3.228	64.552
X_4：信息共享	2.311	67.770
X_5：协作决策	3.380	67.103
X_6：协作激励	2.735	68.370
X_7：协作绩效	5.645	63.486

（3）聚合效度是指测量同一构念的不同测度项之间的相关程度，变量测度项的因子载荷反映了变量与测度项间的相关系数。所有测度项在同一因子上的载荷量均大于0.5，则具有理想的聚合效度（黄芳铭，2005），如果所有测度项在同一因子上的因子载荷量均大于0.6，则表明该变量具有较高的聚合效度（邱皓政和林碧芳，2009）。另外，Fornell 提出可用平均方差抽取量（AVE）检验聚合效度，AVE 指潜变量可以解释其指标变量变异量的比值，数值越大，表示测量指标越能反映其共同因素潜变量的潜在特质。一般 AVE 大于0.5，表示潜变量具有聚合效度（Fornell & Larcker，1981）。组合信度 CR 反映潜变量所有测量题项间的内在关联性。当因子载荷大于0.5、组合信度大于0.7、平均方差抽取量大于0.5时，问卷的聚合效度良好。我们运用验证性因子分析方法，利用 AMOS 软件对聚合效度进行检验，检验结果如表5－15所示。从中可知，各变量所有测度项的因子载荷均在0.6以上，基于模型中因子载荷而计算的组合信度 CR 均超过了临界值0.7，所有变量的 AVE 值都大于0.5，说明模型具有较高的聚合效度。

表5－15　潜变量的因子载荷、CR 和 AVE

潜变量	测量题项	因子载荷	CR	AVE
X_1：资源依赖	林木资源紧缺程度	0.807	0.756	0.647
	对林木资源紧缺的认知程度	0.714		
	林木资源不可替代程度	0.672		
X_2：协作信任	赊账周期反映彼此信任程度	0.773	0.834	0.677
	上下游林产品交易的简便程度	0.791		
	与协作伙伴信赖关系的判断	0.789		
	相信协作伙伴制定重大决策时会考虑对本公司的影响	0.679		
	相信协作伙伴会将本公司的利益放在至关重要的位置	0.701		

续表

潜变量	测量题项	因子载荷	CR	AVE
X_3：协作沟通	定期开会程度	0.810	0.867	0.691
	双向沟通程度	0.848		
	非正式沟通程度	0.781		
	多样化沟通程度	0.834		
	通过讨论做决策	0.739		
X_4：信息共享	对信息共享认知程度	0.794	0.812	0.700
	战略信息共享程度	0.636		
	运营信息共享程度	0.830		
	信息提供给对方程度	0.767		
X_5：协作决策	参与决策程度	0.710	0.831	0.762
	共同解决意料外事件程度	0.791		
	做需求决策程度	0.799		
	共同决定供货满足率、库存水平及最佳定货量	0.743		
	共同做促销活动程度	0.713		
	共同制定解决方案	0.743		
X_6：协作激励	成本和收益共享	0.827	0.825	0.724
	风险共担	0.852		
	奖励协作伙伴	0.819		
	帮助协作伙伴	0.809		
X_7：协作绩效	提升协作各方盈利程度	0.697	0.853	0.663
	降低供应链总体成本程度	0.711		
	提高产品质量水平程度	0.756		
	降低废气、废水、废物排放量程度	0.737		
	生态环境保护意识提高程度	0.742		
	参加绿色环保认证认知程度	0.698		
	原材料（林木）供给量增加的程度	0.644		
	实现废弃物收集、分类、循环利用的程度	0.694		
	供应链内部资源自给率提高的程度	0.658		
	带动周边就业增加的程度	0.625		
	感觉周边基础设施较协作前完善的程度	0.662		
	客户对本公司产品及服务的满意程度	0.678		

（4）利用 AVE 检验各个潜在变量间的判别效度。判别效度指不同的潜变量之间是否存在显著性差异，可利用 AVE 值进行检验。如果各潜变量的 AVE 值均大于各潜变量间相关系数的平方，则可称具有判别效度（Fornell，1981）。表 5-16 的检验结果表明，所测量的 7 个潜变量的 AVE 值（对角线上的值）均大于它与其他潜变量之间相关系数的平方，表明测量不同潜变量的可观测数值之间具有较好的区分度，说明测量模型各个潜在变量之间具有良好的判别效度，可以进行后续的结构模型和路径分析。

表 5-16　AVE 和变量间相关系数的平方

	资源依赖	协作信任	协作沟通	信息共享	协作决策	协作激励	协作绩效
X_1：资源依赖	0.647						
X_2：协作信任	0.497	0.677					
X_3：协作沟通	0.486	0.394	0.691				
X_4：信息共享	0.529	0.452	0.516	0.700			
X_5：协作决策	0.473	0.413	0.458	0.453	0.762		
X_6：协作激励	0.492	0.521	0.534	0.518	0.495	0.724	
X_7：协作绩效	0.384	0.563	0.497	0.386	0.473	0.564	0.663

五、实证结果及分析

（一）实证结果

本部分使用 AMOS20.0，选用极大似然估计法来检验提出的模型和假设。基于已有的研究假设，对数据进行缺失处理、无量纲标准化处理和信度效度检验后，代入到已建立的计量模型 SEM 中进行实证拟合，并用最大似然对数法进行参数估计，输出标准化路径系数值，再根据模型适配度指数分别对其拟合结果进行检验。经过多次修正（图 5-1 和图 5-2 为模型修改的过程图，中间图略），最终输出的标准化作用路径如图 5-3 所示。然后对模型进行 SEM 适配度检验和假设路径分析，最后总结提炼实证结论。

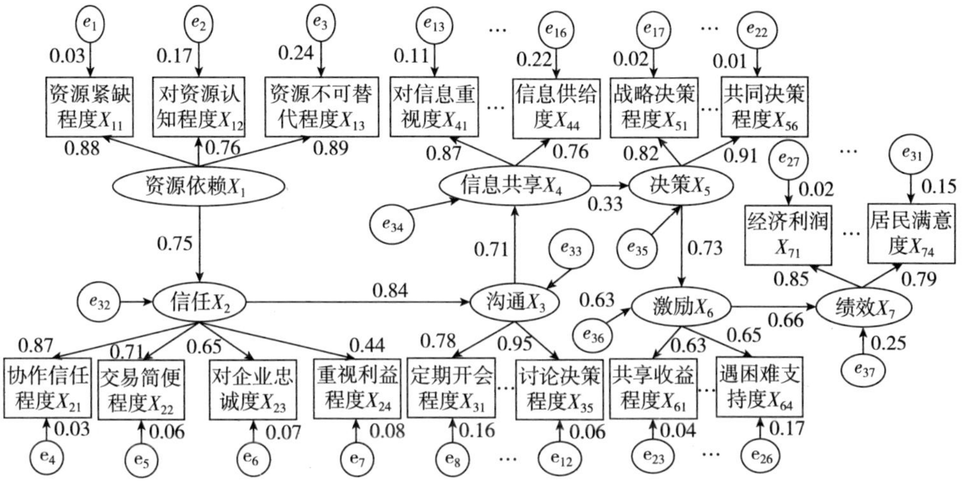

图 5-1　第一次修正后的结构方程模型及拟合结果

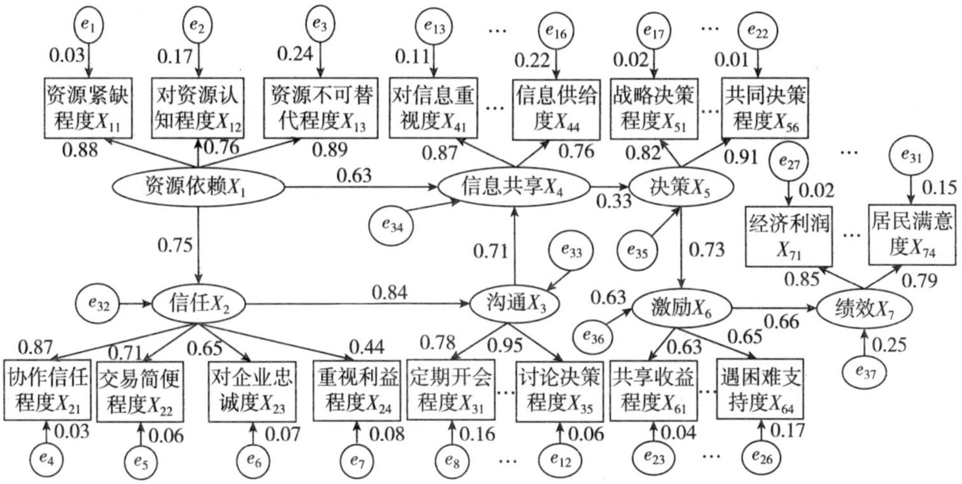

图 5-2　第二次修正后的结构方程模型及拟合结果

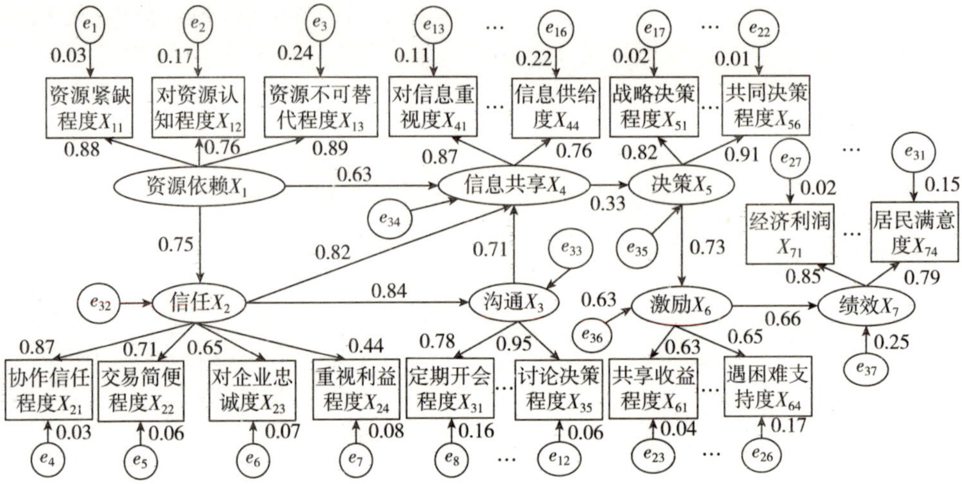

图 5-3　最后修正的结构方程模型及拟合结果

（二）模型的整体适配度分析

模型的适配度指标用来评价假设的路径分析模型图与实际数据符合的程度，类似多元统计分析的拟合优度（R^2）。SEM 整体适配度检验包括绝对适配度、增值适配度和简约适配度检验三类，检验的标准根据实际拟合值是否处于判断标准内来确定。结构方程模型 SEM 整体适配度的统计检验量、实际拟合值、判断标准及拟合结果如表 5-17 所示。检验结果显示各个拟合优度指标都在可以接受的范围内，其中绝对适配统计量 $\chi^2 = 25.330$、GFI = 0.857、AGFI = 0.873、RMR = 0.052、RMSEA = 0.008、NCP = 0.043，增值适配统计量 NFI = 0.998、IFI = 0.810、TLI = 0.894、CFI = 0.867，简约适配统计量 PCFI = 0.583、PNFI = 0.556、CN = 341、$\chi^2/df = 1.782$、AIC = 80.142、CAIC = 56.783，均在合理的检验指标值范围内，参数检验结果合格，表明模型和调查数据匹配情况良好。由于拟合指数的作用是考察理论模型与数据的适配程度，并不能作为判断模型是否成立的唯一依据，故拟合优度高的模型只能作为参考，还需根据所研究问题的背景知识进行合理性讨论，以确定模型是否具有合理的理论意义，同理，拟合指数没有显示模型最优，只要在合理的范围内，如果具有实际意义，使用相关理论能够很好地加以解释，拟合指数不一定要求最优（易丹辉，2008；李爱彬，2012）。

表 5-17　SEM 整体适配度的评价指标体系及拟合结果

序号		统计检验量	实际拟合值	判断标准	结果
绝对适配度指数	1	χ^2（卡方分布）	25.330（P=0.819）	[0.05，+∞] 越大于 0.05 表示拟合效果越好	理想
	2	GFI（拟合优度指数，Goodness of Fit Index）	0.857	[0.8，1.0] 越接近 1 表示模型拟合度越好	合格
	3	AGFI（调整拟合优度，Adjust Goodness of Fit Index）	0.873	[0.8，1.0] 越接近 1 表示模型拟合度越好	合格
	4	RMR（均方根残余指数，Root Mean Square Residual）	0.052	[0，0.05] 越接近 0 表示模型拟合度越好	合格
	5	RMSEA（近似误差均方根，Root Mean Square Error of Approximation）	0.008	[0，0.01] 越接近 0 表示模型拟合度越好	理想
	6	NCP	0.043	[0，0.05] 越接近 0 表示模型拟合度越好	理想
增值适配度指数	7	NFI（规范拟合指数，Normal Fit Index）	0.998	[0.8，1.0] 越接近 1 模型拟合度越好	理想
	8	IFI（增量拟合指数，Incremental Fit Index）	0.810	[0.8，1.0] 越接近 1 模型拟合度越好	合格
	9	TLI（塔克—刘易斯指数，Tucker-Lewis Index）	0.894	[0.8，1.0] 越接近 1 模型拟合度越好	合格
	10	CFI（比较拟合指数，Comparative Fit Index）	0.867	[0.8，1.0] 越接近 1 模型拟合度越好	合格
简约适配度指数	11	PCFI	0.583	[0.5，+∞]	理想
	12	PNFI	0.556	[0.5，+∞]	理想
	13	CN	341	[200，+∞]	理想
	14	χ^2/df	1.782	[1，3]	理想
	15	AIC（赤池信息准则，Akaike's Information Criterion）	80.142	[0，100] AIC 越小表示模型拟合度越好	合格
	16	CAIC	56.783	[0，100] AIC 越小表示模型拟合度越好	合格

（三）假设路径分析

以结构方程模型进行路径分析是 SEM 最重要的应用价值之一。使用 AMOS20.0 对林业绿色供应链全产业协作机理结构模型各潜变量之间的路径系数分析的结果如图 5－3 和表 5－18 所示。表 5－18 中标准化路径系数是对数据进行标准化处理后得到的，可以在同一模型中进行不同系数的比较，用来衡量潜变量之间的影响程度。C. R.（t 值）称为临界比率，可以判断路径是否显著。若 C. R.（t 值）大于 1.96，路径就保留，假设得到支持；若 C. R.（t 值）小于 1.96，路径就可以删除，说明假设没有得到支持。

表 5－18　结构方程模型（SEM）路径分析结果

研究假设	假设路径关系	标准化路径系数	C. R.（t 值）	是否支持原假设
H1	资源依赖→协作信任	0.75***	2.389	是
H2	资源依赖→信息共享	0.63***	3.074	是
H3	协作信任→信息共享	0.82***	2.189	是
H4	协作信任→协作沟通	0.84***	3.032	是
H5	协作沟通→信息共享	0.71***	2.987	是
H6	信息共享→协作决策	0.33***	2.671	是
H7	协作决策→协作激励	0.73***	2.867	是
H8	协作激励→协作绩效	0.66***	3.007	是
H8a	协作激励→经济绩效	0.78**	2.905	是
H8b	协作激励→生态绩效	0.67**	2.576	是
H8c	协作激励→资源绩效	0.59**	2.473	是
H8d	协作激励→社会绩效	0.46	1.329	否

注：*、**、*** 分别表示在 0.10、0.05、0.01 水平上显著。

从表 5－18 中路径系数的检验结果看，除假设 8 的子假设 8d（协作激励对社会绩效有显著的正向影响没有得到证实）路径系数不显著外，其他假设的路径系数均通过了 t 检验（t＞1.96），绝大多数研究假设得到支持。子假设 8d 即协作激励对社会绩效有显著的正向影响没有得到证实，可能的原因在于林业企业盈利能力偏弱，国际市场出口形势不容乐观，国内市场又面临激烈的竞争，能够生存下来实属不易，所以林业绿色供应链在带动当地就业，投资当地基础设施等社会绩效的判断程度打分低。但是，这无疑提醒林业绿色供应链全产业协作组织要适当对当地社会发展给予一定的重视，实现与当地经济生态社会的融合会带来政府的重视，社区居民的支持，反过来又对林业经济绩效的提高有促进作用。

(四) 实证结论

根据结构方程模型假设路径分析的结果，结合林业绿色供应链全产业协作的特点，对林业绿色供应链协作机理模型的实证结果进行解释和总结，具体分析如下。

1. 资源依赖对协作信任有显著的正向影响

从图 5 - 3 和表 5 - 18 可知，假设 1（资源依赖对协作信任具有正向显著影响）得到支持，影响系数为 0.75，假设检验结果表明，资源依赖对协作信任具有直接促进作用，t 值大于 1.96。这说明林木资源依赖对供应链协作信任具有直接的影响。一般制造业的信任往往是因为长期合作形成的，基于长期的经济利益追求，但是在林业行业，得资源者得天下，作为核心企业，不得不从长远战略考虑所在供应链的资源保障难题。信任具有相互性，资源依赖也具有相互性，原因在于如果没有下游企业的需求，上游的林木资源及半成品也没有任何价值，不能创造出经济价值。所以，林业资源依赖是整体供应链的资源依赖。资源依赖程度越高，企业间协作信任程度就越强烈。

在供应链层面，对木材资源的依赖促进了供应链核心企业与上下游企业建立长期的交易关系，也因为资源的相互依赖导致协作间企业信任程度的增加。林业企业要获得稳定的长期盈利，需要与产能相匹配的木材资源供给，外购比例一般较大，通过和上游营林企业建立协作关系，保障林木资源供应，为整体供应链盈利打下基础。营林企业与加工制造企业间的资源是相互依赖的，双方在协作中建立彼此的信任，才会实现共赢。具有主导地位的核心林业企业如果采取短期的机会主义行为，就难以获得长期稳定的林木资源。这在和调查企业供应链管理相关人员访谈中也得到证实，对资源依赖的重视程度越高，企业越希望与合作企业保持长期的合作关系，在合作中彼此信任的程度也越大，这表现在给予对方的赊销周期更长，交易更加简便以降低交易成本，相信协作伙伴在制定重大决策时会考虑对本公司影响，相信协作伙伴会将本公司的利益放在重要地位而不是采取机会主义行为的程度更大。

2. 资源依赖对信息共享有显著的正向影响

从图5-3和表5-18可知，假设2（资源依赖对信息共享具有正向影响）得到支持，影响系数为0.63。假设检验结果表明，资源依赖对信息共享具有直接促进作用，t值大于1.96。这说明供应链资源依赖程度越大，林业企业越倾向于进行信息共享。资源依赖代表林业企业对协作供应链的整体资源的依赖程度。原料培育是林业绿色供应链的第一车间，林业核心企业除自建营林基地提供小部分林木原材料外，大部分原料是通过外购与核心企业建立协作关系的林场、基地或农户获得的。核心企业和上游互相交换所需要的信息，各自按照绿色供应链协作的要求调整经营策略，实现双赢的目标。同时，林业核心企业也重视下游的市场信息的共享，因为供应链下游的订单经过逐级向上的共享，最终传递到上游的营林企业，林木资源是否能够满足整个供应链运营的需求就至关重要了。林木资源作为可再生资源，具有一定的生长周期，要根据整个供应链的各级需求信息规划木材资源的培育和供给。具有战略意义的林木资源依赖对信息的共享有明显的促进作用。通过信息共享，彼此间相互交换有关整体供应链运作的资源、市场、生产等重要信息，对于整个林业绿色供应链协作的顺利开展起到至关重要的作用。

3. 协作信任对信息共享有显著的正向影响

从图5-3和表5-18可知，假设3（协作信任对信息共享具有显著正向影响）得到支持，影响系数为0.82，假设检验结果表明，协作信任对信息共享具有直接促进作用，t值大于1.96。这表明林业绿色供应链企业间的相互信任程度越高，相互分享信息的程度就越大。这和现有研究的结论是一致的，充分说明协作信任是供应链信息共享的基础和前提（Li & Lin，2006；Cao & zhang，2011；周扬，2013；符少玲和孙良媛，2015）。这表明了供应链上下游企业间建立长期的信任关系将有助于信息共享程度，增加双方信息的对称程度。林业供应链管理实践中营林企业与加工制造企业以及分销企业间的信任仅仅靠市场交易契约很难实现，只有依靠双方长期的沟通和交流逐渐积累形成。从供应链协作的角度，公司需要和上下游建立畅通的信息共享机制以促进有效沟通，确保信息的及时性、准确性和有用性。对于林业绿色供应链核心企业和协作参与企业而言，信任关系的建立是提高信息分享意愿和实际信息交流的前提。

4. 协作信任对协作沟通有显著的正向影响

从图5-3和表5-18可知，假设4（协作信任对协作沟通具有正向显著影响）也得到支持，影响系数为0.84，假设检验结果表明，协作信任对协作沟通具有直接促进作用，t 值大于 1.96。这说明在信息手段已经高度发达的情况下，沟通仍然是解决问题的最佳手段，拥有信息或者具有信息技术并不能够保障沟通的良好进行。与现有文献认为供应链成员间信任程度直接影响了供应链成员间的沟通程度和协作决策的能力的研究结果（李自杰等，2010；Ybarra & Turlc，2014）一致。实践中供应链成员间的协作沟通越是开放、频繁、平衡和双向，成员间协作关系越是亲密。沟通机制使供应链上企业紧紧地黏合在一起，成功企业的高层经理已经意识到与关键合作伙伴分享知识及交换关键信息，可以提高运营绩效并加强伙伴之间的商业关系。林业企业间建立了相互信任才有良好的沟通，才能保障林业供应链协作顺利进行。林业供应链协作的节点多，区域跨度大，风险大，供应链中断的危险时刻存在。在双方信任的基础上，通过良好的沟通才能化解供应链协作过程中出现的冲突。建立信任关系，合作双方沟通交流彼此信息的意愿才会产生。实证结果验证了林业供应链协作双方的彼此信任程度越高，就越愿意与协作伙伴通过各种沟通渠道、各种方式去交流分享各自所拥有的信息。我国的文化社会背景决定了熟人才会产生有效的沟通，没有一定时间的合作互动，人与人之间是难以建立有效沟通的。在林业绿色供应链协作中，人际信任是企业间信任的必要补充，协作企业对人际信任也要高度重视，有利于协作沟通的开展，在人际沟通的基础上建立企业间信任。

5. 协作沟通对信息共享有显著的正向影响

从图5－3 和表5－18 可知，假设5（协作沟通对信息共享具有显著的正向影响）得到支持，影响系数为 0.71，假设检验结果表明，协作沟通对信息共享具有直接促进作用，t 值大于 1.96，这说明供应链企业间协作沟通的程度越大，信息共享的程度就越高，高质量的沟通促进了信息共享。一般供应链合作中对沟通的关注度不高，但是实践中协作沟通却是建立关系的最有效手段，因为能起到沟通作用的是人，企业间的协作决策也是通过信息的沟通才能实现。在林业绿色供应链协作中，协作经常因为缺乏沟通而中断。沟通促进供应链信息在上下游企业间的充分交流，增加了交换信息的数量和质量，增加了供应链信息的对称程度，对信息共享产生正向的促进作用。林业绿色供应链通过企业间沟通的多样化方式和渠道，增加了相互间的了解和信任。有了充分的沟通，有关产能、订单、市场等供应链信息的共享交流就更顺畅，对于提高供应链整体运作能力和处理冲突矛盾的发生具有重要的管理价值。可以说，协作沟通不顺畅，信息共享的质量不可能提高。

6. 信息共享对协作决策有显著的正向影响

从图5－3和表5－18可知，假设6（信息共享对协作决策具有正向显著影响）得到支持，影响系数为0.33，假设检验结果表明，信息共享对协作决策具有直接促进作用，t值大于1.96。这说明高质量的信息在供应链上下游间的传递和交换是供应链协作效率提高的关键。就林业绿色供应链而言，由于林业绿色供应链协作具有跨产业、跨区域、全过程的特点，林业绿色供应链协作伙伴间的信息共享对于供应链协作伙伴采取共同行动和制定决策方案具有非常重要的价值。协作决策的质量和解决问题的有效性对不同环节的协作伙伴分享信息提出了要求，不但需要战略信息的分享，也需要运营信息和有关整个供应链的信息。以林纸供应链协同决策为例，林纸供应链的决策不但需要应对市场需求的变化，还需要协调制浆造纸企业、营林企业或其他投入主体形成多层次供应链组织的目标和分享的各类信息，做出对整体林纸供应链利益最大化的决策方案。林业绿色供应链协作系统间的企业在重要问题上的信息共享已经成为提高决策质量和效率，保持良好合作关系的关键因素。

7. 协作决策对协作激励有显著的正向影响

从图5－3和表5－18可知，假设7（协作决策对协作激励具有正向显著影响）得到支持，协作决策对协作激励具有正向显著影响，影响系数为0.73，假设检验结果表明，协作决策对协作激励具有直接促进作用，t值大于1.96。供应链协作决策是协作伙伴针对供应链运作出现的问题进行讨论，提出解决问题的方案并加以实施的过程。林业供应链全产业、全过程协作是一个复杂的协作系统，哪个环节不协调都会影响整个供应链的收益。协作激励是以利益分配为主的激励变量，利益分配的公平合理性是协作激励的核心点。协作决策处理的问题既包括供应链协作过程中的战略性和运作性决策问题，也包括经济利益在供应链协作成员间的公平合理分配问题。同时，战略性问题和运作性问题的共同解决，目的是提高整个供应链的利益。实施决策要付出相应的成本，也需要在利益分配时考虑协作伙伴的付出。因此，企业间协作决策解决问题的程度越高，协作激励的效果就越好。管理理论把决策作为一个职能看待，但供应链协调过程其实是一系列决策的制定和实施过程，协作激励是协作决策的结果，具有直接的联系。过去的研究并没有把决策作为供应链协作激励的直接决定因素，明晰协作决策对协作激励的影响，对于其他行业的供应链协作具有重要的借鉴意义。

8. 协作激励对供应链协作绩效有显著的正向影响

从图 5－3 和表 5－18 可知，假设 8（协作激励对协作绩效具有正向显著影响）总体得到支持，影响系数为 0.66。假设 8 的 4 个子假设中的三个子假设 8a（协作激励对经济绩效有显著的正向影响）、假设 8b（协作激励对生态绩效有显著的正向影响）和假设 8c（协作激励对资源绩效有显著的正向影响）得到支持，影响系数分别为 0.78、0.67、0.59。假设检验结果表明，协作激励对协作绩效具有直接促进作用，t 值大于 1.96。协作激励的重点是根据协作伙伴对供应链协作的资源投入、承担的风险和努力的水平，对供应链协作的经济利益在供应链成员间进行公平合理分配。协作激励的强度越大，供应链协作成员努力程度越高，整个供应链协作的绩效就越高。协作激励不但对经济绩效有影响，还对环境绩效、生态绩效、资源绩效和社会绩效有影响。模型实证结果说明协作激励对经济绩效、资源绩效、生态绩效的作用显著，但是对社会绩效的作用没有得到支持。

9. 协作信任在资源依赖与信息共享关系中起到部分中介作用

图 5－3 和表 5－18 显示了协作信任的中介效应，即协作信任在资源依赖与信息共享之间发挥了部分中介作用，并达到了显著性。

10. 协作沟通在协作信任和信息共享关系起到部分中介作用

图 5－3 和表 5－18 显示了协作沟通的中介效应，即协作沟通在协作信任与信息共享之间发挥了部分中介作用，并达到了显著性。

总体而言，本书主要关注林木资源依赖对协作绩效的作用机理，协作行为各个潜变量主要发挥中介作用。从图 5－3 可知，林木资源依赖通过协作信任→信息共享→协作决策→协作激励、协作信任→协作沟通→信息共享→协作决策→协作激励、信息共享→协作决策→协作激励三个路径产生影响。

控制变量中企业在林业供应链的位置对林业供应链协作绩效具有一定的影响。不同类型的林业企业对资源依赖的程度有差别，如林浆纸企业对林木的依赖度比林板加工企业高。距离原料端越近，可能对林木资源的依赖程度越低。供应链协作中林木资料采购的半径以及运输成本是加工企业考虑最多的因素，这在实地调查中也得到证明。本书为了检验的稳健性，对控制变量进行了必要的控制。

第六章　我国林业绿色供应链全产业协作机制的构建及实施建议

根据林业绿色供应链协作特性、林业绿色供应链全产业协作机理理论架构构建、林业绿色供应链全产业协作机理的 SEM 实证分析结果可知，要提高林业绿色供应链全产业协作的经济绩效、生态绩效、资源绩效和社会绩效，需要林业绿色供应链全产业、全过程、全链条的协调配合，核心企业与协作企业间各个协作节点要通过协作机制才能形成有效的自组织系统，达到提高林业绿色供应链全产业协作绩效的目的。因此，构建林业绿色供应链协作机制以保障协作的运行就至关重要。本章依据协作机理理论模型和实证研究结论，结合我国林业绿色供应链发展实际，构建林业绿色供应链协作机制体系，并从核心企业、供应链管理和政府管理三个层面提出协作机制实施的建议。

一、林业绿色供应链全产业协作机制构建

根据林业绿色供应链全产业协作机理模型和 SEM 实证分析结果，本节构建了保障林业绿色供应链协作的机制体系，包括资源保障机制、协作信任机制、信息共享机制、协作沟通机制、协作决策机制和协作激励机制。本节构建的协作机制体系将分别在促进林业绿色供应链协作绩效提高中起到不同的作用：构建林业绿色供应链协作的资源保障机制，从源头为绿色供应链的开展协作提供良好的林木资源；构建林业绿色供应链协作的协作信任机制，降低机会主义行为发生的概率，并促进林业企业间的长期协作，这符合林业绿色供应链长期绩效追求的特点；构建林业绿色供应链协作的协作沟通机制，强化合作伙伴间的关系互动；构建林业绿色供应链协作的信息共享机制，为林业绿色供应链的协作活动提供实施

依据；建立林业绿色供应链协作的协作决策机制，促进供应链协作决策的质量和问题的共同解决；构建林业绿色供应链协作的协作激励机制，促进合作伙伴参与供应链活动的积极性。

（一）林业绿色供应链协作的资源保障机制

第五章的实证分析结果表明，林木资源依赖通过协作信任→信息共享→协作决策→协作激励、协作信任→协作沟通→信息共享→协作决策→协作激励、信息共享→协作决策→协作激励三个路径产生影响。林木资源依赖是林业绿色供应链全产业协作绩效最重要的战略性因素。为了提高全产业协作绩效，就必须考虑如何保障整个供应链的林木资源的稳定和持续性供给，为林业绿色供应链协作创造资源基础。因为一旦木材原料的供应出现问题，林业绿色供应链就无法运行。林业绿色供应链协作具有贯穿林业上游、中游和下游产业的特性，资源依赖表现为整个林业供应链的资源依赖。所以，改变资源约束并解决木材原料紧缺的有效途径是构建资源保障机制。即通过各种供应链协作方式，将林业绿色供应链向上游营林业延伸，以获得充足的森林资源和原料储备，实现林木资源的持续供应。

1. 建立多层次的供应渠道以保障林木资源的稳定供应

林木资源可持续增长及稳定供应对林业绿色供应链协作而言是非常重要的，需要建立多层次的林木资源供应渠道以保障核心企业的连续和稳定生产。以林纸供应链为例，林纸核心企业拥有自己的营林基地、木片加工设备、制浆和造纸工厂。通过纸品销售公司将纸产品销售给分销商或者直接销售给最终消费者。处于林纸供应链紧密层的控股林场和处于半紧密层的参股林场根据核心企业的协议向制浆企业提供木材。在松散层，合作林场按协议价格将木材供应给核心企业；木材收购代理商按协议价格收购林农散户的木材，加工成木片后，集中送往制浆造纸企业，经过抽检确定木片等级；其他具有联盟关系的制浆公司向核心层提供湿纸浆。当供应链内部的原料难以满足原料需求时，制浆造纸公司还要向外部市场购买木材原材料，包括国内外废纸回收商、制浆公司以及其他林业供应链组织。

核心企业为了保证造纸林木资源的稳定供应，每年对森林资源培育以及木材、木片和浆板的供应制定计划，并落实到具体部门和人员，保证计划的贯彻执行。核心企业与林纸供应链其他层次企业构成协作连接体，形成互利互惠的协作机制。供应链其他成员通过网络平台进行交流，在接受供应链协议后加入供应链协作系统。然后，供应链成员可以在网络平台发布需求和供给信息，以实现对林木资源的有效配置，降低供应链协作的交易成本。

2. 强化原料林基地建设以增加可控的林木资源储备

依据资源依赖理论，降低资源依赖的约束不在于拥有，关键是拥有支配资源的权力，核心企业除了发展自己的原料林基地，还可以通过与上游环节的多种协作，牢固构筑林业供应链长期稳定的资源来源。林业行业“得资源者得天下”，作为林业绿色供应链核心的林业企业通过各种纽带把分散的农户组织起来，组成联合整体，形成规模经济，就可以充分发挥资源的优势。我国森林资源总量有限，面对消费者不断增长的林产品及其加工产品的需求，发展植树造林是大势所趋。特别是在我国已经禁止天然林全面禁止商业性采伐后，人工林的发展就成为林业生产的重中之重。除部分群体的义务造林外，我国林业绿色供应链的造林主体是林业核心企业、营林公司和林农。

为解决原料问题，部分核心企业已经开始自营林的建设工作并已取得显著进展，已有研究表明在已造林面积中，核心企业造林约占60%（安丰杰，2009）。自营林的建设使核心企业获得了稳定的原料供应，逐步缓解林业供应链中林木资源的供需矛盾。核心企业具备雄厚的资金资源和先进的专业设备，又有水平较高的技术和人才做后盾，生产率较高。同时，由于是企业的自营林，生产出来的木材等资源几乎完全符合加工企业的需要，不会出现资源浪费的情况。因此，核心企业应把自营林建设作为一项重要的战略规划，可采取购买林农林地产权组建自己的营林公司和林场，也可以采取入股的方式获得其他林场的控制权，派出专业队伍管理，并提供技术和资金支持。例如，河南焦作瑞丰纸业有限公司全年需要造纸原料超过 10 万吨，自营林可以提供的原料占全部原料供应的70%。由于企业拥有对林场的控制权，企业能对林场的生产方式、数量和树种等下达指令，充分满足自己的需要，林木资源优势为该企业的林业供应链发展提供了较好的资源保障。

3. 做好“两个市场”的平衡以满足国内长期的林木资源需求

“两个市场”指的是国内和国际市场，“两种资源”指的是国内资源和国际资源。为解决原料不足，越来越多的企业依靠国内外购木材和木浆等原料，也依靠进口原木、木片、木浆、废纸等解决原料问题。这种做法虽然暂时解决原料短缺的难关，却不是长久之计。短期内林业供应链可以依靠国外市场解决原料问题，但短期内市场的价格波动、运输的远距离等会带来成本的增加，加上供应的不确定性，都会对企业和供应链绩效产生影响。2015 年，我国木材产品市场总供给为 55170. 80 万立方米，比 2014 年增长 2. 27%。其中，国内商品材产量为

7218.21万立方米，木质刨花板和纤维板折合木材（扣除与薪材供给的重复计算）14809.80万立方米，农民自用材和烧柴产量3856.42万立方米，进口原木及其他木质林产品折合木材26655.82万立方米，上年库存、超限额采伐等形式形成的木材供给为2630.55万立方米。木质林产品进口中，原木进口4456.90万立方米，比2014年下降12.94%；锯材进口2659.77万立方米，比2014年增加3.34%；木浆进口1979.18万吨，比2014年增长10.61%；废纸进口2928.39万吨，比2014年增长6.42%（国家林业局，2016a）。可见，进口原木及其他木质林产品折合木材占到木材产品市场总供给的比例即对外依存度达到48.32%，接近50%。

从长期可持续发展的角度看，作为和气候变化相联系的特殊商品，木材进口不能完全依赖国外市场。因为全球气候变化和生态环保压力，世界主要木材出口国已经开始逐步限制原木的出口，依靠国际市场平衡木材需求的难度在加大。而我国木材进口国的集中度较高，从新西兰、美国、俄罗斯进口的木材约占57%（匡鹏等，2017），一旦进口受阻，国内企业的生产经营就处于被动。同时由于林木生长周期的制约，如果国外进口受阻，国内的木材不可能一下子就生产出来替代进口，就存在林业供应链中断的危险。因此，林业供应链协作从长远来看还是要立足于逐步增加国内林木资源的供给来解决问题。为此，在宏观层面上通过加强森林经营，挖掘林地生产潜力，提高林地产出率，增加木材的有效供给；在微观层面上，发挥林业企业的积极性和主动性，通过建立各种协作方式开展与上游营林环节的长远战略合作，增加木材的有效供给。例如，吉林森工在国家全面停止商业性采伐后，主动调整战略，在湖南省益阳市南洞庭湖周围建立了64万亩速生丰产林，并计划在5年内将绿色版图扩展至500万亩；64万亩林地中一年轮伐10万亩，每年产出70万立方米木材，改变了拥有工厂却受到原料制约的局面，真正实现林板一体化。目前，吉林森工利用国有林区以外的木材原料占原料总数的60%，为人造板品牌的打造打下良好的基础。

4. 发展多样化供应链协作方式以建立多层级原料供应体系

林业核心企业要解决原料问题，保证生产的稳定，最有效的方法是建立自己的林场或原料林基地。核心企业一般把原料基地作为战略储备，以应付市场供应的波动。一般情况下，核心企业仅通过自营林还是难以满足其木料需求，所以，企业需要发展多样化协作方式。例如，与生产规模大、信誉好的营林企业建立战略合作关系，通过控股、参股等方式建立战略同盟，获得稳定的木料供应。这种战略伙伴关系是指买卖双方在信任、平等的基础上达成的长期承诺和协议，在此期间彼此信息共享，并共同承担风险和共享利益（刘昌贵，2006）。核心企业还可以与林场和林农及合作社签订长期购置木材或原木的合同，企业支付货款甚至提供必要的技术和肥料等，换取林场、林农等拥有的林木原料资源，作为应对原料供应缺口的补充。短期性的原料缺口可通过与散户订立短期的购买协议来解决。对于原料用量规模较大的林业核心企业，从战略上考虑可以在国内外投资林地、林场，稳定进口原料来源。例如，广西七坡林场依托上思县速生原料林基地得天独厚的资源优势，以"原料林基地＋人造板企业"供应链模式发展林板一体化，破解了"大资源、小产业、低效益"的难题（廖艳云和叶家义，2011），2015 年实现总资产 22 亿元，经营总收入 7 亿元，净利润 4350 万元。

核心企业还可以通过发展与上游分散的林农、林农合作社组织的契约关系形成资源供应的松散层，作为林木资源保障的一个来源。集体林权改革以后，林农获得产权提高了经营林业的积极性。但林农营林大多采取小农的模式经营，以家庭为单位从事生产活动，家庭成员之间进行劳动分工、收益共享。把人力和能力有限的林农通过协作关系组织起来，就能为人工林的培育做出贡献，尤其是经营规模相对大的营林大户。以营林大户为核心成立合作社来发展林业合作，把分散的农户组织起来，组成联合整体，形成规模经济，可以充分发挥资源培育的优势。合作社不仅可以扩大营林规模，提高收入，保护自身权益，还可以交流林业生产经验，提高生产率，与更多加工企业建立稳定的销售渠道。林农联合建立林业合作社甚至营林公司、小型林场等，通过引进技术、设备和投资，为林业供应链核心企业提供原料来源。

通过发展多样化的协作方式，形成多层次、多源头的林木原料体系，不但提高供应链整体的林木资源储备，从容应对原料市场短期剧烈波动和长期资源短缺给供应链协作带来的冲击；同时，也解决了上游协作林业企业如营林公司、林场、林农等林木资源的销售问题。核心企业根据资源掌控目标，采取全资、控股、参股、契约合同等多种方式，建立林业核心企业和营林公司、林场、林农等主体长期稳定的合作关系，形成多层次、多源头的资源链。制浆造纸企业的国内原料来源既包括自营林、林基地、大型林场等紧密层战略合作伙伴生产的原木，又包括小型林场、木材加工企业、苗木企业等松散协作层产生的"三剩物"（采伐剩余物、造材剩余物和加工剩余物），以及从林农散户、合作社等松散层购得的原料。其中，自有林地作为"蓄水池"，调节价格，抵御市场波动风险（张智光，2009）。

（二）林业绿色供应链协作的协作信任机制

信任是指在基于风险和相互依赖的前提下，成员中一方相信另一方有能力且有意愿去履行承诺（姚昕奕和石岿然，2011）。第五章协作机理模型 SEM 实证分析的结果表明，林业供应链协作信任直接影响协作沟通和信息共享，间接作用于协作绩效，缺乏信任的协作行为难以持续。信任关系的建立难度大，而摧毁则非常容易（Handfield & Bechtel，2002）。林业绿色供应链协作组织层次多、节点多、利益冲突多，林业供应链协作企业间建立良好的相互信任，有利于长期稳定协作关系的建立，有利于简化交易过程、降低交易成本、提高整个林业绿色供应链的协作绩效。本书建议从以下方面构建协作信任机制。

1. 协调供应链协作企业多方利益诉求以增强彼此信任度

大多数信任危机都是由于利益冲突引起的。如果供应链协作中双方都能从合作中实现自己的利益诉求，双方的互信就能提高。在林工一体化过程中，林业加工企业和营林公司、林农之间是一种互补的关系，林业加工企业需要稳定而充足的木材等原料，而营林公司和林农也需要稳定的销售渠道保证自己的收入。由于林业生产的高风险性，这种合作关系理应更加紧密。但是双方又存在一定的利益冲突和博弈，一方的收益增加意味着另一方利益受损。例如，在木材价格方面，营林公司和林农希望价格上升来增加收入，但是收购木材的林业加工企业希望把木材价格压低以降低成本。即使有协议制约，但机会主义行为仍然经常发生。当合同价格高于市场价格时，林业加工企业有违约的可能；当合同价格低于市场价格时，林农就可能违约。这种情况加剧了双方的不信任。林业绿色供应链核心企业一般具有资金雄厚、生产经营规模大、技术先进、核心竞争力突出、经营管理能力强等特性，市场优势地位明显，对供应链中其他参与企业具有很强的讨价还价能力，营林企业、木材经销商、分销商、物流商等需要嵌入核心企业为主导的林业供应链，才能分享林业供应链协作整合带来的供应链绩效（谢海涛和张智光，2015）。实力雄厚的核心企业可以让利给林农来调节利益冲突，如当木材价格下降低于合同价格时，企业给予林农一定的补贴。这种做法将调动林农的积极性，也会提高林农对林业企业的信任。

2. 完善协作成员准入机制并动态评估协作企业的可信任等级

在缔结林业绿色供应链协作关系的过程中，核心企业事先要对协作成员的可信任状况进行全面的评估，评价协作伙伴的业务规模、财务实力、质量保证能力、价格水平、交货能力、成长性、技术能力等以判断其协作能力；对伙伴企业过去合同的执行情况、业界声誉、服务态度等做评价，以判断其可靠程度；通过伙伴企业对核心企业的认同等评价匹配度。这套机制不仅在协作前发挥作用，在合作的过程中企业也不断利用这套机制对伙伴进行动态、持续的评估。由于事先的评估具有准入性质，一旦发生判断失误，会对协作绩效产生巨大影响，要求核心企业要做好预先选择，并在协作过程中定期或不定期对协作企业的信任等级进行调整。供应链核心企业要在内部形成一套准确评估对方信任等级的体系标准，以高效筛选与自己匹配的合作伙伴。此外，了解对方的价值理念也非常重要。拥有共同价值和企业文化的企业之间容易达成共识，减少利益冲突，出现信任危机的可能性也会下降。

3. 达成协作企业间的长期合作共识来避免短期化经营行为发生

信任犹如生命体一样有其诞生、成长、成熟、衰退或死亡阶段（张海燕，2014）。信任的培养是相互磨合的长期过程。实践中为了降低成本，核心企业在与营林公司等供应商合作时对价格水平进行比较，往往选择价格低的供应商。由于不同的营林组织在不同的时间提供的林价有区别，导致林业加工企业总是不停地更换自己的供应商。短期内在林木原料购买上确实节约了一定的成本，但无法与上游企业建立长期的合作关系。当原料价格上涨时，核心企业难以获得营林企业的支持，导致生产经营的被动。林木资源是林业绿色供应链的源头，是林业绿色供应链赖以生存的重要物质资源，只有按照互利原则建立与上游营林企业的长期合作关系，形成供应链协作关系和互信，才能实现信息共享和降低交易成本，最终有利于供应链整体绩效的提高。

建立协作过程的信任需要协作伙伴从长期经营的战略高度思考协作的问题，避免短期化导致的协作中断。林业绿色供应链资源链、价值链、生态链“三链合一”的复杂性以及相比一般制造业供应链的高风险性，导致林业绿色供应链协作伙伴关系长期化、稳定化的意愿比较强烈。在我国的林业企业规模偏小、实力和经营管理水平相对低下的情境下，为了自己的经济利益损害合作方利益的情况经常发生，信任的建立非一朝一夕就能实现。在人工林逐渐成为原料供给主力的环境下，核心加工制造企业需要和林业供应链上游的营林环节进行密切合作，以保证原料的供应，但分散的营林农户掌握的信息和核心企业掌握的信息存在不对称性，营林农户往往难以信任核心企业，这就增加了交易的成本。由于林业供应链各参与方的理性程度不同、林业收益长期性和林业生产的外部性明显，只有保证林农的长期收益、提高对长期收益的认可程度，并保证林农的当期收益，合作行为才能形成（张浩和张智光，2012）。实践中林业供应链的协作企业往往追求的是短期效益，对于长期利益缺乏远见。林产大公司需要从长远的战略布局出发，通过协作利益引导协作企业改变短期经营观念，分享协作带来的利益，增强协作企业参与合作的信心。林业核心企业要把自己的经营战略、经营目标、经营策略向协作企业传递和沟通，达成长期合作共识，打消对协作的疑虑和担心，加强信息共享和沟通，增加信息透明度和信息对称性（李正军，2010），才能形成核心企业与协作企业间的长期合作共识。

4. 制定以制度信任为主、人际信任为辅的信任政策

相互信任的企业趋向于长期合作，对短期的利益损失不敏感，而且主动照顾供应链中其他方的利益，在实施决策时会考虑自己的行动对其他协作企业产生的影响，而缺乏信任的协作关系往往面临双方的机会主义风险，彼此防范增加了供应链协作的交易成本（Mallik & Harker，2004）。在林业绿色供应链协作的过程中，从事供应链相关工作的员工由于经常接触，分享信息，交流沟通以解决协作中出现的各种问题和利益冲突，逐渐发展出人际信任，对于林业绿色供应链协作的运行能起到消除协作障碍的作用。这里要强调，林业核心企业必须认识到人际信任只是起到辅助作用，发挥主导作用的是制度信任。人际信任在现代社会断裂的风险较大，当从事供应链管理的人员离职后，绿色供应链协作不会因为一个人而停止运转，所以，林业核心企业要建立以制度信任为主导，人际信任为辅助的信任关系策略体系。

林业核心企业要研究如何增强信任的制度设计，鼓励和激发协作企业的信任。根据前文对林业企业绿色供应链协作行为的调查结果发现，选择相信协作伙伴在制定重大决策时会考虑对本公司影响的比例，以及相信协作伙伴会将本公司的利益放在至关重要位置比例均超过66%，说明上下游企业间的协作信任是影响协作行为的重要变量。核心企业对于经过动态评估后表现优异的半紧密层和松散层的林农、林业合作组织、小型林场等，事先要设计信任的指标或者标准，以正式文件的形式固定下来。例如，对表现优异的供应商适当缩短赊销周期，与上下游林产品交易的过程或者程序更加简单，与营林企业提前签订长期的期权合同，鼓励协作双方增加专用性投资，核心企业甚至直接对协作企业进行投资等，以制度的形式鼓励协作企业采取信任合作行为。另外，从制度源头去设计防范仅

仅考虑自己利益的机会主义行为。主要的设计原则是在设计协作合同时让协作企业感觉到采取机会主义行为的代价高昂。协议制定中充分考虑双方的利益关切并明确责任，而不是单方面实现核心企业的意图。制定协议时双方应公开讨论矛盾和问题，在协议中也应注明发生利益冲突时如何协调。同时，对违约者实施惩罚，促使违约者权衡违约收益和违约成本后放弃机会主义行为。积极利用并巩固林业绿色供应链协作企业已有的信任关系，通过制度信任和人际信任的相互配合，增强协作伙伴的互相依赖，降低协作伙伴采取机会主义行为的概率（韩静静，2016）。

5. *充分发挥政府和行业协会保驾护航作用*

政府和行业协会具有维护市场秩序的监管职能，在促进林业供应链信任关系的形成上发挥保障作用。首先，政府和行业协会要加快推进林业产业信用有关制度建设，为林业产业信用信息征集、查询、应用、互联互通、信息安全和主体权益保护等工作提供制度支撑。政府要大力推进林业产业信用评价建设制度化，鼓励林业企业参与社会信用体系建设，完善林业企业信用公示制度，建立健全长效运行机制。同时，推动建立企业自治、行业自律、社会监督和政府监管的管理机制，营造公平竞争、健康有序的市场环境。

其次，政府要不断完善法治建设，对于失信者给予法律制裁。在林业供应链中，核心企业占据主导地位，其他企业处于相对弱势地位，其合法权益容易受到损害。与此同时，分散化的林农、小型林场由于追求短期利益以及生存压力，如果林农不相信企业能够长期经营下去，违约成本很小，林农会倾向违约。法治建设是建立制度信任的宏观形式，通过立法维护供应链协作各方的合法利益，免除合作者的后顾之忧，促进信任关系的建立。

最后，政府和行业协会要在社会和林业行业中开展诚信宣传和教育，形成诚实守信的氛围，从道德和法律两个方向为林业信任关系和供应链协作的构建提供助力。林业供应链协作信任的建立受到现阶段经济社会文化基础和协作组织以中小企业为主的局面短期内不会改变的制约。政府要倡导信用立企、信用兴企的社会氛围，同时，对失信行为运用惩罚机制，使企业意识到失信的代价更高。

政府和行业协会对林业企业的诚信和品牌建设要继续发挥引导作用。2006年中国木地板行业诚信通过媒体宣言向全国发表，2008 年开展中国林产工业行业信誉年，浙江久盛地板有限公司、巴洛克木业（中山）有限公司、北美枫情（上海）商贸有限公司、大亚人造板集团有限公司、南京罗伦特地板制品有限公司 5 家林产企业获得“2008 年度中国优秀诚信企业”称号，这是中国林产工业企业首次荣获该项奖项和荣誉。2014 年，中国林业诚信联盟成立。中国林业产业联合会制定了《林业产业行业诚信评价标准》和《林业企业信用评价规范》，出版了《中国林业产业信用体系建设调查研究报告》，开展了林业产业行业信用评价、诚信企业品牌评定及推广等工作。125 家企业品牌获得“中国林业产业诚信企业品牌”荣誉，有 30 余家林业企业获得了 A 级以上信用评级。政府及行业协会制定的政策和开展的活动引导就是更多林农、林企及涉林企业参与诚信建设，打造林业企业品牌。

（三）林业绿色供应链协作的协作沟通机制

第五章的实地访谈和林业绿色供应链协作机理模型的 SEM 实证分析结果表明，协作沟通交流促进信息共享，有利于协作关系的维持，并间接促进整个供应链协作绩效的提高。定期开会程度、双向沟通程度、非正式沟通程度、多样化沟通程度赞同以上的比例均达到 60% 以上，说明企业间沟通对协作行为的重要性基本得到认同。核心企业和协作企业间经常就质量改进、降低成本、交货等日常运营问题开展交流，对事关双方的重大决策也是通过沟通形成共识。在林业绿色供应链协作中协作经常因为缺乏沟通而中断。沟通是企业间交换最重要的元素，协作沟通质量越高，成员间协作关系越是亲密，供应链协作企业通过沟通促进了密切关系程度（Bleeke & Emst，1993；Goffin et al.，2006；Jap，2001），信息共享的效果和效率最终体现在供应链协作组织间的沟通水平上（刘衡等，2010）。互联网背景下，信息沟通技术得到普遍应用，但供应链企业间的矛盾和冲突依然存在，说明仅仅依靠信息技术发展实现沟通还不够，必须建立定期、多样、双向的林业绿色供应链协作沟通机制。

1. 建立协作沟通的制度规范

为了提高沟通的效率和效果，林业绿色供应链中的核心企业与营林企业、木材经销商、分销商、物流商要建立定期和不定期的沟通交流，对协作的各种问题处理解决进行定期梳理，明确各个时期供应链协作关注的重点。为此，不但要制定沟通的目标、标准、内容和要求等，还必须指定专门的人员负责与协作企业相关人员进行无缝对接，定期或不定期对出现的供应链协作问题进行及时交流讨论，通过充分的交流，制定出解决问题的方案或对策，并对执行的效果进行反馈交流。现代企业的经营管理是不断解决问题的过程，供应链协作网络涉及经营风格、管理素质各异的众多企业，定期或者不定期的沟通则是管理协作的有效手段。林业企业面临的环境具有高度的不确定性，产业链条横跨三次产业，自然生产和社会生产相互交织，外部环境保护的压力，自身经济利益的获得等都对供应链的协作产生各种不利的影响，供应链的协调必然需要建立定期或不定期的沟通制度。核心企业要发挥主导作用，引导协作企业主动沟通，平等沟通，提高信息的透明度，保障供应链运作的顺畅开展。

2. 构建多样化的信息沟通方式

林业供应链核心企业要充分利用现有的网络信息技术。负责沟通的人员要充分研究协作企业的沟通方式偏好，构建多种信息沟通渠道和方式，利用电话、邮件、QQ、微信、现场沟通、网络会议、电话会议、视频会议等信息沟通技术，就核心企业与供应链网络上的营林企业、木材经销商、分销商、物流商等供应链运作中的各种问题进行充分的协商、讨论和决策。信息沟通技术解决了因为地理距离带来的信息交流的障碍，构建多样化的信息沟通方式体系对于促进信息共享具有重大的意义。

3. 构建协作沟通的反馈机制

反馈是双向沟通的重要环节，缺乏反馈，沟通的效果就大打折扣。反馈机制的构建关键在于保证信息交流传递的顺畅性、完整性、真实性和对称性。林业绿色供应链协作中核心企业处于主导地位，拥有生产和市场信息优势。处于林业供应链上游的营林企业，包括合作林场、合作基地、林业大户等林业产成品市场，拥有原料信息优势。林业供应链下游的企业拥有林产品市场供求、价格波动、消费者需求、渠道发展趋势等市场信息优势。如果全产业链的协作企业在相互信任的基础上，把各自掌握的信息通过信息平台进行及时沟通，将塑造出供应链协作整体的信息优势。在沟通过程中对已经达成共识的解决方案执行情况的理解是关键。这里就要重视对解决问题的反馈环节。上游原料生产产能突然出现问题，就要及时把信息告诉下游厂商，并提出解决方案，更要把执行后的情况及时通报给下游。林业绿色供应链协作解决问题的过程实际上是对一个个问题进行沟通协商、决策执行的过程，因此，所有林业绿色供应链企业对执行决策的情况必须互相通报交流，从而完成一个个不断滚动的沟通 PDCA 循环，推动供应链协作不断走向新的水平。

4. 营造高质量的沟通氛围

信息交换的开放性、易接近、合作互动性与鼓励经验共享的文化（Hooff &

Ridder，2004）是激励性沟通氛围的特征。有了良好的沟通氛围，跨地区、跨文化、跨组织的林业绿色供应链管理人员才能实现充分、平等的交流，解决问题的效率才能提高，因缺乏沟通造成的隔阂才会逐步消除（宋雪莹，2014）。作为林业绿色供应链的核心企业要大力提倡供应链沟通的平等、公开和透明的理念，鼓励各协作企业的人员开展多样的沟通方式，利用多种正式沟通和非正式沟通渠道，不断提高沟通的信息质量，并在沟通的过程建立个人的人际信任和对协作组织的制度信任。林业供应链的协作企业往往是规模小、实力弱的中小企业，人员素质参差不齐，经营特点互有差异，核心企业需要发挥主导作用，营造协作沟通的氛围，以增强林业绿色供应链全产业协作的竞争优势为沟通目标。

（四）林业绿色供应链协作的信息共享机制

第五章林业绿色供应链协作机理模型的 SEM 实证分析结果表明，协作信任对信息共享和协作沟通具有正向的影响，并通过协作决策和协作激励对协作绩效产生间接影响。作为实现供应链协作的重要机制，信息共享机制对消除“牛鞭效应”、降低成本和提高对市场需求的反应速度具有重要的作用。林业绿色供应链协作面临上游营林时间长、上下游企业远距离运输的问题，信息共享比其他一般制造业供应链的重要性更为突出。林产品市场上普遍存在市场信息和企业信息的不对称性和不完全性，林业绿色供应链协作企业通过信息共享行为为科学决策提供信息支持，不断克服认知的限制，提高供应链协作各方的决策能力，进而提高全产业协作的绩效。林业供应链所有成员可以利用合作伙伴共享的销售数据、需求预测、库存水平、生产运输计划等信息，做出对实现供应链整体目标有利的生产、订货等决策。针对一些供应链协作成员不愿共享信息，可以设计以提高供应链整体利益为目标的信息共享激励机制，引导协作企业分享信息，从而提高林业供应链运作的效率。

1. 建立林业供应链协作系统信息平台

比起建立一对一沟通的渠道，建立供应链内部所有环节企业都可以参与的信息平台对于发挥信息共享的作用更加有效。林业供应链核心企业可委托第三方信息公司设计研发，让合作伙伴加入进来。第三方信息公司只负责开发和定期维护，具体使用和管理工作由核心企业处理。木材原料的生产周期较长，国外进口国、国内产地与加工聚集区域的距离较远，需要林业绿色供应链的供给方和需求方信息共享才提高协作过程的效率。除木材原料的信息，市场需求信息、技术和产品信息等也要共享才有价值。林业绿色供应链上的企业将所处环节的相关信息在平台内发布，有利于其他协作企业及时掌握供应链动态。例如，经销商发布各类产品的销售情况和市场预期，并提出自己需要的信息；加工企业发布产能、库存、原料需求等信息，有利于协作企业做好原料供应或者销售安排。

2. 提高协作伙伴分享的信息共享范围和质量水平

林业绿色供应链协作伙伴在共享信息时，应该不断拓展分享的信息范围和不断提高共享信息质量如准确性、及时性、完整性、可靠性（Simatupang & Sridharan，2005；郑晶莹，2016）。林业绿色供应链管理中分享的信息可以从运作层面拓展到策略层面甚至战略层面，改变以分享产能和库存信息为主的局面。核心企业有新的战略举措如到异地投资设立工厂，可以及时分享相关信息，也许配套企业会为核心企业工厂配套分公司；核心企业如果采用了新的采购政策和评审标准，也需要及时将信息传递给供应商。林业绿色供应链分享的信息类型不但可以是各种资源性信息，如产能信息、库存状况、现金流情况、原料储备信息等，还可以分享供应商评审信息，如时间、质量保证能力、供货成本及降本可能性、交货及时性、服务态度等，以及协作过程状态信息，如订单需求预测、采购计划、配送状况、补货计划等。

3. 构建促进协作企业信息共享的激励机制

由于林业绿色供应链的协作企业如经销商、分销商、物流商、供应商等都是独立经济利益的主体，分享私有信息可能自己并不能获利，能否分享到整体协作的好处也还不能确定，导致协作企业信息分享的意愿不强。从林业供应链协作分享信息的类型看，作业信息、物流信息、策略信息的分享相对容易，多数企业也乐于提供，但是对于影响企业收益的核心信息如财务信息、战略信息的共享存在一定的疑虑（郑颖和杨建州，2013）。为了激励林业供应链的协作成员积极共享自己的私有信息，核心企业可对积极共享信息的行为予以经济利益激励、精神激励等，鼓励协作企业积极参与信息共享。例如，在分配订单时对态度积极的供应商配给份额适当增加，对于积极分享信息的经销商在赊销周期给予一定的延长，对提供重要信息的合作伙伴予以表扬奖励等。总体上，信息共享激励机制引导企业积极参与信息共享，并让协作企业看到积极参与信息共享肯定会增加预期收益。

4. 充分利用“互联网＋”等新技术提高信息共享效率

林业绿色供应链协作企业要树立“互联网＋”理念，充分利用提高信息共享效率的信息新技术，如互联网+、物联网、云计算、大数据等。近年来互联网和现代通信技术越来越多地被应用于各个行业，为提高企业运作效率提供了强大的技术支持。除电脑端互联网，移动互联网更是发展迅猛，大幅提高了信息传递的效率。互联网基础上的物联网技术、云计算和大数据的应用也处于不断发展中。林业绿色供应链通过建立物联网，利用信息传感设备，把供应链物品与互联网相连接，实现对物品的智能化识别、定位、跟踪、监控和管理，从而提高供应链信息的实时性和透明度，大幅降低各级库存，推动全产业供应链各个环节的优化。利用云计算和大数据有助于林业企业分析市场消费动态，了解市场动态，为林业绿色供应链协同决策通过准确而有用的信息。林业行业的信息化已经得到国家的高度重视，2016年至今，国家林业局先后出台了《"互联网+"林业行动计划——全国林业信息化"十三五"发展规划》、《关于加快中国林业大数据发展的指导意见》、《关于推进中国林业物联网发展的指导意见》、《关于促进中国林业云发展的指导意见》、《关于促进中国林业移动互联网发展的指导意见》。"互联网+"作为重要的供应链战略管理的工具，提供了供应链整合、创新和再造的手段，但企业也应该认识到，仅仅靠"互联网+"等技术是有局限的，卓越的供应链协作管理才是商业模式创新的基础（赵先德，2015）。"互联网+林业"的提升可划分为3个主要发展层次，即林业三次产业内部的互联互通、林业三次产业之间的融合提升以及互联网与林业全面融合的运作创新。互联网与林业绝不是一"+"就灵的，"互联网+林业"发展不能只靠技术改造，必须对"互联网+林业"三维金字塔体系中各维度提升路径、技术维与产业维两个维度的融合路径以及技术维、产业维与运作维三个维度的集成提升路径进行综合分析，使互联网技术的每个层次和互联网管理运作的每个环节都与林业三次产业密切结合，才能挖掘"互联网+林业"发展的真正原动力（吴琳和张智光，2018）。

5. 完善信息技术基础设施确保信息安全

当地政府和林业管理部门应加大投入，完善林地周围网络通信服务，引导林农、林场等林业企业使用现代通信设备和手段以对接林业市场的信息，做好信息共享工作。我国的营林生产主要分布在山区，通信状况较差，分散的小规模经营导致林农、小型林场缺乏信息共享的能力和意识。林业绿色供应链的核心企业也要配合政府和林业主管机构，发挥信息共享的主导作用，建立整个林业绿色供应链的信息共享技术保障体系，并保障共享信息的安全性。造成企业不愿公开信息的主要问题是担心核心信息泄露造成损失。因此，在信息共享的同时也要注意维护信息安全。首先，在开展信息合作之前，应当先建立互信，信誉度较差的企业不适合与之共享信息，也不适合开展长期合作。其次，企业间应对具体公开信息的种类进行磋商，涉及企业核心技术和重要商业机密的信息企业有权保密。再次，信息平台在设计之初应注意保密性和安全性，避免让不法之徒利用。最后，建立淘汰机制，对于信誉差、泄露信息的企业予以剔除，必要时启动法律程序。

（五）林业绿色供应链协作的协作决策机制

第五章林业绿色供应链协作机理模型的实证分析结果表明，协作决策对协作激励具有正向显著影响，通过协作激励对协作绩效产生间接影响，构建良好的决策机制对于协作绩效非常重要。林业绿色供应链协作决策是针对供应链协作中出现的问题进行沟通交流，选择、制定、实施方案以及反馈的过程。林业绿色供应链中的营林企业、木材经销商、木材加工企业、物流运输企业、林产品经销商等都是追求各自利益的独立经营主体，虽然加入林业绿色供应链，由于决策目标和标准各不同，协作过程决策的冲突和矛盾经常发生。

1. 建立多主体共同参与的决策机制

林业绿色供应链中核心企业占有绝对优势，拥有较大的决策权，但这并不等于其他环节的企业和林农可以不参与决策。仅靠林业核心企业单独决策首先面临决策信息狭窄的弊端，尤其是当供应链系统中信息共享程度较低时。其次核心企业很有可能仅以自己的利益最大化订立决策目标，结果是其他企业和林农毁约的可能性高。另外，多主体共同参与为供应链整体决策的科学性和民主性创造前提条件，决策的内容要考虑到方方面面的利益诉求，林业供应链决策具有多主体性和多目标性的特点。因此，建立多主体共同参与的决策体系，核心企业不能垄断决策权力，需要供应链各个主体的营林公司、林农、物流公司、销售商共同参与进来，要树立不论规模大小，都为全产业供应链协作做出贡献的理念。可以说，决策过程实际是一个沟通过程，是基于信息技术的沟通交流，对于不同情况的协作企业要采取各异的做法。例如，对于营林环节的林农和中小型林场，核心企业可特别采取电话、走访等方式邀请林农参与决策协商。对于其他企业，利用各种沟通渠道在问题处理时充分交流各自对于问题的看法，共同解决问题。

2. 发挥协作各主体的实力和优势以提高决策质量

林业供应链协作决策是林业供应链协作企业为了实现供应链协作绩效而对供应链运作的重大问题进行的决策优化。制定整体决策是要考虑各主体的实力是否充分发挥、执行是否难度太大。作为整个供应链最基础又实力最薄弱的一环，林农实行的小农经营模式，生产力有限、抗风险的能力低下，与林农建立林工一体化的加工企业要考虑林农这一特性。如果决策落实到供应环节，让林农面对较大的风险或难以完成的生产指标，林农违约将难以避免。决策的协同要充分衡量并发挥各自优势，提高决策的科学性和可行性。

3. 提高协作信任度以确保协作各主体利益共享

供应链系统中各企业之间相互信任与利润的公平合理分配是共同决策协调的关键（卢亚丽，2012）。第五章林业供应链协作机理模型的实证分析表明，协作企业间的互相信任对信息共享具有显著的正向影响，是信息共享的前提，而信息共享对协作企业间共同制定决策有显著的正向影响。因此，林业绿色供应链中的各成员应通过长期合作建立互信，逐步实现信息共享，根据信息和数据制定科学合理的决策。林业绿色供应链共同决策需要建立对共同目标达成一致的基础上，这个共同目标具有多目标性，即在提高林业绿色供应链全产业的经济效益为主要目标的同时，争取提高生态效益、资源效益和社会效益，同时也要做好经济利益的分配机制。可以说，实现决策协同其实也是实现利益协同的过程。通过协作决策，系统内成员企业在信息、资源、技术等方面密切协作以提高整个供应链系统的利润；同时，也对所获得的协作利润进行分配决策（周熙登，2015）。从经济理性角度，只有分享到合作的收益，企业才会积极参与供应链决策。供应链的决策方案追求不仅要将蛋糕做大，而且要合理切分蛋糕。

4. 适时对各节点企业执行决策结果进行监督反馈

林业绿色供应链决策往往具有高风险性的特点，因为林业绿色供应链全过程、全环节、全链条的协作既受到供应链内部的信息风险和机会主义行为道德风险的影响，又受到外部风险包括自然风险、市场风险、政策风险等的较大影响。供应链协作决策就是鼓励不同层次、不同阶段、不同供应链位置的各类企业共同参与决策，并对决策制定的方案执行的结果进行及时反馈。各节点可借助信息共享的平台开展有效沟通，了解上下游企业的执行情况，并对执行中遇到的问题进行协调和修正。通过信息技术建立可将营林公司、加工企业、经销商、物流公司串联在一起的网络，就方案的执行和修正方面保持密切沟通。实践中，与林业供应链下游经销商、分销商以及上游林木经销商的沟通反馈比较容易，但与分散化的林农、小型林场的沟通渠道可能有些困难，毕竟小规模的林农普遍是兼营林业。加工企业可通过建立门户网站发布信息，由林农选出代表或形成合作社，充分利用林业合作社等中介机构以及实地走访与林农沟通。

（六）林业绿色供应链协作的协作激励机制

第五章林业绿色供应链协作全产业协作机理的实证分析结果显示，协作激励对供应链协作绩效具有显著的正向促进作用，路径系数达到0.66。供应链中的协作企业间应是紧密协作的关系。在具体的供应链实践过程中，由于目标、工作方式和思维方式的差异，供应链协作成员经常存在分歧，其中最致命的问题是利益分配，建立协作激励机制的重要性因此显现。供应链协作中因为追求个体利益最大化而采取机会主义行为的做法经常导致供应链分崩离析。解决好利益分配的问题才能保障林业绿色供应链协作的稳定长期发展。

1. 设计体现互利共生特点的激励性利益分配方案

林业绿色供应链节点企业之间具有共生关系，各节点企业通过供应链协作以创造比单独行动更大的整体价值。林业绿色供应链的企业要将传统的从合作伙伴身上获取利润的方式改变为依靠供应链协作获取利润（张智光，2011），并设计利益公平合理的分配方案，以激励所有成员为供应链整体绩效的提高做出贡献。在互利共生利益分配方案设计时，重点考虑协作企业的实际贡献、资源投入、风险大小和努力程度等因素（田刚等，2014），前三个因素保证了林业绿色供应链的参与企业按照各自的付出得到相应的收益，保证了公平性；第四个因素的设置则是引导林业绿色供应链的参与企业为获得整体协作绩效的提高，付出更大的努力，具有激励性。

根据供应链利益分配公平性目标，对供应链整体绩效贡献越多的企业应该获得更多的利益分配。在林浆纸一体化供应链体系中，向造纸企业提供更多且品质更好的木浆厂会比其他木浆厂获得更高的收益。如果优质木浆成为造纸企业产品畅销的最主要原因，那么这家木浆厂就可以获得比物流、经销商更多的利益分配，这就体现了利益分配的公平性。诱导机制通过利益分配解决利益分配不公平的问题，付出多的组织将获得更多的回报。另外，诱导机制促使企业自身目标与供应链共同目标一致，避免利益冲突和机会主义行为发生的可能性。

2. 明确协作企业获得收益不能低于期望最低标准的原则

激励性分配方案可以解决林业绿色供应链中收入分配形成合理的差异，但是分配应有最低标准。如果林业核心企业在与供应商、物流和经销商拟定收入分配合同时，给予他们的回报低于预期，机会主义行为将无法避免甚至合作伙伴脱离供应链。因此，林业核心公司在与合作伙伴签约之前应当做一些调研，确定对方的收益预期是多少。例如，在与营林公司制定林木采购合同时，价格不要低于平均价格，否则对方在漫长的生产周期中毁约的可能性是非常高的。

3. 收入分配向营林公司和林农做适当倾斜

对于承担较高的经营风险的企业，在利润分配过程中应给予较高的回报或经济补偿。林业绿色供应链具有较高的风险性，林木自然生产过程中的自然灾害和病虫鼠害等灾害性因素造成损失的可能性较高，同时林业生产又面临至少6年以上的生产周期，因此，营林公司和林农面对较高的风险应当获得较高的补贴。林业绿色供应链各个环节在创造价值能力上各有不同，其中，提供林木资源的环节创造价值的能力低，加工制造创造价值能力相对较高。要提高营林公司和林农的收益，才能吸引原料环节的企业或林农加入林业供应链（谢海涛和张智光，2015）。营林公司和林农创造价值的能力低，相对获得的收入也低，且林木资源是收入来源的主要部分。当林木市场价格下降时，林业加工企业在采购林木产品时可以按照原来约定的价格执行合同，在市场价格高于合同价格时，按照市场价格进行采购，保证营林公司和林农获得稳定的收益，增强其加入林业绿色供应链的积极性。

4. 设计协作伙伴出现临时困难时的帮扶手段

除激励性利益分配和保证收益稳定外，当协作伙伴出现暂时经营困难时，为了供应链的运作，核心企业可以设计支持帮助的手段，这对于协作企业也是巨大的激励。林业绿色供应链的运行具有复杂性高、风险大的特点，且实际企业在经营过程中偶尔会遇到各种突发性的问题，导致自身无法正常运转，如短期现金流出现问题、突然遭遇自然灾害等，这时在核心企业设定的限度内给予一定的资金帮助，使其渡过难关。从社会交换理论的角度，核心企业给予协作企业的帮助，换回的是协作企业对林业供应链协作活动的积极和努力程度的增加。

二、林业绿色供应链全产业协作机制实施建议

林业绿色供应链协作机制设计构建后，必须加以实施和执行才能对林业绿色供应链协作绩效的提高起到真正的作用。本部分从供应链协作涉及的核心企业、

供应链管理和政府管理三个层面提出林业绿色供应链协作机制实施建议。

（一）核心企业层面的建议

1. 把林木资源保障提升到战略高度

从第五章实证分析的结果来看，林木资源依赖是林业绿色供应协作绩效的外生因素，通过其他中介变量对林业绿色供应链协作绩效发挥影响作用。由于林业经营的长周期，林木资源保障始终是核心企业组织供应链协作的重要目标。核心企业应从长期可持续发展的高度，重视与林业绿色供应链上游营林企业的合作，获得林木资源保障。森林资源是林业产业发展的资源基础也是绿色供应链产业布局、经济布局、发展格局的基础，做好营林第一产业的重点是加大资源整合力度，夯实发展基础，通过科学经营、培育优质种苗、优化树种结构、实行精细化管理，打造现代林业示范林基地、建设国家储备林基地、造纸原料林基地、速生丰产林等项目。

基于资源依赖在林业绿色供应链协作中的重要作用，林业核心企业的林木资源的外购比例要控制在合适的比例，同时作为战略储备资源的自营林和协作林也要达到相当的比例，以确保林业核心企业具有稳定的原料来源。无论是制浆造纸企业还是林板加工企业，原料一旦供应不上而导致停产，不但影响自身的经济利益，也对林业绿色供应链协作产生影响。核心企业在营林环节应加大与林农及林农合作社层面的合作，加大林地林木资源的实际控制力度，同时通过合作追加投入与管理，促进营林质量和效益的提升。长远来看，林业绿色供应链协作还是要立足于增加国内林木资源的供给来解决原料问题。一方面加强森林经营，提升林地生产潜力，提高林地产出率以增加林木资源的有效供给；另一方面通过多样化的协作方式开展与上游营林环节的战略合作，实现多方的共赢。

林木资源保障可以防止林业供应链的中断。一般而言，处于紧密层的营林公司和原料林基地生产的木材直接通过物流进入造纸厂，可以按照企业的生产计划进行控制，而处于松散层的小型林场和林农生产的木材则通过采购环节才能成为原料，一旦国内市场价格上涨，松散的供应链协作关系导致核心企业得不到生产所需的原料。国际市场上造纸纤维主要原料价格上涨趋势明显，核心企业对此要保持清醒的认识，国际市场的原料供应存在的不确定性很大，一旦供求偏紧价格上涨，没有一定比例的自有原料做储备，整条供应链的运转可能随时停下来。对国内外大型林业企业的观察表明，作为林业产业第一车间的营林基地的布局是企业供应链协作战略的重点。基于资源依赖理论，林业核心企业的林木资源的外购比例要控制在一定的比例下，同时，作为战略储备资源的自营林和协作林也要达到相当的比例。根据大型木浆造纸和人造板企业对自有林木资源占比的经验数据，约30%的林木原料由企业自己原料林基地提供或者控制，才能确保企业正常生产并提高竞争优势。

林木和林地战略控制是国际林纸公司的战略核心。林业核心企业通过多种手段建立营林基地，以确保原料供应，防止木材原料供应中断，这是总结国际林产大公司的成功经验得到的结论。林业核心企业可以采取多种协作形式发展自营林，并不一定100%控股，只要能控制资源就可以。当市场价格下降时，通过市场采购解决原木供应；当市场价格持续上涨时，使用供应链协作系统控制的林木资源。林业加工企业如造纸企业、板材生产企业的生产过程的连续性决定了原料供应不能中断，原料供给不足都会给供应链协作带来不必要的损失和浪费。例如，宜华木业通过各种手段控制上游林业资源，在梅州大埔、江西遂川、非洲加蓬等林地资源，总面积超过500万亩，成为国内家具制造企业中拥有林木资源最为丰富的公司之一，大幅提高公司木材原料的自给率，降低了制造成本。

2. 采取多样化协作方式拓宽林木来源渠道

核心企业应对林业供应链协作各种方式进行分析，找到最佳的协作方式组合。林业供应链协作方式是指为实现林业供应链协作绩效的优化，参与林业供应链的各成员企业如何协同运作的机制，反映了林业供应链成员间协作关系的紧密程度（谢海涛和张智光，2014）。按照威廉姆森的交易成本理论，资产专用性、不确定性和交易频率决定了交易成本的大小，从而决定了企业是否选择加入供应链。林业加工和营林企业的资产专用性相比一般制造业的资产专用性强，降低交易成本需要建立长期性和连续性的交易双方契约；林业生产经营的不确定性相比一般制造业供应链高，加入林业供应链在一定程度上避免了有限理性和机会主义行为带来的林业供应链风险；同时，也降低了频繁签约带来的交易成本。

核心企业需要采用多样化的协作方式，建立介于纯粹的市场交易组织和纵向一体化间的泛供应链组织结构模式，形成包括核心层、紧密层、半紧密层和协同层的多层次的网络化结构，并对不同的协作层次采用互有差异的协作方式。多层次的供应链关系是一种介于以企业代替市场和以市场代替企业之间的多元化中间型组织形式。林业供应链协作的方式或者模式是介于市场交易和集成管理协作之间的连续统一体，两端分别是契约协作和集成管理协作。契约协作和集成管理协作两种协作方式各有利弊，都不能彻底消除供应链的“牛鞭效应”。

3. 提高核心企业对其他协作企业的吸引力

核心企业要关注增强行业影响力与业务规模，吸引其他企业对核心企业的追随。在林业供应链协作运行实践中，协作企业是独立的经济利益主体，经济利益最大化依然是众多企业行为的主要目标。供应链成员企业加入供应链协作组织时一个重要的因素是供应链收益的预期，当预期收益足以吸引协作企业时，才会做出加入供应链的选择（吴昀桥，2013）。现实的状况是林业三次产业中的林业企业盈利能力较弱。上游营林公司由于经营周期长，投资回收期长，盈利水平偏低；下游的经销商在电子商务大潮以及零售店变革的背景下，生存环境日趋恶劣；中游的人造板、制浆造纸、家具、木地板等加工制造企业面临激烈的国内市场竞争和恶劣的国际贸易条件，盈利状况不容乐观。

林业核心企业应精心打造自己的核心竞争力，提高自身的全面经营和管理能力。特别是要突破单个企业的视野，从整个供应链的视野考虑自己的优势和劣势，通过资源整合，获得更好的盈利能力，提高对其他企业的吸引力。林业供应链核心企业要在《“十三五”林业发展规划》和《“十三五”林业产业规划》的基础上，依托我国“一带一路”、长江经济区、京津冀协同、精准扶贫、区域振兴以及国际化等，围绕供应链创新与应用，努力开拓国际和国内市场，寻找新的商业机会，以成为国际知名企业为目标，争取做优、做强、做大（钱小瑜，2016），提高对供应链其他成员的吸引力。

4. 加强核心企业跨产业、跨过程、跨链条协作管理能力

林业绿色供应链协作本质是协作企业间基于共同目标开展的整合行为，既包括企业的内部整合，也包括与上游供应商的整合和下游客户的整合。林业绿色供应链协作涵盖了从资源培育到林产品销售的全过程，横跨林业三次产业，具有高度复杂性的特点。对这样的多主体、多目标、多层次协作组织进行协调，必然要求林业核心企业具备高水平的协作管理能力。

为了搞好林业绿色供应链协作，核心企业应该对核心企业的中高层管理人员、供应链相关人员甚至全员进行供应链管理培训，总结以往供应链管理的经验，重新从全产业、全过程、全链条的视角制定切实可行的供应链协作管理方案，不断加以实施反馈，形成供应链管理能力提升的 PDCA（计划—执行—检查—行动）循环，逐步打造高水平的林业绿色供应链管理能力。除了培训，还要在整个核心企业建设和提倡林业供应链协作文化，把合作伙伴双赢的经营理念贯

彻到每个人的行动上。

核心企业还应对影响所在供应链协作整体绩效的因素进行研究和分析，明确协作绩效的具体内涵，必须强调的是经济绩效很重要，生态绩效、资源绩效、社会绩效同样也要兼顾；对林木资源依赖的重要性、协作信任的价值、协作沟通的价值、信息共享的作用、协作决策的重要性以及协作绩效的作用做到心中有数。提高管理能力还必须通过具体的实战，解决供应链实际管理问题时，能够站在系统的角度考虑问题。有时为了长期协作关系的建立，可以对协作企业给予一定的让利。通过协作管理的实施，提高各方的总体收益，共同分享供应链绩效提升带来的好处。

5. 提升核心企业品牌价值增加品牌吸引力

林业核心企业要抓住林产工业品牌建设得到国家重视的契机，强化自主品牌建设，争取成为国际、国内著名商标，从而有助于开拓国外和国内市场。2013年，国家林业局发布《中国林产工业行业品牌培育专项行动计划》，提出培育具有国际竞争力的林产品品牌，2017 年《林业产业发展“十三五”规划》明确提出加强林业产业品牌建设的战略，中国林产工业协会也公布了《木质林产品品牌价值评价通则》。我国政府正着力提振内需，国内市场需求巨大。特别是近几年房地产发展飞速，带动了木材加工及家具消费的逐年递增。相比于遭受反倾销、反补贴的国际市场，国内销售市场空间更大，所需承受的风险相对较小。国内市场的开拓对品牌建设提出更高的要求，以家具企业为例，大部分企业都是做出口代工，贴牌生产只能赚取加工费，附加值非常低，获得的利润有限，因为不拥有自己的品牌，也不注重品牌建设。家具企业以出口市场为主往往会遇到反补贴、反倾销等贸易壁垒，要打入国内市场，品牌建设不力又成为新的障碍。我国家具企业虽然形成一定规模，并拥有了世界一流的生产设备和工艺，但在消费者心目中名牌产品依然发展不足，建议家具企业适时从贴牌加工道路转型，逐渐走向拥有自主知识产权的核心技术和制作工艺的自主品牌之路（吕柳，2012）。林业核心企业应创立属于自己的品牌，加强品牌资产管理，探索具有林业特色的品牌发展道路。

6. 提升核心企业技术创新能力

我国林业核心企业技术创新能力还有待提高。林业企业核心能力的基础是具有强大的研发能力，不断开发出适应消费者需要的林产加工产品。从林业绿色供应链全产业的视角分析，从资源培育、原料收储、制造加工一直到产品分销流通服务，每个环节都要进行技术创新。林业核心企业不但要战略上高度重视技术创新和新产品研发，还要为技术研发提供资金保障。不仅如此，还要广泛开展产学研结合，利用社会技术研发机构的技术创新资源如高校科研院所等，努力加强协作开发。林业核心企业已经认识到技术创新的重要性，技术创新工作在部分企业得到重视，但仍然存在不少问题。例如，2017 年第三届“中国林业产业创新奖”获奖项目 80 个，第四届中国林业产业创新奖（人造板业）共评选出 24 个项目，和庞大的企业数量相比，技术创新仍有很长的路要走。

7. 精准选择适合林业企业状况的细分市场

林业核心企业要对整体市场做细分，精心选择与自己实力相匹配的目标市场。以木质家具为例，产品大类上可以做板材家具、实木家具、定制家具等，质量差异化上可以选择做高端、中端、低端产品等，还可以选择专注做橱柜系列、办公系列、卧室系列等。我国木材加工企业出口市场也需要进行细分，如 2015 年，美国、日本仍为主要的出口市场，按市场份额排序，前 5 位出口贸易伙伴依次是美国（22.86%）、中国香港（7.44%）、日本（7.15%）、英国（4.32%）、越南（3.78%）（国家林业局，2016a），美国市场对绿色环保非常看重，越南可能需要低端产品，因此，核心企业要研究出口市场对我国林产加工产品的细分需求及变化，做好目标市场选择，开展差异化竞争战略。

（二）供应链管理层面的建议

根据第四章和第五章的研究结果，林业绿色供应链全产业协作最终会产生经济绩效、生态绩效、资源绩效和社会绩效，而供应链协作要产生这些绩效。首先，要通过协作管理提高林业供应链的整体经济收益并采取合理的收益分配机制，吸引协作企业积极参与协作；其次，提高林业供应链协作的生态绩效要求在全产业、全过程、全链条协作中注重绿色管理，保护环境不受破坏；再次，提高林业供应链协作的资源绩效，要求在供应链协作过程中必须采取多种形式以保障资源的持续供给，这是由林业绿色供应链的特性所决定的；最后，提高林业绿色供应链协作的社会绩效则需要供应链协作发挥全产业链的贯穿能力，带动链条上的企业共同发展，增加就业并适时响应利益相关者的诉求。为促进林业绿色供应链协作机制的实施，本书对林业绿色供应链管理层面提出以下实施建议。

1. 构建贯通林业全产业的供应链协作体系

林业产业是涉及林业第一、第二和第三产业多个门类，涵盖范围广、产业链条长、产品种类多的复合产业群体。我国的林业企业规模普遍较小，产品结构趋同，集约化、专业化程度较低，恶性竞争、无序竞争导致了林业产业竞争力的下降。通过建立林业绿色供应链协作组织体系，以强大的核心企业为主导，发挥各自的优势，组成供应链联盟，将各自的核心能力联系在一起，使各节点企业都能集中发挥自己的优势，获得单个企业行动不能获得的效益。林业绿色供应链协作体系的建立需要林业第一产业（营林业）、林业第二产业（林产加工业）、林业第三产业（服务业）的共同协调发展。

从林业绿色供应链全产业协作的高度，做实林业一产，主要是发挥森林资源优势，为产业发展提供资源保障；做强林业二产，在原有投资的基础上，加大投资建设一批技术含量高、位于产业中高端、具备市场引领作用的先进产品和项目；做活林业三产，主要是以林地为基础，做活分销网络，通过整合森林资源，构建供应链金融等新型投融资平台，为整个供应链发展提供资金通道，拓展发展领域，培育林业经济新的增长点。

2. 构建共赢的绿色共生协作关系

林纸一体化供应链的绿色共生特性是在实现绿色制造（含森林资源培育业）、绿色采购、绿色物流和绿色营销等环节协调运行的基础上，建立起资源链、价值链和生态链相互促进和协同发展的机制。绿色共生机制包括核心层的多维集成共生机制、紧密层和半紧密层的主从共生机制、松散层的博弈共生机制和协同层的网络协同机制，这些机制建立了共赢的供应链协作关系，并形成一个多主体的协作共生系统（张智光，2011）。

林业供应链上的协作企业原本是各自独立的个体，各企业之间没有行政上的隶属关系，各自都有不同的利益和观念，彼此的利益冲突经常发生，协作管理需求由此产生。林业供应链管理的实质是通过共同行动获得比单独行动更大的利益。竞争不再是企业之间的竞争，而是供应链之间的竞争。所有林业企业都面临着如何与协作伙伴更好协作以提高供应链协作绩效这一严峻的挑战。

为了拓展供应链全产业协作，林业龙头企业逐渐重视与上下游企业间建立的稳固合作关系。通过查询企业网站，笔者整理了 2017 年吉林森工人造板集团有限责任公司“露水河”品牌在全国分区域刨花板授权客户名单（见表 6－1）。从表 6－1 客户分类统计可知，“露水河”授权客户第一类是战略合作伙伴，有 17 家知名企业，是下游客户中规模实力较大的家具制造企业，吉林森工作为上游供应商为这些家具企业的提供板材；第二类是直接合作的终端客户，北方区域 28

家、南方区域 62 家，共计 90 家，都是当地比较有实力的下游客户；第三类是板材经销商及其下属终端客户，共计 207 家，遍布全国各地。这种稳固的供应链协作关系为吉林森工人造板集团的发展发挥了巨大的作用。为了应对天然林禁伐的不利影响，保障林木资源供给，吉林森工人造板集团设立了 1 家林业发展有限公司，在鄱阳湖等地通过"公司 + 基地"的形式建设速生丰产林，努力向上游拓展延伸，形成了贯穿全产业的林业绿色供应链协作系统。

表 6－1　2017 年吉林森工人造板集团"露水河"品牌在全国分区域刨花板授权客户名单

类型	数量（家）	序号	客户和经销商名称（品牌名称）
战略合作伙伴	17	1～17	战略合作伙伴品牌简称： 意风家具、曲美家居、百强家具、顶固、中意橱柜、优非、亚美特家具、飞美家具、家由莱、拉迷、YAVON、文超、绿艺岛家具、德宝·迪赞尼、凡响家具、康洁、五木家具
直接合作终端客户（北方区域）	28	1	北京利丰家具制造有限公司（意风）
		2	曲美家居集团股份有限公司（曲美）
		3	德中飞美家具（北京）有限公司（飞美）
		4	吉林森工金桥地板集团有限公司长春家具分公司（金露）
		5	北京世纪百强家具有限公司（百强）
		6	河北康洁家居制品有限公司（康洁）
		7	沈阳市凡响家具制造有限公司（凡响）
		8	吉林森工华英家具有限责任公司
		9	凯蒂（北京）家具有限公司（KD）
		10	辽宁中意厨房设备有限公司（中意）
		11	伊瓦定制家居
		⋮	……
直接合作终端客户（南方区域）	62	1	广东顶固集创家居股份有限公司（顶固）
		2	上海拉迷家具有限公司（拉迷）
		3	上海卡迪曼门业有限公司（卡迪曼）
		4	重庆品智家具有限公司（家由莱）
		5	宁市酷雅家居有限责任公司（爱格工房）
		6	东莞市中意厨房设备有限公司（中意）

续表

类型	数量（家）	序号	客户和经销商名称（品牌名称）
直接合作终端客户（南方区域）	62	7	上海雅风企业发展有限公司（江苏雅风家具制造有限公司）（YAVON）
		8	聊城市孩室宝家俱有限公司（光明园迪、健尔、奥一）
		9	重庆一凡家具有限责任公司（蒂诺一）
		10	上海文超家具制造有限公司（文超家具）
		11	西安德唯建材有限公司（德唯美家）
		⋮	……
经销商及其下属终端客户	207	1	重庆夏特装饰材料有限公司（夏特板材）
		2	杭州万森装饰材料有限公司（销售区域：杭州市）
		3	青岛露水河木业有限公司
		4	沈阳和盛美麟装饰材料有限公司（销售区域：辽宁省）
		5	北京福春林木业有限公司（销售区域：北京市部分客户）
		6	吉林省鸿开木业有限公司（销售区域：吉林省）
		7	大庆庆森木业（销售区域：黑龙江省）
		8	南京贵发木业有限公司
		9	河南郑州中牟县官渡镇红双木装饰材料厂（销售区域：河南省）
		10	南京雷伯特翔事木业有限责任公司
		11	北京九州顺安木业有限公司（销售区域：保定、唐山）
		12	成都新同鑫装饰材料有限公司（同鑫板材）
		13	无锡市吉露木业有限公司
		14	南通吉露装饰材料有限公司
		15	石家庄森达木业有限公司（销售区域：石家庄、邢台、邯郸、沧州、衡水）
		16	新都区大丰八众益饰面板成型加工厂（众益板材）
		17	济南露水河森林工贸有限公司
		18	苏州市相城区太平吉露装饰材料厂（销售区域：苏州市、无锡市）
		19	江阴市丰翔装饰材料有限公司
		20	南京兴安木业有限公司
		21	哈尔滨建青木业（销售区域：黑龙江省）

续表

类型	数量（家）	序号	客户和经销商名称（品牌名称）
经销商及其下属终端客户	207	22	北京博森木材板业有限公司（销售区域：北京区域）
		23	天津市欧派商贸有限公司（销售区域：天津市）
		24	武侯区锟明板材厂（锟明板材）
		25	临沂市森夏商贸有限公司
		26	北京世纪大亚科技有限公司（销售区域：湖北咸宁）
		27	吉林森林工北京吉红林销售分公司下属客户（销售区域：北京）
		28	武汉吉森迪尔木业有限公司（销售区域：湖北省）
		29	徐州千意爱家具有限公司（千意爱家居）（销售区域：睢宁、宿迁）
		30	济宁市鑫缘家居有限公司（销售区域：济宁）
		31	大连丰运装饰材料厂（销售区域：大连市）
		⋮	……

资料来源：根据吉林森工官方网站（http：//www. jilinsengong. com）整理。

3. 运用“互联网 +”提升林业绿色供应链竞争优势

随着大数据、云计算等现代信息网络技术的快速发展，互联网与传统产业逐渐融合，产业边界日益交融，形成“生产 + 网络 + 服务”的制造业发展新模式，创造出以电子商务为主导的贸易方式（张莉，2015）。“互联网 + 林业”将互联网思维运用到传统林产品供应链协作中，全面实现加工企业、林木供应商、林产品分销渠道商以及消费者从线上和线下的对接，最终实现提升林业绿色供应链的竞争优势。林业绿色供应链系统应建立以互联网为载体的全产业链生产和营销模式，并以“互联网 +”推进传统林产品贸易的转型升级。首先运用电子商务改造传统林产品内贸流通领域，实现林产品贸易流通各环节的电子化、信息化和网络化；其次利用政府“一带一路”的政策机遇，积极开展林产品跨境贸易，提供多样化的林产品商贸服务，促进林业绿色供应链的国际化协作发展；最后通过林业产业供应链物流平台的“互联网 +”模式，打造第三方林产品物流综合服务平台，通过整合集团产业链、贸易链、监管链和数据链，在林产品信息与交易服务的基础上向涵盖支付、物流、信用、产品质量保险和金融等方向发展，为林产品贸易提供全方位、全流程的集成服务（钱小瑜，2016）。

4. 将生态绩效、资源绩效和社会绩效纳入到供应链绩效考核体系

绩效管理的实践一再证明考核什么，就产出什么。应从林业供应链层面建立林业绿色供应链协作绩效考评体系，为林业绿色供应链上的所有协作企业提供具有参考价值的标准，有助于核心企业对林业供应链协作进行系统监控，有序开展PDCA循环，不断提高林业绿色供应链的协作绩效并加以实施。

首先，根据林业绿色供应链协作绩效体系的分类，协作绩效划分为经济绩效、生态绩效、资源绩效和社会绩效四个方面，供应链层面协作绩效的指标既要有经济性指标，也有资源性指标、生态性指标和社会性指标，通过资源绩效和生态（绿色）绩效指标的考核，促进林业产业发展中的资源、生态、环境与经济的协调。林业绿色供应链协作的发展不但要实现经济效益，还要实现资源增长和生态改善，这符合林业企业利益相关者的期望。

其次，林业绿色供应链协作绩效的考核管理上要考虑，如何有利于林业绿色供应链协作企业根据供应链绿色协作的整体框架和要求，参与并做出合理的协作决策并执行决策，不至于偏离协作的方向，同时，要设计以经济利益为主的协作激励机制，激励所有的协作成员企业努力完成所承担的任务。

最后，改变林业绿色供应链协作绩效管理中以经济绩效为唯一目标的倾向。就林业协作企业而言，追求短期化经济绩效是合理的，但是从林业绿色供应链全产业、全过程、全链条的角度，缺乏稳定林木资源保障的林业绿色供应链是不可持续发展的。在林业供应链管理上，应重视林木资源和林地的战略储备，并把它们作为获得竞争优势的可靠来源。可以把企业获得林业资源保障程度作为林业供应链资源绩效的衡量指标。在生态文明和生态安全日益受到重视的大环境下，作为本身具有绿色概念的林业绿色供应链被寄予厚望。从供应链上的绿色设计开始，将传统的环境“末端治理”转变为“源头”预防和全过程治理，实现企业环境绩效和经济绩效的双重提升，应将生态绩效纳入林业供应链绩效考核。作为嵌入当地经济社会的发展的林业绿色供应链，能否在自己发展的同时促进就业、带动当地社会经济发展逐渐成为社区居民关注的焦点，社会效益也要纳入绩效考核体系。

（三）政府管理层面的建议

林业绿色供应链协作的发展离不开政府的政策引导和支持。林业产业的发展

模式将由资源主导型、粗放型经营、分散扩展式产业升级向自主创新型、集约型经营、龙头企业引领产业升级的方向转变，林业绿色供应链全产业协作成为实现发展模式转变的重要管理战略。为促进林业绿色供应链全产业、全过程、全链条协作管理的顺利开展，政府管理层面需要为实施林业绿色供应链协作机制提供政策支持和服务保障。本书对政府管理层面的建议主要有以下方面。

1. 提高木材资源供给能力为林业绿色供应链协作提供资源保障

林业绿色供应链林木资源依赖是协作行为的起始潜变量，林木资源短缺影响企业生死存亡。我国是世界上最大的木材进口国和第二大木材消耗国，木材加工和制浆造纸的发展都对林木原料产生需求，资源短缺的形势非常严峻。2017 年，天然林全面禁止商业性采伐政策实施后，解决林木资源制约主要依靠进口和国内人工林。2015 年，我国进口原木及其他木质林产品折合木材占到木材产品市场总供给的比例（对外依存度）已经达到48.32%，继续增加进口依靠国际市场存在一定的困难，且国际市场原木来源国开始限制直接的原木出口，贸易条件逐渐对我国产生不利影响。

提高木材资源供给能力要求政府继续加快推动人工林建设，在人工林的营林过程中需要发挥政府对人工林营林的引导作用。当地政府可以制定政策，鼓励引导核心企业和林农采取正确的方法经营森林，并保护他们的合法权益。通过实施退耕还林、封山育林、生态公益林建设、生态补贴等项目，保护林地资源的合理开发利用。从长远发展和国际大企业经验看，发展和建设企业自己的人工原料林基地是可行的战略。为此，政府需要从政策、规划、资金等方面提供必要的支持，鼓励林业企业投入资金加入人工原料林建设，纳入政府主导的人工林建设计划，引导社会资本投向与政府合作的各种 PPP 人工林建设项目。

同时，政府还要加大和加快国家储备林建设。纳入国家储备林建设中的工业原料林也是保障林木资源的重要途径。政府要切实按照国家林业“十三五”规划，以保障木材安全、稳定市场供给、调剂市场需求为主要目的，按照“市场主导、政府扶持，金融支持、主体担保，企业经营、林农受益”原则，在水土光热条件较好的南方省区和其他适宜地区，借鉴林业世界银行项目契约式和造林模型管理经验，拓宽融资渠道，落实财政贴息激励机制，吸引社会资本参与和进入储备林基地建设。《全国木材战略储备生产基地建设规划（2013－2020 年）》提出到 2020 年，全国完成营造用材林 1400 万公顷（折合 2.1 亿亩），通过科学经营，着力培育珍稀和大径级用材林，构建结构优化的木材后备资源体系。基地建成后，预计每年可增加木材供应能力 9500 万立方米（国家林业局，2014），因此，从政府层面需要大力推进全国木材战略储备生产基地建设。

2. 继续促进林业第一、第二、第三产业交叉融合发展

政府越来越认识到，不能简单割裂林业产业和生态发展。从全产业的视角审视林业产业发展，就要打通林业第一产业营林业、林业第二产业木材加工制造业和林业第三产业林业服务业的关联，发挥规模经济效应、范围经济效应和产业关联效应等，充分利用产业融合带来的强大的溢出效应，带动整个林业产业链甚至地区经济发展。林业绿色供应链协作可分为经济绩效、生态绩效、资源绩效和社会绩效。核心企业可以灵活采取各种手段激发林业绿色供应链参与企业的协作行为，提高供应链全产业协作的综合绩效，实现链上企业的多赢。通过林业绿色供应链协作增强核心企业竞争力和品牌竞争力，带动供应链上的企业协同发展，建立起共赢的林业绿色供应链网络体系。政府应继续大力引导信息技术、现代金融、物联网在林业产业中的应用，促进林业第一、第二、第三产业交叉融合，促进林业绿色供应链协作的进一步发展。

3. 建立林业绿色供应链协作的支持和保障体系

林业绿色供应链协作嵌入当地经济社会发展，受到宏观、行业和微观环境的制约。政府要尊重市场规律，充分发挥市场的作用，也要为整个林业绿色供应链协作的发展提供必要的支持和保障。根据林业绿色供应链协作机制体系建设的要求，政府应积极做好以下工作，为林业绿色供应链协作运行提供支持和保障。政府应该在加大人工林建设的同时，为林业企业利用国际林木资源创造条件；建立林业企业信用体系，为协作信任的建立打下基础：①建立林业信息化网络平台，鼓励企业信息化技术的应用，为林业供应链信息共享和协作沟通建立良好的条件；②制定政策鼓励企业和林农建立利益联结机制，发展订单林业，稳定营林和加工环节的产销关系，鼓励林业大户建立林业合作社，发展小型林场；③鼓励林业核心企业与上下游企业通过各种形式发展协作关系，政府给予必要的政策支持；④鼓励供应链金融和林业供应链协作系统的结合，充分利用期货市场和电子商务现货市场以及中国生态四板产权交易中心；⑤鼓励中国企业走出国门，争夺资源控制权，实现我国森林资源供给在全球范围内的优化配置，从世界主要木材生产国入手，寻求新的木材来源。尤其是已经签署自贸协定的国家。例如，澳大利亚、泰国、越南、智利都是值得深入挖掘开拓的木材供应来源（蓝瞻瞻和王立群，2011；苏蕾和刘意，2017）。又如，山东省内有 40 多家企业收购或租赁境外

森林采伐权690万公顷，木材蓄积量6亿多立方米，是省内林木蓄积量的5倍多，相当于再造了5个“海外山东”，有效缓解了省内木材供需压力。总之，加快林业产业发展并积极推进林业绿色供应链协作的发展，需要政府切实把支持和保障工作落到实处，为林业产业发展和林业绿色供应链协作提供良好的外部环境。

第七章 结论与展望

在吸收已有研究成果的基础上，本书围绕“如何提高林业绿色供应链全产业协作绩效”的研究目标，依次开展了林业绿色供应链协作的发展态势及问题研究、林业绿色供应链的协作特性分析、基于计划行为理论的林业绿色供应链全产业协作机理理论框架构建、林业绿色供应链全产业协作机理的 SEM 实证分析、我国林业绿色供应链全产业协作机制的构建及机制实施建议等研究，实现了预定研究目标。下面分别从研究结论、创新之处和研究展望三方面加以总结。

一、研究结论

本书对中国林业绿色供应链全产业协作机理进行了深入研究。首先，对林业绿色供应链协作的发展态势及问题进行了归纳分析；其次，基于目标—组织—过程框架，比较分析了林业绿色供应链与一般制造业的协作特性；再次，基于计划行为理论，构建了林业绿色供应链全产业协作 SEM 机理理论框架；又次，对林业绿色供应链全产业协作机理 SEM 模型进行了实证分析；最后，基于 SEM 协作机理模型的实证分析结果，构建了林业绿色供应链全产业协作机制体系，并从核心企业、供应链管理和政府管理三个层面提出实施建议。

第一，林业绿色供应链在协作目标、组织和过程上不同于一般制造业，解决了使用传统的供应链协作方式无法解决林业绿色供应链协作的问题。

林业绿色供应链协作在目标上具有克服资源瓶颈制约、优化多元价值取向、保障林业生态安全的特性；在协作组织上具有横跨三次产业的复杂性、组织结构的多层次性、营林主体的高度分散性、核心企业的强主导性及自然和社会系统的互利共生性的特性；在协作过程上呈现自然生产和社会生产过程交织性、区域跨度广泛性、响应需求时间滞后性和高风险性的特征。其中，协作目标特性有利于林业供应链管理者把握协作方向：重视林木资源供应保障，重视供应链协作企业的利益而不是仅仅追求核心企业自身利益，重视环境污染治理并保障森林生态安全；协作组织特性为林业供应链管理者构建林业绿色供应链协作网络组织提供了更为深刻的认知，有利于把握林业协作网络组织的特殊性；协作过程特性有利于管理者更好地把控林业绿色供应链运行过程。

第二，林业绿色供应链全产业协作行为绩效受林木资源依赖、协作信任、协作沟通、信息共享、协作决策和协作激励的共同影响，这些关键影响因素的识别对于促进林业企业供应链全产业协作绩效具有极其重要的价值。

林业绿色供应链全产业协作机理模型的实证研究结果表明，林木资源依赖对协作信任和信息共享具有显著的正向影响，说明对林木资源依赖的重视程度越高，企业越希望与合作企业保持长期的合作关系，协作中彼此信任的程度也越大；供应链林木资源依赖程度越大，林业企业越倾向于信息共享。为了获得稳定的林木资源保障，林业核心企业和协作企业共同开展林业绿色供应链协作，需要建立长期协作信任关系，并促进供应链信息在供应链上的共享和交流。

协作信任对信息共享和协作沟通共同具有显著的正向影响。林业绿色供应链协作的节点多，区域跨度大，时刻面临供应链中断的危机。核心企业和协作企业建立信任关系，才能提高信息分享的意愿和质量，通过良好的沟通有效化解供应链协作过程中出现的各种冲突。协作信任对于解决林业绿色供应链协作组织因缺乏互相信任导致的供应链冲突具有重要的现实指导意义。

协作沟通对信息共享具有显著的正向影响。说明协作沟通对信息共享具有较大的正向直接影响，并间接影响绿色供应链协作绩效。林业绿色供应链全产业协作必须通过信息平台及时沟通信息，才能形成供应链协作的信息优势。协作沟通对于解决林业绿色供应链协作企业间沟通困难和信息沟通平台缺乏等问题具有重要的参考价值。

信息共享对协作决策具有显著的正向影响。林产品市场上普遍存在市场信息和企业信息的不对称和不完全性，而林业绿色供应链协作企业间的信息共享可以有效克服对认知有限理性的影响，提高供应链协作各方的决策能力和全产业协作的绩效。信息共享是一般制造业供应链协作研究的热点，但林业绿色供应链协作面临上游营林时间长、上下游企业分布区域跨度大、信息共享意愿低等问题，信息共享的重要性比一般制造业更突出。

协作决策对协作激励具有显著的正向影响。林业绿色供应链中的营林企业、木材经销商、木材加工企业、物流运输企业、林产品经销商等都是追求各自利益的独立经营主体，决策目标和标准各不相同，林业绿色供应链协作过程决策各方的冲突和矛盾经常发生。林业绿色供应链全产业协作的任何一个环节不协调都会对整个林业供应链的绩效产生不同程度的影响。供应链协作决策有利于事先确定对协作企业间的利益分配，关系协作企业的积极性能否得到激发，所以协作决策直接影响协作激励，并间接影响协作绩效。协作决策的质量和水平对于提高林业绿色供应链协作企业的积极性具有重要的作用。

协作激励对林业供应链协作总体绩效具有直接促进作用，且协作激励对经济绩效、资源绩效、生态绩效、社会绩效的直接作用具有差异性。研究结果表明，协作激励对林业绿色供应链协作的经济绩效影响最大（路径系数为0.78），其次是生态绩效（路径系数为0.67），再次是资源绩效（路径系数为0.59），最后是社会绩效（路径系数为0.46），但对社会绩效的作用不显著。研究结果有利于林业绿色供应链管理全面把握绩效管理的重点，既要重视经济绩效、生态绩效，更要重视资源绩效和社会绩效。

第三，林木资源依赖是影响林业绿色供应链全产业协作绩效最关键的因素，也是林业绿色供应链全产业协作机理模型的外生潜变量。

在林业产业“得资源者得天下”。面对林木资源短缺问题，林业产业和企业通过进口木材资源解决木材资源缺口，导致我国林木原材料进口依存度接近50%。在国际木材出口国限制木材出口、国内全面保护天然林并停止天然林商业性采伐以及制浆造纸和木材加工产业对木材资源需求旺盛的环境下，林木资源已经成为制约我国林业企业发展的瓶颈。拓展林业绿色供应链到全产业协作，将林业供应链条延伸到资源培育环节有助于解决林木资源短缺问题。林木资源依赖是影响林业绿色供应链全产业协作绩效最关键的因素，也是协作机理模型的外生潜变量，这在实践中促使核心企业管理者更加重视供应链上下游的协作关系，采取多种协作方式，进而形成稳定的林木供给来源；林业核心企业主动与营林企业或者林农提前通过供应链协作锁定木材资源，促进了营林企业、林农收益的稳定性和营林积极性，有利于形成长期稳定的原料供应与采购关系。

第四，管理者需要构建林业绿色供应链协作机制体系，涵盖资源保障机制、协作信任机制、信息共享机制、协作沟通机制、协作决策机制和协作激励机制，以保障林业绿色供应链全产业协作的运行，才能提高林业绿色供应链全产业协作的绩效。

研究表明，资源保障机制、协作信任机制、信息共享机制、协作沟通机制、协作决策机制和协作激励机制在提高林业绿色供应链协作绩效中发挥不同的作用：建立林业绿色供应链协作的资源保障机制从源头为绿色供应链开展协作提供良好的林木资源；建立林业绿色供应链协作信任机制有利于降低机会主义行为发生的概率，并促进林业企业间的长期协作，这符合林业绿色供应链追求长期绩效的特点；建立林业绿色供应链协作沟通机制有助于强化供应链协作伙伴间的关系互动；建立林业绿色供应链协作信息共享机制可以为林业绿色供应链协作决策活动提供更为完备的高质量的有用信息；建立林业绿色供应链协作决策机制有助于促进供应链协作决策的质量和运行问题的共同解决；建立林业绿色供应链协作激励机制有利于促进协作伙伴参与供应链活动的积极性。

二、创新之处

在汲取已有研究成果的基础上，本书基于目标—组织—过程框架比较分析了林业绿色供应链与一般制造业的协作特性，根据计划行为理论构建了林业绿色供应链全产业协作机理理论框架，采用结构方程模型 SEM 计量方法对协作机理理论模型进行实证检验，据此构建了我国林业绿色供应链全产业协作机制，进而提出机制实施的对策建议。和已有研究相比，本书的创新性主要体现在以下几方面。

第一，构建了林业绿色供应链全产业协作的 SEM 影响机理模型。已有实践研究集中于林业产业单企业、单环节、单过程管理，但仅靠单企业、单环节、单过程发展林业产业具有局限性。已有理论研究集中于林业产业中单个企业的发展，没有从全产业视角研究林业绿色供应链协作。由于林业绿色供应链是横跨林业三次产业的供应链，林业绿色供应链不能实现全产业的贯通，上下游之间的企业松散协作，追求个体利益最大化的机会主义将盛行，上下游协作环节必将相互割裂、协而不作，增加了林业供应链协作的交易成本和管理成本，导致单个企业和供应链的整体绩效都难以提高。同时，已有理论研究对影响整个林业绿色供应链协作绩效关键变量的相互作用关系尚未理清，协作机理不清晰带来的问题是管理者抓不住协作的关键因素，难以提高林业绿色供应链全产业协作绩效和供应链协作优势。本书构建的林业绿色供应链全产业协作 SEM 影响机理模型可以为林业绿色供应链协作管理的实施提供方向性的指导。

第二，辨识出林木资源依赖是林业绿色供应链全产业协作的突出性战略因素。已有理论研究忽略了林木资源依赖对于林业绿色供应链全产业协作的价值，没有将林木资源依赖纳入林业绿色供应链协作理论框架中，研究结果表明林木资源依赖恰恰是林业绿色供应链全产业协作最具战略性的因素。林业绿色供应链的协同运作高度依赖于供应链的源头环节——林木资源的持续供给，林木资源一旦发生短缺，整个林业绿色供应链不但面临中断的高风险，经营失败也随之而来，所以，林木资源保障关系整个供应链的生死存亡，必须从战略的高度加以重视。本书辨识了林木资源依赖是林业绿色供应链全产业协作的突出性战略因素，有助于管理者把握提高林业绿色供应链全产业协作绩效的战略重点。

第三，揭示了林业绿色供应链协作在目标、组织和过程上不同于一般制造业的具体特性。已有研究集中于一般制造业供应链协作的研究，而对林业绿色供应链协作及特性关注较少。由于林业绿色供应链具有原料来源林木生产周期长、供应链链条长、中间环节多、风险大、生态效益突出等特点，同一般制造业供应链协作相比，林业绿色供应链在协作目标、协作组织和协作过程上具有林业特色的特性差异。林业绿色供应链协作目标、组织和过程特性解决了使用一般制造业供应链协作管理措施无法解决林业绿色供应链协作的问题。协作特性的揭示可以为不同层面的管理者开展林业绿色供应链协作管理活动提供重要的决策参考依据。

三、研究展望

科学研究是不断探索的过程，未来可从以下方面进行拓展研究。

第一，采用调查问卷获取实证分析的数据，由于林业企业分布广泛，无法进行大规模随机抽样调查。为了获取样本，主要通过行业会议现场调研、网络调研（定向邮件）和实地调研收集数据，尽管本书通过科学规范的调查研究设计尽量克服调查的不足，调查对象可能在区域分布和样本代表性方法存在一定局限以及调查问卷主观测度的数据可信度问题。未来可以对典型区域、典型企业、典型类型供应链采用问卷调查获得数据，取得林业绿色供应链整体绩效的客观数据，将会深化对林业绿色供应链全产业协作的研究。

第二，林业绿色供应链协作系统内各要素间的关系错综复杂，协作绩效的影响因素可能不止本书的 6 个潜变量。未来的研究可以考虑把潜变量由一维拓展为二维或三维，如将供应链资源依赖拓展为算计依赖和关系依赖，将协作激励拓展为经济激励、精神激励等进行深入分析。另外，还可以对潜变量的中介效应和调节效应进行进一步研究。当然变量选择既需要具有理论依据，也需要具有实践观察的基础，这对管理实践具有借鉴作用。

第三，林业绿色供应链的全产业协作是横跨林业三次产业的供应链协作，涉及供应链上下游林业三次产业的林业企业，实践中这些企业间的供应链协作行为也是一个讨价还价的博弈过程。本书主要使用结构方程模型 SEM 方法探索了全产业协作机理，未来可以考虑运用博弈论、案例研究、实验和仿真等方法对林业绿色供应链全产业协作开展更为深入的研究。

附录1 《林业绿色供应链协作研究》访谈提纲

1. 访谈时间

2. 访谈地点及企业名称

3. 访谈对象

4. 访谈主要内容

（1）请介绍一下您本人（所在部门、职务和工作年限等）和您所在公司的基本情况（包括企业性质、处于的发展阶段、企业规模、主要产品和业务、市场状况及相关情况）。

（2）贵公司供应链协作绩效从哪些方面进行评价？除了经济绩效，生态绩效、资源绩效和社会绩效是否重要？您认为提高供应链协作绩效有哪些关键因素要重视？

（3）稀缺性原料如木材对于贵公司的供应链上下游协作的重要性你是如何判断的？

（4）请谈谈贵公司促进协作沟通上的手段和做法？（请补充关键事件）

（5）请谈谈信息共享对于贵公司是否重要？重要程度如何？（请补充关键事件）

（6）请谈谈协作信任是否重要？你们是如何判断协作信任程度的？（请补充关键事件）

（7）请谈谈协作决策的价值？协作决策对利益分配有何影响？（请补充关键事件）

（8）请谈谈贵公司是否重视协作激励即利益分配对供应链协作绩效的影响？

（9）对开展全产业、全过程的协作，你们是否赞同？你们公司考虑加入供应链全产业协作的关键影响因素是什么？

附录2 《林业绿色供应链协作发展现状》调查问卷

为保证调查样本的一致性，如果贵企业处在多条供应链中，请选择以其中一条供应链为考虑对象。林业绿色供应链协作将供应链协作从传统林产品制造业拓展到可再生培育环节，将营林业作为第一车间，以经济和生态效益为综合目标，以林产品市场需求为导向，以林产工业企业为主导，以工业原料林基地为依托，以利益分配为驱动力，通过资本纽带和契约纽带将林产工业企业、营林企业等形成一个利益共同体，通过密切配合完成供应链运作的计划和执行，获得比公司单独行动更大的利益。

一、个人及公司基本信息

1. 您的性别（　）。

A. 男　B. 女

2. 您所在的林业企业所在地是________省（市）。

3. 您在公司工作的年限为（　）。

A. 1 年以下　B. 1 ~3 年　C. 3 ~5 年　D. 5 年及以上

4. 您的文化程度（　）。

A. 高中及以下　B. 专科　C. 本科　D. 研究生（硕士或博士）

5. 您在企业中担任的职务是（　）。

A. 一般员工　B. 基层管理者　C. 中层管理者　D. 高层管理者

6. 您所在的部门是（　）。

A. 采购部门　B. 生产部门　C. 营销部门　D. 研发部门　E. 其他部门

7. 您所在企业的成立年限为（　）。

A. 2 年以下　B. 2 ~5 年　C. 5 ~10 年　D. 10 年及以上

8. 您所在林业企业在林业供应链中的具体位置是（　）。

A. 上游（营林和木材经销环节） B. 中游（以林木为原料的加工制造）
C. 下游（林产品销售，如板材、家具、地板、纸制品）

二、林业企业绿色供应链协作绩效影响因素

9. 林业绿色供应链林木资源依赖（请在1~7对应的○上打√）。

	1	2	3	4	5	6	7
9-1 您对林木资源紧缺程度的判断（数值越大，紧缺程度越高）	○	○	○	○	○	○	○
9-2 您对林木资源具有战略性意义的认知程度（数值越大，认知程度越高）	○	○	○	○	○	○	○
9-3 您对林木资源不可替代性程度的判断（数值越大，不可替代性程度越高）	○	○	○	○	○	○	○
9-4 您所在林业企业采购原材料或资源距离本企业多少千米							
9-5 您所在林业企业同样林木资源的供应商约有几家							
9-6 您所在林业企业外购林木资源的采购比例约为多少							

10. 林业绿色供应链协作信任（请在1~7对应的○上打√）。

	1	2	3	4	5	6	7
10-1 您对林业供应链企业间赊账周期反映彼此信任程度的判断	○	○	○	○	○	○	○
10-2 您认为您所在林业供应链中上下游林产品交易的简便程度如何	○	○	○	○	○	○	○
10-3 您对本公司与协作伙伴信赖关系的判断	○	○	○	○	○	○	○
10-4 您对协作伙伴在制定重大决策时会考虑对本公司影响的相信程度	○	○	○	○	○	○	○
10-5 您对协作伙伴会将本公司的利益放在至关重要位置的相信程度	○	○	○	○	○	○	○
10-6 您所在林业企业和主要协作伙伴间的合作时间（A. 1年及以下；B. 1~3年；C. 3~5年；D. 5~10年；E. 10年以上）							

注：数值越大，信任程度越高。

11. 林业绿色供应链协作沟通（请在1~7对应的○上打√）。

	1	2	3	4	5	6	7
11-1 您公司与协作伙伴经常定期开会	○	○	○	○	○	○	○
11-2 您公司与协作伙伴有开放而双向的沟通	○	○	○	○	○	○	○
11-3 您公司与协作伙伴会进行非正式沟通	○	○	○	○	○	○	○
11-4 您公司与协作伙伴有多样化的沟通渠道	○	○	○	○	○	○	○
11-5 您公司与协作伙伴通过讨论做决策	○	○	○	○	○	○	○

注：数值越大，沟通程度越高。

12. 林业绿色供应链信息共享（请在1~7对应的○上打√）。

	1	2	3	4	5	6	7
12-1 您公司对协作伙伴信息共享的重视程度	○	○	○	○	○	○	○
12-2 您公司与协作伙伴在战略信息上共享的程度	○	○	○	○	○	○	○
12-3 您公司与协作伙伴在运营信息上共享的程度（如产能、出货、订单、市场预测、原料价格等）	○	○	○	○	○	○	○
12-4 如果信息对协作伙伴有用，您会立即进行提供给对方的可能性	○	○	○	○	○	○	○

注：数值越大，共享程度越高。

13. 林业绿色供应链协作决策（请在1~7对应的○上打√）。

	1	2	3	4	5	6	7
13-1 参与林业供应链协作伙伴战略决策的程度	○	○	○	○	○	○	○
13-2 经常和协作伙伴一起解决没有预料到的事件（如涨价、产能不足）	○	○	○	○	○	○	○
13-3 经常和协作伙伴一起作需求预测	○	○	○	○	○	○	○
13-4 经常和协作伙伴一起决定供货满足率、库存水平及最佳定货量	○	○	○	○	○	○	○
13-5 经常和协作伙伴一起做促销活动	○	○	○	○	○	○	○
13-6 经常和供应链协作伙伴共同制定解决方案	○	○	○	○	○	○	○

注：数值越大，同意程度越高。

14. 林业绿色供应链协作激励（请在1~7对应的○上打√）。

	1	2	3	4	5	6	7
14-1 与供应链协作伙伴共享供应链的成本和收益	○	○	○	○	○	○	○
14-2 与供应链协作伙伴共同分担供应链中可能发生的风险	○	○	○	○	○	○	○
14-3 对协作伙伴的优异表现给予适当形式的奖励（订单量放大、价格优惠等）	○	○	○	○	○	○	○
14-4 当协作伙伴出现暂时经营困难时，为了供应链的运作，您选择支持帮助的可能性	○	○	○	○	○	○	○

注：数值越大，激励程度越高。

15. 林业绿色供应链协作绩效（请在1~7对应的○上打√）。

	1	2	3	4	5	6	7
15-1 林业绿色供应链协作提升协作各方的盈利能力的程度	○	○	○	○	○	○	○
15-2 林业绿色供应链协作降低了供应链总体成本的程度	○	○	○	○	○	○	○
15-3 林业绿色供应链协作提高产品质量水平的程度	○	○	○	○	○	○	○
15-4 降低废气、废水、废物的排放量的程度	○	○	○	○	○	○	○
15-5 生态环境保护的意识提高的程度	○	○	○	○	○	○	○
15-6 参加绿色环保认证（森林产品认证等）的认知程度	○	○	○	○	○	○	○
15-7 原材料（林木）供给量增加的程度	○	○	○	○	○	○	○
15-8 实现再生资源收集、分类、循环利用的程度	○	○	○	○	○	○	○
15-9 供应链内部资源自给率提高的程度	○	○	○	○	○	○	○
15-10 带动周边就业增加的程度	○	○	○	○	○	○	○
15-11 您感觉周边基础设施较协作前完善的程度	○	○	○	○	○	○	○
15-12 客户对本公司产品及服务的满意程度	○	○	○	○	○	○	○

注：数值越大，绩效提高程度越高。

三、您对促进林业绿色供应链协作绩效提高方面有何意见或建议?

四、您还希望政府出台关于促进林业绿色供应链协作绩效提高方面的哪些政策?

参考文献

[1] Ajzen I. The theory of planned behavior [J]. Organizational Behavior and Human Decision Process, 1991, 50 (2): 179 -211.

[2] Akkermans H, Bogerd P, Doremalen J V. Travail, transparency and trust: A case study of computer - supported collaborative supply chain planning in high - tech electronics [J]. European Journal of Operational Research, 2004, 153 (2): 445 - 456.

[3] Andaleeb S S. Dependence relations and the moderating role of trust: Implications for behavioral intentions in marketing channels [J]. International Journal of Research in Marketing, 1995, 12 (2): 157 -172.

[4] Anderson J C, Narus J A. A model of distributor firm and manufacturer firm working partnerships [J]. Journal of Marketing, 1990, 54 (1): 42 -58.

[5] Armitage C J, Conner M. Attitudinal ambivalence: A test of three key hypotheses [J]. Personality and Social Psychology Bulletin, 2000, 26 (11): 1421 - 1432.

[6] Aviv Y. The effect of collaborative forecasting on supply chain performance [M]. Informs, 2001.

[7] Ball M O, Ma M, Raschid L, et al. Supply chain infrastructures: System integration and information sharing [J]. Acm Sigmod Record, 2002, 31 (1): 61 - 66.

[8] Barney J B, Hansen M H. Trustworthiness as a source of competitive advantage [J]. Strategic Management Journal, 1994, 15 (S1): 175 -190.

[9] Barney J B. Firm resources and sustained competitive advantage [J]. Journal of Management, 1991, 17 (1): 99 -120.

[10] Barney J B. Types of competition and the theory of strategy: Toward an inte-

grative framework [J]. Academy of Management Review, 1986, 11 (4): 791 - 800.

[11] Bleeke J, Ernst D. Collaborating to compete: Using strategic alliances and acquisitions in the global marketplace [M]. New York: John Wiley & Sons, 1993.

[12] Boonlert - U - Thai K, Meek G K, Nabar S. Earnings attributes and investor - protection: International evidence [J]. International Journal of Accounting, 2006, 41 (4): 327 - 357.

[13] Cannon J P, Doney P M, Mullen M R, et al. Building long - term orientation in buyer - supplier relationships: The moderating role of culture [J]. Journal of Operations Management, 2010, 28 (6): 506 - 521.

[14] Cao M, Zhang Q. Supply chain collaboration: Impact on collaborative advantage and firm performance [J]. Journal of Operations Management, 2011, 29 (3): 163 - 180.

[15] Cao M, Zhang Q. Supply chain collaboration [M]. Springer London, 2013.

[16] Carlssonab D. Supply chain management in forestry [J]. European Journal of Operational Research, 2005, 163 (3): 589 - 616.

[17] Chang H H, Hung C J, Wong K H, et al. Using the balanced scorecard on supply chain integration performance: A case study of service businesses [J]. Service Business, 2013, 7 (4): 539 - 561.

[18] Chen L, Lee H L. Information sharing and order variability control under a generalized demand model [J]. Management Science, 2009, 55 (5): 781 - 797.

[19] Chicksand D, Watson G, Walker H, et al. Theoretical perspectives in purchasing and supply chain management: An analysis of the literature [J]. Supply Chain Management: An International Journal, 2012, 17 (4): 454 - 472.

[20] Corbett C J, Tang C S. Designing supply contracts: Contract type and information asymmetry [J]. Management Science, 1999, 50 (4): 550 - 559.

[21] Currall S C, Inkpen A C. A multilevel approach to trust in joint ventures [J]. Journal of International Business Studies, 2002, 33 (3): 479 - 495.

[22] Dechow P, Ge W, Schrand C. Understanding earnings quality: A review of the proxies, their determinants and their consequences [J]. Journal of Accounting & Economics, 2010, 50 (2 - 3): 344 - 401.

[23] Dyer J H, Chu W. The determinants of trust in supplier – automaker relationships in the US, Japan and Korea [J]. Journal of International Business Studies, 2000, 31 (2): 259 – 285.

[24] Emerson R M. Power – dependence relations [J]. American Sociological Review, 1962, 27 (1): 31 – 41.

[25] Espinoza O, Bond B H, Kline E. Supply chain measures of performance for wood products manufacturing [J]. Forest Products Journal, 2010, 60 (7 – 8): 700 – 708.

[26] Etgar M. Sources and types of intrachannel conflict [J]. Journal of Retailing, 1979, 55 (1): 61 – 78.

[27] Fink R C, Edelman L F, Hatten K J, et al. Transaction cost economics, resource dependence theory, and customer – supplier relationships [J]. Industrial and Corporate Change, 2006, 15 (3): 497 – 529.

[28] Fisher M L. What is the right supply chain for your product? [J]. Harvard Business Review, 1997 (3 – 4): 105 – 116.

[29] Fornell C, Larcker D F. Evaluating structural equation models with unobservable variables and measurement error [J]. Journal of Marketing Research, 1981, 18 (1): 39 – 50.

[30] Freeman R E. Strategic management: A stakeholder approach [M]. Boston: Pitman/Ballinger, 1984.

[31] Fugate B S, Sahin F, Mentzer J T. Supply chain management coordination mechanisms [J]. Journal of Business Logistics, 2006, 27 (2): 129 – 161.

[32] Ganesan S. Determinants of long – term orientation in buyer – seller relationships [J]. Journal of Marketing, 1994, 58 (2): 1 – 19.

[33] Goffin K, Lemke F, Szwejczewski M. An exploratory study of close supplier – manufacturer relationships [J]. Journal of Operations Management, 2006, 24 (2): 189 – 209.

[34] Gulati R, Sytch M. Dependence asymmetry and joint dependence in interorganizational relationships: Effects of embeddedness on a manufacturer's performance in procurement relationships [J]. Administrative Science Quarterly, 2007, 52 (1): 32 – 69.

［35］ Handfield R B, Bechtel C. The role of trust and relationship structure in improving supply chain responsiveness ［J］. Industrial Marketing Management, 2002, 31 (4): 367 – 382.

［36］ Harland C, Zheng J, Johnsen T, et al. A conceptual model for researching the creation and operation of supply networks ［J］. British Journal of Management, 2004, 15 (1): 1 – 21.

［37］ Hillman A J, Withers M C, Collins B J. Resource dependence theory: A review ［J］. Journal of Management, 2009, 35 (6): 1404 – 1427.

［38］ Hooff B V D, Ridder J A D. Knowledge sharing in context: The influence of organizational commitment, communication climate and CMC use on knowledge sharing ［J］. Journal of Knowledge Management, 2000, 8 (6): 117 – 130.

［39］ Hudnurkar M, Jakhar S, Rathod U. Factors affecting collaboration in supply chain: A literature review ［J］. Procedia – Social and Behavioral Sciences, 2014, 133 (15): 189 – 202.

［40］ Jap S D. Perspectives on joint competitive advantages in buyer – supplier relationships ［J］. International Journal of Research in Marketing, 2001, 18 (1 – 2): 19 – 35.

［41］ Joshi A W. Continuous supplier performance improvement: Effects of collaborative communication and control ［J］. Journal of Marketing, 2009, 73 (1): 133 – 150.

［42］ Kaufman A, Wood C H, Theyel G. Collaboration and technology linkages: A strategic supplier typology ［J］. Strategic Management Journal, 2000, 21 (6): 649 – 663.

［43］ Kautonen T, Van Gelderen M, Tornikoski E T. Predicting entrepreneurial behaviour: A test of the theory of planned behaviour ［J］. Applied Economics, 2013 (6): 697 – 707.

［44］ Klein R. Customization and real time information access in integrated eBusiness supply chain relationships ［J］. Journal of Operations Management, 2007, 25 (6): 1366 – 1381.

［45］ Knudsen D. Aligning corporate strategy, procurement strategy and e – procurement tools ［J］. International Journal of Physical Distribution & Logistics Management, 2003, 33 (8): 720 - 734.

[46] Kumar N, Scheer L K, Steenkamp J B E M. The effects of perceived interdependence on dealer attitudes [J]. Journal of Marketing Research, 1995, 32 (3): 348 - 356.

[47] Kumar R S, Pugazhendhi S. Information sharing in supply chains: An overview [J]. Procedia Engineering, 2012, 38 (3): 2147 - 2154.

[48] Laplume A O, Sonpar K, Litz R A. Stakeholder theory: Reviewing a theory that moves Us [J]. Journal of Management, 2008, 34 (6): 1152 - 1189.

[49] Laura H. Collaboration: The key to value creation in supply chain management [J]. Supply Chain Management: An International Journal, 2001, 6 (5): 205 - 207.

[50] Lee H L, Padmanabhan V, Whang S. Information distortion in a supply chain: The bullwhip effect [J]. Management Science, 1997, 43 (4): 546 - 558.

[51] Li S H, Lin B S. Accessing information sharing and information quality in supply chain management [J]. Decision Support Systems, 2006 (42): 1641 - 1656.

[52] Lunnan R, Haugland S A. Predicting and measuring alliance performance: A multidimensional analysis [J]. Strategic Management Journal, 2008, 29 (5): 545 - 556.

[53] Mallik S, Harker P T. Coordinating supply chains with competition: Capacity allocation in semiconductor manufacturing [J]. European Journal of Operational Research, 2004, 159 (2): 330 - 347.

[54] Marqui A C, Moura K S D. Collaborative supply chain: A conceptual model for operationalisation [J]. International Journal of Management & Decision Making, 2013, 12 (3): 195 - 214.

[55] Mayer R C, Davis J H, Schoorman F D. An integrative model of organizational trust [J]. Academy of Management Review, 1995, 20 (3): 709 - 734.

[56] Mcgee J E, Dowling M J, Megginson W L. Cooperative strategy and new venture performance: The role of business strategy and management experience [J]. Strategic Management Journal, 1995, 16 (7): 565 - 580.

[57] Mitchell R K, Agle B R, Wood D J. Toward a theory of stakeholder identification and salience: Defining the principle of who and what really counts. [J]. Acad-

emy of Management Review, 1997, 22 (4): 853 -886.

[58] Mohr J J, Fisher R J, Nevin J R. Collaborative communication in interfirm relationships: Moderating effects of integration and control [J] . Journal of Marketing, 1996, 60 (3): 103 -115.

[59] Mohr J J, Nevin J R. Communication strategies in marketing channels: A theoretical perspective [J] . Journal of Marketing, 1990, 54 (4): 36 -51.

[60] Morgan R M, Hunt S D. The commitment - trust theory of relationship marketing [J] . Journal of Marketing, 1994, 58 (3): 20 -38.

[61] Narasimhan R, Kim S W. Effect of supply chain integration on the relationship between diversification and performance: Evidence from Japanese and Korean firms [J] . Journal of Operations Management, 2002, 20 (3): 303 -323.

[62] Neda E, Wallace H, Iravani S M R. Trust and information sharing in supply chains [J] . Production & Operations Management, 2012, 21 (3): 444 -464.

[63] Oliva R, Watson N. Cross - functional alignment in supply chain planning: A case study of sales and operations planning [J] . Journal of Operations Management, 2011, 29 (5): 434 -448.

[64] Olugu E U, Wong K Y, Shaharoun A M. Development of key performance measures for the automobile green supply chain [J] . Resources Conservation & Recycling, 2011, 55 (6): 567 -579.

[65] Paulraj A, Lado A A, Chen I J. Inter - organizational communication as a relational competency: Antecedents and performance outcomes in collaborative buyer - supplier relationships [J] . Journal of Operations Management, 2008, 26 (1): 45 - 64.

[66] Pfeffer J, Salancik G R. The external control of organizations: A resource dependence perspective [M] . Harper & Row, 1978.

[67] Prahinski C, Benton W C. Supplier evaluations: Communication strategies to improve supplier performance [J] . Journal of Operations Management, 2004, 22 (1): 39 -62.

[68] Prajogo D, Olhager J. Supply chain integration and performance: The effects of long - term relationships, information technology and sharing and logistics integration [J] . International Journal of Production Economics, 2012, 135 (1):

514 -522.

[69] Ramanathan U, Gunasekaran A. Supply chain collaboration: Impact of success in long - term partnerships [J] . International Journal of Production Economics, 2014, 147 (Part B): 252 -259.

[70] Ren Z J, Cohen M A, Ho T H, etc. Information sharing in a long - term supply chain relationship: The role of customer review strategy [J] . Operations Research, 2010, 58 (1): 81 -93.

[71] Sabel C F. Studied trust: Building new forms of cooperation in a volatile economy [J] . Human Relations, 1993, 46 (9): 1133 -1170.

[72] Sarkis J, Zhu Q, Lai K H. An organizational theoretic review of green supply chain management literature [J] . International Journal of Production Economics, 2011, 130 (1): 1 -15.

[73] Sarkis J. A strategic decision framework for green supply chain management [J] . Journal of Cleaner Production, 2003, 11 (4): 397 -409.

[74] Simatupang T M, Sridharan R. An integrative framework for supply chain collaboration [J] . International Journal of Logistics Management, 2005, 16 (2): 257 -274.

[75] Simatupang T M, Sridharan R. The collaborative supply chain [J] . International Journal of Logistics Management, 2002, 13 (1): 15 -30.

[76] Soosay C A, Hyland P. A decade of supply chain collaboration and directions for future research [J] . Supply Chain Management: An International Journal, 2015, 20 (6): 613 -630.

[77] Southey G. The theories of reasoned action and planned behaviour applied to business decisions: A selective annotated bibliography [J] . Journal of New Business Ideas & Trends, 2011, 9 (1) : 43 -50.

[78] Sridharan R, Simatupang T M. The collaboration index: A measure for supply chain collaboration [J] . International Journal of Physical Distribution & Logistics Management, 2005, 35 (1): 44 -62.

[79] Sridharan R, Simatupang T M. Managerial views of cupply chain collaboration: An empirical study [J] . Gadjah Mada International Journal of Business, 2009, 11 (2): 253 -270.

[80] Taddeo M. Trust in technology: A distinctive and a problematic relation [J]. Knowledge Technology & Policy, 2010, 23 (3-4): 283-286.

[81] Vidal N G, Kozak R A. The recent evolution of corporate responsibility practices in the forestry sector [J]. International Forestry Review, 2008, 10 (1): 1-13.

[82] Wang Z, Huo B, Tian Y, et al. Effects of external uncertainties and power on opportunism in supply chains: evidence from China [J]. International Journal of Production Research, 2015, 53 (20): 1-14.

[83] Williamson O E. Outsourcing: Transaction cost economics and Supply Chain Management [J]. Journal of Supply Chain Management, 2008, 44 (2): 5-16.

[84] Wu L, Chuang C H, Hsu C H. Information sharing and collaborative behaviors in enabling supply chain performance: A social exchange perspective [J]. International Journal of Production Economics, 2014, 148 (1): 122-132.

[85] Ybarra C E, Turk T A. The evolution of trust in technology alliances [J]. Journal of High Technology Management Research, 2009, 20 (1): 62-74.

[86] Zhou H, Jr W C B. Supply chain practice and information sharing [J]. Journal of Operations Management, 2007, 25 (6): 1348-1365.

[87] Zhu Q, Sarkis J, Lai K H. Green supply chain management: Pressures, practices and performance within the Chinese automobile industry [J]. Journal of Cleaner Production, 2007, 15 (11-12): 1041-1052.

[88] Zollo M, Reuer J J, Singh H. Interorganizational routines and performance in strategic alliances [J]. Organization Science, 2002, 13 (6): 701-713.

[89] 阿里研究院. 2016 年度中国绿色消费者报告 [EB/OL]. (2016-08-04) [2017-12-06]. http: //www. 199it. com/archives/503487. html.

[90] 安丰杰. 不断推进速丰林建设，加快国家木材战略储备——学习落实好中央林业工作会议精神的几点体会 [J]. 中国林业，2009 (21)：20-23.

[91] 蔡淑琴，梁静. 供应链协同与信息共享的关联研究 [J]. 管理学报，2007，4 (2)：157-162.

[92] 曹玉玲，李随成. 企业间信任的影响因素模型及实证研究 [J]. 科研管理，2011，32 (1)：137-146.

[93] 曾文杰. 基于合作伙伴关系的供应链协同影响因素研究 [D]. 武汉：

华中科技大学，2011.

［94］常乐，吴智慧．关于我国家具产业提升竞争力的探讨［J］．中国人造板，2011，18（10）：46－48.

［95］陈慧芳．组织间协调及其信息共享问题的研究［D］．厦门：厦门大学，2008.

［96］陈剑．低碳供应链管理研究［J］．系统管理学报，2012，21（6）：721－728.

［97］陈剑．供应链管理研究的新发展［J］．上海理工大学学报，2011，33（11）：694－700.

［98］陈娟，刘永胜，肖为群．食品供应链安全风险形成的微观机理——基于计划行为理论的实证分析［J］．中国流通经济，2015，29（12）：67－75.

［99］陈翩，丁杰．邳州家具产业发展现状研究［J］．中小企业管理与科技，2014（27）：198－199.

［100］陈伟，张旭梅．供应链伙伴特性、知识交易与创新绩效关系的实证研究［J］．科研管理，2011，32（11）：7－17.

［101］陈晓莉，冯璐，邢肃睿．华泰成长模式正在悄然转变［N］．中国绿色时报，2017－06－29（B4）.

［102］陈绪和，叶克林．加强自主创新，全面提升我国木材工业整体竞争力［J］．木材工业，2006，20（2）：5－7.

［103］陈长彬，吴隽，万莉．供应链信息共享价值的量化研究［J］．华东经济管理，2008，22（7）：113－115.

［104］程宝栋，田园．我国木材产业规模化经营研究［J］．中国人造板，2008，15（6）：1－4.

［105］丁胜．中国木材物流系统的组织—自组织双层模式研究［D］．南京：南京林业大学，2007.

［106］段文婷，江光荣．计划行为理论述评［J］．心理科学进展，2008，16（2）：315－320.

［107］方勤敏．影响林业企业成长的资源障碍分析［J］．世界林业研究，2007，20（6）：6－10.

［108］冯长利，韩玉彦．供应链视角下共享意愿、沟通与知识共享关系的实证研究［J］．软科学，2012，26（4）：48－53.

[109] 符少玲，孙良媛．公司资源依赖、信任及关系承诺农户对公司与农户信息共享影响研究［J］．华中农业大学学报（社会科学版），2015（3）：47－52.

[110] 高键．消费者行为理性对绿色感知价值的机制研究——以计划行为理论为研究视角［J］．当代经济管理，2018（1）：16－20.

[111] 高锡荣，罗扬．基于心理承受能力假说的供应链信息共享模型［J］．中国管理科学，2016，24（10）：117－123.

[112] 国家林业和草原局．2017年度中国林业和草原发展报告［M］．北京：中国林业出版社，2018.

[113] 国家林业和草原局．2018年度中国林业和草原发展报告［M］．北京：中国林业出版社，2019.

[114] 国家林业和草原局．我国成为林业产业发展最快的国家［EB/OL］．（2017－10－12）［2020－05－28］．http：//www.forestry.gov.cn/main/195/content－1035226.html.

[115] 国家林业局．2013中国林业发展报告［M］．北京：中国林业出版社，2013.

[116] 国家林业局．2014中国林业发展报告［M］．北京：中国林业出版社，2014.

[117] 国家林业局．2015中国林业发展报告［M］．北京：中国林业出版社，2015.

[118] 国家林业局．2016中国林业发展报告［M］．北京：中国林业出版社，2016a.

[119] 国家林业局．林业产业发展“十三五”规划［EB/OL］．（2017－06－06）［2020－05－28］．http：//www.forestry.gov.cn/portal/lgs/s/4361/content－985000.html.

[120] 国家林业局．中国林业“十三五”规划［EB/OL］．（2016b－05－20）［2020－05－28］．http：//www.forestry.gov.cn/main/72/content－873366.html.

[121] 韩静静．机会主义行为对供应链企业间合作绩效的影响机制研究［D］．天津：天津理工大学，2016.

[122] 何文剑，张红霄．林权改革、产权结构与农户造林行为——基于江西、福建等5省7县林改政策及415户农户调研数据［J］．农林经济管理学报，

2014，13（2）：192－200.

［123］侯博，应瑞瑶．分散农户低碳生产行为决策研究——基于 TPB 和 SEM 的实证分析［J］．农业技术经济，2015（2）：4－13.

［124］侯杰泰，温忠麟，成子娟．结构方程模型及其应用［M］．北京：经济科学出版社，2004.

［125］胡琼．基于生命周期理论的供应链激励影响因素及策略研究［D］．镇江：江苏科技大学，2014.

［126］黄芳铭．结构方程模式：理论与应用［M］．北京：中国税务出版社，2005.

［127］霍宝锋．变“单赢”为“多赢”——基于信任、承诺与权力的供应链关系管理［J］．北大商业评论，2013（2）：114－121.

［128］贾生华，吴波，王承哲．资源依赖、关系质量对联盟绩效影响的实证研究［J］．科学学研究，2007，25（2）：334－339.

［129］贾卫国，彭翌峰，张璇，等．林业企业利益相关者及其相关性分析［J］．农林经济管理学报，2016，15（1）：21－30.

［130］蒋兴良．制造外包业务中供应链关系与信息共享对供应链绩效影响的研究［D］．杭州：浙江大学，2013.

［131］金海浆纸．林浆纸一体化探索：真正“零距离”需多大投入［EB/OL］．（2015－11－25）［2020－05－28］．http：//www. appjh. com. cn/news/shownews. aspx？id＝1071.

［132］康向阳．我国林纸一体化亟待解决的瓶颈问题［J］．中华纸业，2007，28（4）：22－25.

［133］孔凡斌．集体林分权条件下的林地细碎化程度及与农户林地投入产出的关系［J］．林业科学，2012，18（4）：119－126.

［134］匡鹏，田明华，黄雨．我国木材进口量与价格预测研究——基于多变量灰色模型的分析［J］．价格理论与实践，2017（2）：120－122.

［135］蓝颖春．国家林业局副局长张建龙：林业改革与保护生态资源同步［J］．地球，2015（7）：49－51.

［136］蓝瞻瞻，王立群．林农与市场对接的两种博弈模型［J］．世界林业研究，2013，26（5）：93－96.

［137］蓝瞻瞻，王立群．我国林业产业链整合研究［J］．北京林业大学学

报（社会科学版），2011，10（1）：70－75.

［138］雷欢．为何全世界都倾力打造绿色木材?［N］．中国绿色时报，2016－10－06（B2）．

［139］雷加富．我国林业产业发展的形势与任务［J］．国际木业，2007，37（12）：2－5.

［140］李爱彬．煤炭绿色物流系统构建与优化研究［D］．徐州：中国矿业大学，2012.

［141］李柏洲，徐广玉，苏屹．中小企业合作创新行为形成机理研究——基于计划行为理论的解释架构［J］．科学学研究，2014，32（5）：777－786，697.

［142］李成茂．森林资源培育与林业产业结构及区域布局的关系研究［D］．北京：北京林业大学，2009.

［143］李婧．林浆纸一体化：引领产业的未来——2013 中国纸业可持续发展论坛在京成功举办［J］．中国印刷，2014（2）：102－103.

［144］李尚治．出口退税对我国木质林产品出口规模和结构的影响研究［D］．北京：北京林业大学，2012.

［145］李溪涓．林产品进出口贸易风险问题及策略研究［D］．黑龙江：东北林业大学，2012.

［146］李晓翔，胡梦．供应链信息共享效用：基于企业层级、信息类型的视角［J］．中央财经大学学报，2017（2）：93－100.

［147］李永超，曹二保．不对称信息下需求扰动时的供应链决策模型［J］．统计与决策，2011（4）：46－49.

［148］李珍，商迪，赵荣，等．林业产业发展对贫困人口数量的影响研究——基于 3 个贫困县调查数据的实证分析［J］．林业经济，2017，39（10）：35－39，65.

［149］李正军．林—浆—纸产业集群供应链协同管理研究［D］．长沙：中南林业科技大学，2010.

［150］李自杰，李毅，曾巍，等．管理控制与合资企业绩效：信任与沟通的调节作用［J］．经济科学，2010（5）：92－101.

［151］廖艳云，叶家义．“林板”联动谋双赢——七坡林场发展林板一体化纪实［J］．广西林业，2011（9）：15－16.

［152］林凤鸣．关于我国林产工业发展问题的思考［J］．世界林业研究，2003，16（5）：40－45.

［153］林英晖，吕海燕，马君．制造企业碳信息披露意愿的影响因素研究——基于计划行为理论的视角［J］．上海大学学报（社会科学版），2016，32（2）：1.

［154］刘昌贵，但斌．供应链战略合作伙伴关系的建立与稳定问题［J］．软科学，2006，20（3）：60－63.

［155］刘春香，张智光．绿色科技与生态文明：供应链维的驱动与支撑机理［J］．中国科技论坛，2016（10）：122－126.

［156］刘东生．中国林业六十年历史映照未来［J］．绿色中国，2009（19）：8－17.

［157］刘衡，李垣，李西垚，等．关系资本、组织间沟通和创新绩效的关系研究［J］．科学学研究，2010，28（12）：1912－1920.

［158］刘佳音．供应链合作关系对合作绩效的影响研究［D］．呼和浩特：内蒙古财经大学，2015.

［159］刘俊．林纸供应链原料供应优化与仿真研究［D］．南京：南京林业大学，2013.

［160］刘珉．多角度解读第八次全国森林资源清查结果［J］．林业经济，2014，36（5）：3－15.

［161］刘文茹，崔恩栓．供应链环境下的管理沟通［J］．铁道物资管理科学，2002，20（1）：39－40.

［162］刘雯雯，赵远，管乐．中国林业企业社会责任评价实证研究——基于利益相关者视角［J］．林业经济，2013（8）：60－64.

［163］刘艳，王正荣，钱坤．我国绿色供应链研究的演变与新兴趋势——基于CSSCI文献的CiteSpace可视化分析［J］．科技管理研究，2019（21）：200－207.

［164］刘志迎，单洁含．协同创新背景下组织间沟通与创新绩效关系研究［J］．当代财经，2013（7）：77－86.

［165］卢纪华，唐志，赵希男．相互依赖、沟通与供应链联盟绩效的关系研究［J］．工业工程，2015，18（5）：56－63.

［166］卢松泉．供应链核心企业的生成机理研究［D］．武汉：华中科技大

学，2008.

［167］卢亚丽．信息共享与共同决策协调策略比较分析［J］．科研管理，2012，33（2）：139－146.

［168］路永和，邹一秀，杨亮．供应链协同决策问题的探讨［J］．物流科技，2006（6）：116－119.

［169］吕晖，叶飞，强瑞．供应链资源依赖、信任及关系承诺对信息协同的影响［J］．工业工程与管理，2010，15（6）：7－15.

［170］吕柳．我国胶合板产业集群演化机理与发展模式研究［D］．南京：南京林业大学，2012.

［171］吕文晶，陈劲，汪欢吉．组织间依赖研究述评与展望［J］．外国经济与管理，2017，39（2）：72－85.

［172］马胡杰，石岿然，范金．供应链买方信任的源起及其对合约弹性的影响［J］．管理评论，2015，27（11）：192－206.

［173］毛文晋，江林．影响零售商与供应商信息共享意愿的行为因素分析［J］．河北经贸大学学报，2008，29（1）：66－72.

［174］缪朝炜，伍晓奕．基于企业社会责任的绿色供应链管理——评价体系与绩效检验［J］．经济管理，2009（2）：174－180.

［175］潘文安，张红．供应链伙伴间的信任、承诺对合作绩效的影响［J］．心理科学，2006，29（6）：1502－1506.

［176］彭建仿．供应链存在的理由——一种制度经济学的解读［J］．长安大学学报（社会科学版），2005，7（4）：59－62.

［177］彭柯．数字阅读平台用户体验影响因素研究［D］．南京：南京大学，2015.

［178］钱小瑜．绿色制造是人造板产业发展的必由之路［J］．中国人造板，2016，23（10）：1－5.

［179］钱小瑜．我国林产工业现状及木材工业发展趋势［J］．木材工业，2009，23（4）：1－4.

［180］钱小瑜．中国木材工业产业结构调整与升级［J］．国际木业，2015（9）：8－12.

［181］邱皓政，林碧芳．结构方程模型的原理与应用［M］．北京：中国轻工业出版社，2009.

［182］任艳梅，孙博，马奔，等．中国木质林产品供给趋势分析［J］．林业经济，2016（5）：37－41.

［183］沈栋，项国鹏，潘可文．市场销售信息共享一定有利吗？——基于牛鞭效应视角的分析［J］．商业经济与管理，2016（10）：24－34.

［184］寿志钢，苏晨汀，杨志林，等．零售商的能力与友善如何影响供应商的关系行为——基于信任理论的实证研究［J］．管理世界，2008（2）：97－109.

［185］宋福玲．环境不确定性对供应链企业间信任与信息共享关系的调节作用研究［D］．长春：吉林大学，2012.

［186］宋华，陈金亮．服务供应链战略互动与协同价值对合法性的影响［J］．管理科学，2009，22（4）：2－11.

［187］宋维明，程宝栋．中国木材产业规模化经营的战略性思考［J］．木材工业，2005，19（3）：1－4，15.

［188］宋雪莹．虚拟企业协调管理研究［D］．哈尔滨：东北林业大学，2014.

［189］苏蕾，刘意．中国原木进口与木质林产品出口的动态分析［J］．世界林业研究，2017，30（1）：61－65.

［190］隋爽，张卫民．林业企业社会责任框架研究［J］．北京林业大学学报（社会科学版），2012（4）：108－113.

［191］孙丽华．基于灰色关联分析的中国林业上市公司绩效评价研究［D］．咸阳：西北农林科技大学，2013.

［192］田刚，庄晋财，王建华，等．物流企业与制造企业联动发展中利益分配的实现机制研究［J］．海南大学学报（人文社会科学版），2014，32（2）：98－103.

［193］田明华，于豪谅，王春波，等．世界木质林产品贸易发展趋势、特点与启示［J］．北京林业大学学报（社会科学版），2017，16（4）：52－60.

［194］童勇．创新创优，转型发展——泰格赫纸集团“十一五”回顾和“十二五”展望［J］．造纸信息，2011（8）：12－15.

［195］万亚胜，程久苗，吴九兴，等．基于计划行为理论的农户宅基地退出意愿与退出行为差异研究［J］．资源科学，2017，39（7）：1281－1290.

［196］王浩艺，朱玉杰，刘黎．基于约束理论的影响供应链快速响应瓶颈分

析［J］. 森林工程，2014，30（2）：163－166.

［197］王利，代杨子. 供应链激励机制影响因素实证研究［J］. 工业工程与管理，2013，18（1）：13－19.

［198］王满. 中国林业产业发展现状、布局、重点和趋势研究概述［J］. 中国林产工业，2011（6）：20－25.

［199］王能民，汪应洛，杨彤. 绿色供应链管理的研究进展及趋势［J］. 管理工程学报，2007，21（2）：118－122.

［200］王志宝，王满. 激活现代林业引擎——关于中国林业产业的对话［J］. 中国林业产业，2008（8）：6－17.

［201］吴琨，杨晓春，吴晓妹，等. 中国三板产业的区域分布及存在问题分析［J］. 林业经济，2011（7）：72－75.

［202］吴琳，张智光. 我国"互联网＋林业"的技术—产业—运作三维发展路径［J］. 世界林业研究，2018，31（4）：1－7.

［203］吴小节，杨书燕，汪秀琼. 资源依赖理论在组织管理研究中的应用现状评估——基于111种经济管理类学术期刊的文献计量分析［J］. 管理学报，2015，12（1）：61－71.

［204］吴昀桥. 模块化组织中核心企业驱动因素研究［J］. 科技进步与对策，2014，31（5）：80－83.

［205］伍士林，窦营. 信息不对称对林产品经营影响的分析［J］. 林业经济问题，2008，28（3）：250－253.

［206］武志伟，陈莹. 关系专用性投资、关系质量与合作绩效［J］. 预测，2008，27（5）：33－37.

［207］肖小兵. 我国人造板产业发展现状［J］. 木材工业，2016，30（2）：11－14.

［208］谢广岭. 科学传播网站用户持续使用行为影响因素实证研究［D］. 合肥：中国科学技术大学，2017.

［209］谢海涛，严昕桦. 林业类上市公司经营绩效评价研究——基于因子分析方法［J］. 中国林业经济，2019（6）：118－121.

［210］谢海涛，张智光. 供应链协作研究综述及其理论模型构建［J］. 山东工商学院学报，2014，28（2）：71－77.

［211］谢海涛，张智光. 基于目标—组织—过程框架的林业供应链协作特性

分析——与制造业供应链比较［J］．农林经济管理学报，2015，14（1）：68－75.

［212］谢煜，张智光．林业生态与产业体系共生协调机理与模式研究［J］．林业经济，2014（10）：8－11.

［213］谢煜，张智光．林业生态与林业产业协调发展研究综述［J］．林业经济，2007（3）：66－69.

［214］徐爱．家电产业绿色供应链定价的博弈模型研究［D］．大连：大连理工大学，2013.

［215］徐学军，谢卓军．供应链伙伴信任合作模型的建立［J］．工业工程，2007，10（2）：18－21.

［216］许庆瑞，徐静，郑刚．基于时间的竞争战略及其对我国企业的启示［J］．中国地质大学学报（社会科学版），2005，5（1）：6－11，16.

［217］薛小龙，王要武，沈岐平．信息共享在建筑供应链决策中的价值测度［J］．土木工程学报，2011，44（8）：132－138.

［218］杨超，程宝栋，谢屹，等．中国木材产业发展的阶段识别及时空分异特征［J］．自然资源学报，2017，32（2）：235－244.

［219］杨光勇，计国君．构建基于三重底线的绿色供应链：欧盟与美国的环境规制比较［J］．中国工业经济，2011（2）：120－130.

［220］杨红强．中国木材资源安全问题研究［D］．南京：南京林业大学，2011.

［221］杨加猛，张智光．基于供需协同视角的林业产业链延伸与拓展［J］．商业研究，2010（2）：36－40.

［222］杨加猛．林业产业链的演进、测试与拓展模型研究［D］．南京：南京林业大学，2008.

［223］杨静．供应链内企业间信任的产生机制及其对合作的影响［D］．杭州：浙江大学，2006.

［224］姚昕奕，石岿然．供应链企业间的信任研究综述［J］．南京工业大学学报（社会科学版），2011，10（3）：70－76.

［225］叶飞，李怡娜，张红，等．供应链信息共享影响因素、信息共享程度与企业运营绩效关系研究［J］．管理学报，2009b，6（6）：743－750.

［226］叶飞，徐学军．供应链伙伴关系间信任与关系承诺对信息共享与运营绩效的影响［J］．系统工程理论与实践，2009a，29（8）：36－49.

［227］叶飞，薛运普．供应链伙伴间信息共享对运营绩效的间接作用机理研究——以关系资本为中间变量［J］．中国管理科学，2011，19（6）：112－125.

［228］叶飞，张婕，吕晖．供应商机会主义行为对信息共享与运营绩效的影响［J］．管理科学，2012，25（2）：51－60.

［229］叶飞，张婕．绿色供应链管理驱动因素、绿色设计与绩效关系［J］．科学学研究，2010，28（8）：1230－1239.

［230］叶克林．当前我国人造板工业面临的新挑战［J］．木材工业，2016，30（2）：4－6.

［231］叶蒙．中国纸业林浆纸产业链经营发展战略研究［D］．湘潭：湘潭大学，2013.

［232］宜华木业．广东省宜华木业股份有限公司 2015 半年度报告摘要［EB/OL］．（2015－08－22）［2020－05－28］．http：//epaper. stcn. com/paper/zqsb/html/epaper/index/content_ 724488. htm？ fin.

［233］易丹辉．结构方程模型［M］．北京：中国人民大学出版社，2008.

［234］殷茗，赵嵩正．供应链协作信任影响因素的实证研究［J］．工业工程与管理，2006（3）：80－85.

［235］印中华，宋维明，田明华．中国林业企业社会责任的思考［J］．世界林业研究，2011，24（4）：71－75.

［236］于百川．林业产业走势强劲，新兴产业发展迅速［J］．中国林业产业，2013（5）：20－22.

［237］余晖，张文杰．供应链竞争力内涵与模型构建研究［J］．中国流通经济，2009，23（3）：34－37.

［238］袁付礼．敏捷供应链协同质量管理研究［D］．武汉：武汉理工大学，2010.

［239］袁林娜，龚花萍，晏素汾．供应链信息共享制约因素的成长上限基模分析及管理对策［J］．情报杂志，2009，28（11）：131－134.

［240］曾敏刚，吴倩倩．信息共享对供应链绩效的间接作用机理研究［J］．科学学与科学技术管理，2013，34（6）：22－30.

［241］占赛男，黄由衡．基于供应链的再生资源回收利用商业模式发展研究［J］．中南林业科技大学学报（社会科学版），2016，10（1）：56－60.

［242］张海燕．供应链协作信任生命周期影响因素研究［J］．企业经济，

2014（10）：56－60.

［243］张浩，张智光．林农合作组织建设和发展中的博弈行为分析［J］．中国人口·资源与环境，2012，22（2）：111－115.

［244］张浩，张智光．林业供应链协同发展的机理与模式研究［M］．北京：北京大学出版社，2011.

［245］张菊亮，章祥荪．供应商和销售商拥有部分信息的信息共享［J］．中国管理科学，2012，20（1）：109－116.

［246］张君，姜启军．基于计划行为理论的食品企业实施质量保证项目影响因素分析［J］．学术探索，2015（2）：67－72.

［247］张康之．论组织整合机制中的信任［J］．河北学刊，2005，25（1）：18－23.

［248］张莉．"互联网＋"对我国对外贸易竞争新优势的影响及对策［J］．国际贸易，2015（7）：31－35.

［249］张满林，汪国连，金彦平．我国木材流通模式的变迁与创新［J］．农业经济问题，2008（1）：94－98.

［250］张梦娇，姚浩然．西式家具市场状况研究［J］．家具与室内装饰，2014（2）：56－58.

［251］张明月，郑军，薛兴利．超市参与"农超对接"供应链意愿的影响因素分析［J］．农业现代化研究，2017，38（5）：783－791.

［252］张荣兰，路世昌．钢铁企业绿色供应链影响因素测度研究［J］．环境科学与技术，2015，38（1）：188－194.

［253］张少博，田明华，于豪谅，等．中国木质林产品贸易发展现状与特点分析［J］．林业经济问题，2017，37（3）：63－69.

［254］张雅琪，陈菊红，王欢．IT能力、信息共享与供应链整合的关系研究［J］．科技管理研究，2011，31（22）：180－184.

［255］张越．中国林业上市企业社会责任信息披露研究［D］．北京：北京林业大学，2015.

［256］张智光，达庆利．过程—路径—层次三维集成管理控制模型［J］．东南大学学报（自然科学版），2010，40（3）：652－659.

［257］张智光，廖冰．中国造纸业国际贸易摩擦的DSIR机理研究［J］．中国造纸，2016，35（6）：48－55.

［258］张智光，吴琳．我国造纸工业供给侧结构性改革机理研究［J］．中国造纸学报，2017a，32（3）：43－51.

［259］张智光．基于生态—产业共生关系的林业生态安全测度方法构想［J］．生态学报，2013，33（4）：1326－1336.

［260］张智光．林业产业管理的新动态：林业绿色供应链［J］．林业经济，2008（8）：57－62.

［261］张智光．林纸一体化绿色供应链系统的结构与特性分析［J］．南京林业大学学报（人文社会科学版），2009，9（4）：69－75.

［262］张智光．绿色供应链视角下的林纸一体化共生机制［J］．林业科学，2011，47（2）：112－117.

［263］张智光．面向生态文明的超循环经济：理论、模型与实例［J］．生态学报，2017b，37（13）：4549－4561.

［264］张智光．实现产业与生态互利共生的林业绿色供应链模式研究［J］．南京林业大学学报（自然科学版），2012，32（2）：3－10.

［265］赵先德．"互联网＋"："供应链＋"战略的重要工具箱［N］．现代物流报，2015－08－11（07）．

［266］赵晓飞．我国现代农产品供应链体系构建研究［J］．农业经济问题，2012（1）：15－22.

［267］郑晶莹．供应链信任、信息共享对供应链敏捷性的影响［D］．石河子：石河子大学，2016.

［268］郑静静，邓明荣．制造企业资源依赖与供应链权力的关系研究——以长三角地区制造企业为例［J］．软科学，2009，23（9）：16－20.

［269］郑庆华，张智光．林业物流的管理特征分析［J］．江西农业学报，2011，23（8）：178－180.

［270］郑颖，杨建州．木材加工业供应链伙伴信息共享研究［J］．福建农林大学学报（哲学社会科学版），2013，16（5）：55－59.

［271］中国环境保护部．全国环境统计公报（2015 年）［EB/OL］．（2017－02－23）［2020－05－28］．http：//www. zhb. gov. cn/gzfw_ 13107/hjtj/qghjtjgb/201702/t20170223_ 397419. shtml.

［272］中国造纸协会．造纸工业发展"十二五"规划［J］．华东纸业，2012，31（2）：6－19.

［273］中国造纸协会．中国造纸工业 2016 年度报告［J］．造纸信息，2017a（6）：8－18.

［274］中国造纸协会．中国造纸协会关于造纸工业“十三五”发展的意见［EB/OL］．（2017b－06－28）［2020－05－28］．http：//www. chinappi. org/pols/20170628175331240820. html.

［275］中华人民共和国海关总署．2016 年 12 月进口主要商品量值表（人民币值）［EB/OL］．（2017－01－23）［2020－05－28］．http：//www. customs. gov. cn/customs/302249/302274/302276/632005/index. html.

［276］中华人民共和国海关总署．2017 年 12 月进口主要商品量值表（人民币值）［EB/OL］．（2018－01－23）［2020－05－28］．http：//www. customs. gov. cn/customs/302249/302274/302276/1421206/index. html.

［277］中华人民共和国海关总署．2018 年 12 月进口主要商品量值表（人民币值）［EB/OL］．（2019－01－23）［2020－05－28］．http：//www. customs. gov. cn/customs/302249/302274/302276/2278855/index. html.

［278］中华人民共和国海关总署．2019 年 12 月进口主要商品量值表（人民币值）［EB/OL］．（2020－01－23）［2020－05－28］．http：//www. customs. gov. cn/customs/302249/302274/302277/302276/2851365/index. html.

［279］种法辉，陈丽华，巩天啸，等．供应链信息共享研究进展评述——基于文献计量的分析［J］．商业研究，2015，60（8）：171－180.

［280］周海晨．受益供给侧改革和环保趋严，造纸行业景气触底复苏［J］．中华纸业，2017，38（13）：52－60.

［281］周熙登．基于自组织的农产品物流系统战略协同演化［J］．中国流通经济，2015（6）：45－52.

［282］周雄志．我国人造板产业发展战略研究［D］．北京：北京林业大学，2011.

［283］周扬．考虑不同成员行为的供应链决策与协调研究［D］．南京：南京工业大学，2013.

［284］朱嘉．中国造纸行业集中度将加速提高［J］．中华纸业，2010，31（19）：44－47.

［285］朱庆华，田一辉．企业实施绿色供应链管理动力模型研究［J］．管理学报，2010，7（5）：723－727.

[286] 朱庆华. 绿色供应链管理动力/压力影响模型实证研究 [J]. 大连理工大学学报（社会科学版），2008，29（2）：6－12.

[287] 朱庆英，叶飞，吕晖，等. 供应商与客户间的多维度信任、承诺与信息共享之间关系的研究 [J]. 工业工程与管理，2011，16（4）：46－55.

[288] 竺杏月，张智光. 我国纸产品出口贸易国际竞争力的实证研究 [J]. 江西农业学报，2009，21（10）：160－163.